Birgit Große
Lutterothstraße 68
20255 Hamburg
040/4 90 31 64

Langmaack/Braune-Krickau
Wie die Gruppe laufen lernt

Barbara Langmaack
Michael Braune-Krickau

Wie die Gruppe laufen lernt

Anregungen zum Planen
und Leiten von Gruppen

Ein praktisches Lehrbuch

4. Auflage

BELTZ

PsychologieVerlagsUnion

Über die Autoren:

Barbara Langmaack ist Ehe- und Lebensberaterin sowie Lehrbeauftragte für TZI in Hamburg.
Anschrift: An der Alster 39, 2000 Hamburg 1

Michael Braune-Krickau, Dipl.-Wirtschafts-Ing., ist Leiter eines Weiterbildungs- und Beratungs-
zentrums.
Anschrift: Säntisstraße 26, CH-8820 Wädenswil

Die Deutsche Bibliothek – CIP-Einheitsaufnahme

Langmaack, Barbara:
Wie die Gruppe laufen lernt : Anregungen zum Planen und
Leiten von Gruppen ; ein praktisches Lehrbuch / Barbara
Langmaack ; Michael Braune-Krickau. – 4. Aufl. – Weinheim :
Psychologie-Verl.-Union, 1993
    ISBN 3-621-27172-4
NE: Braune-Krickau, Michael:

1. Aufl. 1985 Beltz Verlag, Weinheim–Basel
2. Aufl. 1987 Psychologie Verlags Union, München–Weinheim
3. Aufl. 1989 Psychologie Verlags Union, München
4. Aufl. 1993 Psychologie Verlags Union, Weinheim.

Gesamtherstellung: Druckhaus Beltz, Hemsbach
Umschlaggestaltung: Dieter Vollendorf, München
Umschlagzeichnung: Doris Bambach, Bensheim
Printed in Germany
© 1989 Psychologie Verlags Union, Weinheim

ISBN 3-621-27172-4

Inhaltsverzeichnis

Vorwort zur 4. Auflage „Wie die Gruppe laufen lernt"

Mit der 3. Auflage des vorliegenden Lehrbuches ist 1989 eine Erweiterung um zwei Kapitel bei gleichbleibendem Grundkonzept einhergegangen. Für die nun erschienene 4. Auflage bleibt der Text unverändert.

Die Anregungen zum Planen und Leiten von Lern- und Arbeitsgruppen haben sich unserer Meinung nach als weiterhin brauchbar und angemessen erwiesen. Das Echo der Leserschaft und zahlreiche Buchbesprechungen sowie die relativ schnelle Auflagenfolge scheinen uns in dieser Annahme zu bestätigen.

Zur Zeit ergeben sich weltweite Konjunkturschwankungen verbunden mit einem Umbruch in der Bewertung von Wachstum. Das wirtschaftliche wie auch das soziale Zusammenwachsen beider deutscher Staaten erfordert erhebliche Einschränkungen, die bis zu den Lern- und Fortbildungsangeboten durchschlagen. Trotzdem scheint gutes methodisches Rüstzeug umso nötiger für effektive und nachhaltige Bildung und Fortbildung zu sein.

So identifizieren wir uns gerade auch unter schwierigeren Bedingungen mit unseren Texten. Wenn wir auch in dieser Auflage keine neuen Kapitel anbieten, so haben wir doch die vorhandenen Kapitel in unserem eigenen Gruppenalltag und in unserer Seminartätigkeit laufend überprüft. Neue Zielgruppen und neue Themenbereiche forderten uns heraus, zwischen dem roten Faden der hier beschriebenen Planungsschritte und unserem roten Faden der Seminardurchführung immer wieder eine überprüfende Verbindung herzustellen. Und solange wir die Erfahrung machen, daß das Konzept zu guten Erfolgen führt, müssen wir dem Buch nichts hinzufügen.

Was mit einem solchen Handbuch, wie dem vorliegenden wirklich geschaffen werden kann, hängt nicht zuletzt von den Wertmaßstäben und Einstellungen der Nutzer ab, von ihren Beziehungen zu Menschen und Sachen. Ihre Wertewelt ist jeweils das Begleitgepäck ihrer Interventionen. Das Paradigma vom „Menschen als Maschine" ist längst abgelöst von der Erkenntnis einer ganzheitlichen Beachtung des Menschen als Geist-Seele-Leib-Einheit. Die eigene persönliche Klarheit und das eigene Verständnis vom hohen Wert menschlichen Miteinanders als soziale Kompetenz wird letzlich der wichtigste Kompaß sein für ein Lernen und Arbeiten in Gruppen, das auch im Wirtschafts- und Verwaltungsbereich nicht mehr als reine Wissensvermittlung oder Sacharbeit gesehen wird.

Gerade deshalb halten wir es für zunehmend wichtiger, ein methodisch klares Gerüst sowohl für die Sacharbeit in Gruppen als auch für die Zusammenarbeit untereinander anzubieten, und die Verbindung zum Umfeld der Gruppe und seinen Veränderungen zu unterstützen.

Die Leserschaft findet am Ende dieser Neuauflage eine erweiterte und aktualisierte Literaturliste. Wir haben solche Titel darin aufgenommen, die in den letzten Jahren als wichtige Bausteine im Netzwerk der Gruppenarbeit Verbreitung gefunden haben. Dieses trifft besonders auch Werke, in denen die TZI, unsere Methodengrundlage, Weiterentwicklung und Verbreitung erfährt.

Barbara Langmaack und
Michael Braune-Krickau

April 1993

I. Einstieg: Was hat uns zu diesem Buch bewegt, was wollen wir damit bewirken?

*Wissen hat keinen ärgeren Feind
als das Wissenwollen,
als das Lernen.
H. Hesse*

1. Lernen in Gruppen

Vieles von dem, was wir als Erwachsene lernen und tun, geschieht in Gruppen. Ob als Arbeits- oder Projektgruppe, ob als Eltern- oder Freizeitgruppe, ob als Schulklasse oder Reisegesellschaft, *immer wenn Menschen in Gruppen zusammen sind, „geschieht" auch Lernen,* oft ohne daß man sich dessen recht bewußt ist: durch das Bewältigen von Stoff, durch das Machen und Austauschen von Erfahrungen und Gedanken, durch Anregung und Verstärkung durch andere Gruppenmitglieder oder durch das Austragen und Lösen von Konflikten.

Ein bedeutender Teil dieses Lernens in Gruppen vollzieht sich spontan, selbstbestimmend, situationsbezogen und zum Glück nicht immer reflektiert: ausgelöst von dem, was um einen herum geschieht, und bestimmt durch die Notwendigkeit, auf Anforderungen aus der Umwelt und von anderen Menschen zu antworten. Wir wollen uns hier jedoch im wesentlichen mit dem Ausschnitt des Lernens und Arbeitens von Erwachsenen beschäftigen, der sich gezielt und in eigens dafür organisierten und geleiteten Gruppen vollzieht.

Jeder Mensch hat sich sein eigenes Lernverhalten angeeignet, das durch Anteile beeinflußt wird, die bereits in der Kindheit erworben wurden. Dem Neugierverhalten des Kindes, etwas zu „begreifen", stehen frühzeitig Grenzen, Gebote und Verbote gegenüber, die später durch die Art des Lernens in der Schule mit ihren weitgehend vor- und fremdbestimmten Lerninhalten ergänzt werden. Der Spielraum wurde schon früh eingezäunt. Für die meisten von uns ist in bezug auf das Lernen wohl die Grunderfahrung gemeinsam, daß man von anderen unterwiesen wird. Andere entscheiden, was richtig und wichtig ist als Lernstoff und Lernart. Eine weitere Erinnerung dabei ist, daß das Sachlernen das emotionale Lernen dominierte, daß überhaupt die emotionale Seite des Lernens (und Lebens) eher als störend empfunden und wegrationalisiert wurde.

Auf diese Weise bleiben viele soziale und kreative Fähigkeiten ungenutzt und verkümmern, weil sie nicht gebraucht werden. Die Reduzierung der eigenen Verantwortung für das Lernen, verbunden mit der eher willkürlichen Abspaltung der emotionalen von den intellektuellen Bedürfnissen in der Lern- und Arbeitswelt führt zu Unmündigkeit und zur Verlagerung des Emotionalen in den Tabubereich oder in die Phasen, in denen wir uns austoben dürfen oder können (z. B., wenn der Lehrer mal nicht in der Klasse ist...).

Jeder wird sich an diese Lernsituation mit gemischten Gefühlen erinnern. Trifft man als Erwachsener auf ähnliche Lernsituationen, dann ist Abwehr und Unlust als späte Reaktion nur natürlich, weil niemand gern in die Rolle des unmündigen Kindes zurückversetzt werden will.

Die hier zugrunde gelegte *teilnehmerorientierte Gruppenpädagogik fördert und fordert zugleich die Verantwortung des einzelnen für sein Lernen.* Sie schafft Bedingungen, unter denen Lernen auf der Basis der Bedürfnisse des einzelnen und seiner Einsicht in Zweck und Sinn des Lernstoffes erfolgen kann. Der einzelne entscheidet mit, was er lernen will, daß und wann er lernen will und wie intensiv bzw. mit welchem Zeitaufwand. Ziel ist, Denken, Fühlen und Handeln in den Lern- und Arbeitsprozeß zu integrieren.

Diese Gruppenpädagogik verbindet das Lernen in der Aktualität des „Hier und Jetzt" mit den Notwendigkeiten der Zukunft (Was kommt auf mich zu, was will ich ändern oder beibehalten?) und den Erfahrungen der Vergangenheit (Wie kam es zu dem, was heute ist und wirkt?), soweit sie für das Lernen und die Entwicklung und Pflege der Lernfähigkeit bedeutsam sind.

Freilich ist der Wechsel zu selbstbestimmteren Formen des Lernens mühsam und stößt oft auf Widerstand. Die neue Anforderung, selbst zu entscheiden, was wichtig ist, und selbst Verantwortung für sein Leben übernehmen zu sollen, wirkt verunsichernd, zumal wenn es bisher selten die Gelegenheit gab, ein solches Lernverhalten auszuprobieren.

Lernen, das die eigene Person mit einbezieht, geht nicht nach dem Prinzip des „Wasch mir den Pelz, aber mach mich nicht naß". Lernen macht naß. Lernen kann ohne Mut zum Risiko nur in Grenzen stattfinden. Lernen ist riskant, weil der Lernende über die Grenzen seiner derzeitigen Fähigkeiten hinaus in neue Bereiche vorstößt, in denen er sich noch unsicher fühlt oder sich in Frage stellen lassen muß. Er betritt unter Umständen neuen Boden und weiß noch gar nicht, ob dieser vielleicht schlechter statt besser trägt. Riskant ist Lernen auch deshalb, weil man eventuell auf eine Umwelt trifft, die das Gelernte und die Veränderung nicht ohne weiteres akzeptiert.

Lernen, das den persönlichen Bezug zum Sachthema herstellt, kann zunächst belastend sein. Es geht leichter, wenn der Lernende dabei anderen – z. B. den Teilnehmern und dem Leiter – vertrauen kann, die ihn begleiten und unterstützen in der Phase, in der das Neue mehr Schmerz und Unsicherheit auslöst als Gewinn und Freude. Es geht leichter, wenn das Lernen in einer geschützten Atmosphäre erfolgen kann, in der Üben erlaubt ist und in der nicht gleich der Ernstfall geprobt werden muß. Lernen und sich ändern: Das ließe sich leichter erreichen, wenn Erwachsenen und Kindern mehr Probebühnen zur Verfügung ständen, auf denen nicht zu früh die Kasse klingeln muß.

In einer Gruppe, in der das emotionale Netz hält, kann der einzelne lernen und schrittweise ausprobieren, was er neu wissen oder tun können will. Nur so kann Lernen zu einer gemeinsamen Suchbewegung werden, wie es T. Brocher* einmal genannt hat.

Eine Gruppe ist keine in sich geschlossene heile Welt, auch wenn es Stunden gibt, in denen sie so wirkt. Gruppe ist ein Stück Welt auf Zeit, bis wir wieder auseinandergehen in unsere eigene Welt, die wir nur verändern können, wenn wir

---

* T. Brocher, Gruppendynamik in der Erwachsenenbildung, S. 9

sie in der Gruppe nicht vergessen haben. Lernen in der Gruppe stirbt ab, wenn der Austausch mit der Umwelt für längere Zeit unterbrochen wird.

Unsere Motivation zum Lernen ist dann am größten, wenn das, was wir lernen wollen, mit unserem Leben, sei es in der privaten Umwelt, sei es in der Arbeitswelt, zu tun hat. Lernen soll uns helfen, unsere Handlungsmöglichkeiten zu erweitern, Probleme zu lösen, neue Dinge zu tun, neue Einsichten zu gewinnen. Der Akzent dieses Buches liegt auf der Vorbereitung, Planung und Leitung von Gruppen, die an einem konkreten Thema arbeiten wollen. Das Thema kann auf der Ebene der persönlichen Entwicklung liegen oder eine Problemlösung im Arbeitsbereich beinhalten. Immer hat es eine Verbindung zu den Gruppenmitgliedern untereinander und zur Umwelt.

Damit ist eine weitere für uns wichtige Motivation angesprochen: der *Transfer* aus der Lerngruppe hinaus in die Umwelt, in der das Gelernte sich bewähren und verändernd wirken kann. Diese Umwelt gehört mitten ins lebendige Lernen hinein. Das „Hier und Jetzt"-Prinzip wirkt isolierend und entfremdend, wenn ihm nicht die Probleme künftiger Anwendung und Veränderung in der Realität draußen die Hand geben.

„Was Hänschen nicht lernt, lernt Hans niemals mehr": Diese *Idylle des Ausgelernthabens* gilt wohl für niemanden mehr. Ausgelernt haben im herkömmlichen Sinne bedeutet Können und Anwenden eines bestimmten Fachgebietes für die Dauer der Berufstätigkeit. Die Wirklichkeit des modernen Berufslebens und auch des Privatlebens bewirkt jedoch die Notwendigkeit des lebenslangen Lernens – zur beruflichen Sicherung ebenso wie zur belebenden Weiterentwicklung der eigenen Persönlichkeit.

Lernen ist ein Teil des Lebens, und Leben hat seine Gezeiten. Neues entsteht, reift, überlebt sich. Lernen braucht seine Zeit und mehr, als wir oft haben, bekommen oder uns nehmen. Gerade für den Leiter ist Geduld eine wichtige Tugend – Geduld dafür, daß nachhaltige Veränderung langsam vor sich geht. Manchmal hängt man in einer Übergangsphase, und andere, die Kollegen oder die Familie, sind davon mitbetroffen – wie Nichtraucher in einem Raucherabteil.

Lernen in Gruppen bedeutet für viele auch, miteinander kommunizieren zu lernen. Erst der Austausch von Sichtweisen, die sich jeder über die Realität gebildet hat, führt zu gemeinsam verstandenen Bildern der Realität oder – wo das nicht gelingt – zur Einsicht in den Blickwinkel des anderen, von wo aus dann gemeinsames Handeln (und nicht nur Gefolgschaft) möglich wird. Das Lernziel „Kommunizieren lernen" ist in allen Lerngruppen immer wieder ein Hintergrundthema, auch wenn das eigentliche Thema ganz anders heißt oder wenn die Teilnehmer schon alte Gruppenhasen sind.

Der Tatsache, daß Lernen *in* Gruppen auch immer ein *Lernen über Gruppen* ist, kommt unseres Erachtens steigende Bedeutung zu. Viele Probleme unserer Zeit können nicht mehr von einzelnen, sondern nur noch von Gruppen angegangen und gelöst werden. Im politischen, sozialen und wirtschaftlichen Bereich sind mehr und mehr Menschen dabei, in Gruppen zusammenzuarbeiten. Damit nimmt das Bedürfnis in unserer Gesellschaft zu, überall auch die Fähigkeit zu fördern, in Gruppen zusammenarbeiten zu *können* und sich Kenntnisse und Erfahrungen anzueignen, wie das *„soziale System Gruppe"* entsteht und sich entwickelt. Auch das ist ein wichtiges Thema dieses Buches.

Lernen in der Gruppe ist *ein* Weg des Lernens, aber nicht der einzige. Manches kann ich nur selbst und allein tun, z. B. nachdenken oder Erfahrungen machen. Letztere kann ich zwar mit anderen zusammen erleben, aber nicht „in Auftrag" geben.

Die Gruppe ist für Lernprozesse nicht immer leistungsfähiger als der einzelne. Sie wird es nur dann sein, wenn sie die individuellen Stärken entdeckt, zuläßt und nutzt, statt den einzelnen zu vereinnahmen oder den kleinsten gemeinsamen Nenner zu suchen. Eine Gruppe ist kein Tintenfisch mit acht Armen, zentral gelenkt. Sie ist auch kein warmes Knäuel ohne Struktur und Unterschiede. Die Chance der Gruppe und damit des Lernens in der Gruppe ist die Synergie, die sich aus dem Zusammenwirken von mehreren Persönlichkeiten (und nicht nur Personen) ergibt.

Was aus dieser Energie wird, ob sie befreiend oder einengend wirkt, das ist nicht von vornherein vorgezeichnet. Lernen in Gruppen ist kein automatischer Türöffner zur Selbstverwirklichung und zu demokratischen Verhaltensweisen. Das muß gewollt, vereinbart und verstanden sein. Damit ist auch die *politische Seite des Lernens in Gruppen* angesprochen: sich Spielregeln geben und sie überprüfen, gemeinsam und transparent für alle Beteiligten. Etwas gemeinsam, teilautonom und im Kontakt mit den Bedürfnissen der Umwelt (im natürlichen wie im sozialen Sinne) und mit sich selbst erarbeiten und es nicht dort abschneiden, wo der Lehrplan endet.

So kann ein politisches Handeln entstehen, das abgeleitet wird aus Werten und aus einem Menschenbild, das man als offen, frei, gleichberechtigt, selbstverantwortlich, risikobereit und selbstgesteuert bezeichnen kann, verbunden mit dem Bewußtsein seiner eigenen Bedürfnisse *und* denen der anderen.

Aus diesen Wertvorstellungen leitet sich auch unsere Vorstellung von *Leitung und Führung* innerhalb von Gruppen ab. Sie ist eine *Funktion,* die wichtig ist für die Existenz, die Produktivität und Kreativität der Gruppe. Eine Funktion, die ausgestaltet, verändert, verantwortet und wahrgenommen werden muß, wenn Lernen in Gruppen geschehen soll.

Das Vorhandensein eines Leiters heißt nicht, daß Leitungsaufgaben nicht auch von anderen Gruppenmitgliedern übernommen werden können und sollten. Selbstverantwortung und Selbststeuerung gehen nicht ohne Selbstleitung. Arbeit in Gruppen ist immer auch ein Arbeiten an den Fragen, wie die Gruppe und der einzelne sich selbst leiten können.

Unser methodischer Ansatz lehnt sich an das Gedankengut der *Themenzentrierten Interaktion* an, in der Haltung zum Menschen wie in wichtigen Grundzügen der Methodik. Im Arbeitspapier 3 (S. 96 ff.) haben wir diesen Ansatz skizziert.

Wir haben TZI für uns und für das Lernen in Gruppen als befreiend und schöpferisch erlebt – und zugleich als offen für Ergänzungen und Erweiterungen. Besonders hilfreich ist die Realitätsnähe: Das *ICH* als Person, das *WIR* als diejenigen, die hier zusammenarbeiten oder zusammenleben, und das *THEMA* (die Aufgabe) treten stets zusammen ins Blickfeld, verbunden mit dem, was um uns herum vor sich geht.

2. Zielsetzung und Struktur dieses Buches

Dies sind einige Gedanken im Hintergrund der Arbeit mit Gruppen. Damit sind es auch Themen und Werte im Hintergrund dieses Buches. Die mehr praktischen Themen im Vordergrund des Alltags der *Vorbereitung, Leitung und Arbeit* mit Gruppen füllen seinen Hauptteil.

Es sind Erfahrungen in bezug auf:

– das Lernen, *in* Gruppen zu lernen und zu arbeiten,
– das Lernen, *mit* Gruppen zu arbeiten.
– das Lernen, Gruppen zu leiten, ohne sie zu verleiten, Gruppen zu führen, ohne sie zu verführen.

Wir haben in diesem Buch der Vorbereitung der Arbeit mit einer Gruppe, dem Kontrakt mit dem Auftraggeber und dem Transfer viel Aufmerksamkeit gegeben. Über Gruppenprozesse und Gruppenmethoden ist viel geschrieben worden, wir wollen das hier nicht mehr als nötig wiederholen. Eine Lücke dagegen scheint uns in Überlegungen zum Transfer und zur Analyse und Aufbereitung des Umfeldes zu bestehen, in das der Teilnehmer oder die Gruppe zurückkehrt.

In der Schule gab es ein Heft, das nannte man Kladde. In dieses Heft konnte man ins „Unreine" (welch ein Wort...) schreiben. Es ist für den einen oder anderen das Heft geblieben, in dem er Eindrücke, Ideen, Vorgehensweisen, Tips usw. festhält, die er nicht verlieren möchte oder die er später einmal auswerten und ausarbeiten will. Vermutlich hat jeder auch heute noch seine Kladde, schriftlich oder im Hinterkopf. Darin steht der persönliche Schatz von Erfahrungen, von Theorien und Merksätzen – zum Nachschlagen, Wiedererinnern und Weiterentwickeln. Material, das unvollendet und deshalb lebendig bleibt, weil es mit der eigenen Erfahrung verbunden ist.

Hier lag auch der Impuls für uns beide, mit der Arbeit an diesem Buch zu beginnen. Im Rahmen von gemeinsamen Seminaren und Gesprächen kam immer wieder Material aus den eigenen Gruppenkladden zum Vorschein, das den anderen anregte und ihm weiterhalf. Aus dem Material, das wir in unseren „Gruppenkladden" gesammelt hatten, in unterschiedlichen Berufs- und Tätigkeitsfeldern und mit unterschiedlichen Teilnehmerkreisen, entstand dieses Buch. Es enthält Themen, Erfahrungen, Fundstücke, Ergebnisse langer Gespräche und hitziger Diskussionen nach gelungenen und mehr noch nach nicht so gelungenen Gruppenleitungen.

Wir hatten nicht den Ehrgeiz, alles neu zu erfinden. Wir verwenden hier unsere Konzepte und Erfahrungen mit Gruppen, verbunden mit Ideen anderer, die uns für unsere Arbeit hilfreich waren. Eigene Teilnahme an Seminaren und die Gespräche und Zusammenarbeit mit Kollegen haben unserem Lernen viel geholfen, so daß wir daraus schöpfen konnten. Vielen Dank all denen, die, wissentlich oder nicht, Pate zu diesem Buch gestanden haben.

Was jetzt nachher so wohl geordnet aussieht, fing einmal mit einer Skizze an (s. Abb. 1), die im ersten Gespräch entstand. Wahrscheinlich sehen manche Projektskizzen so aus.

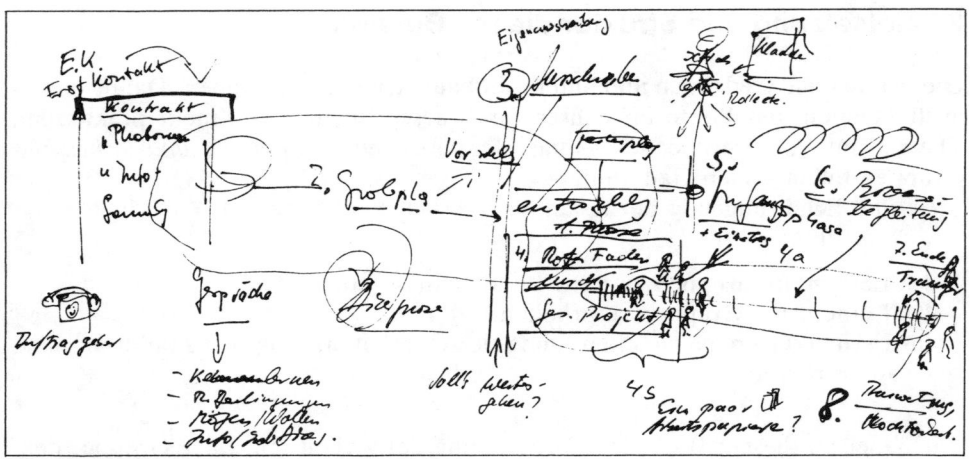

Abbildung 1

Wir hoffen, daß die Idee der „Gruppenkladde" im Lauf der Arbeit nicht ganz verlorenging: Das Buch soll anregen, das angebotene Material mit den eigenen Erfahrungen, Einsichten und Materialien zu verbinden. Es soll anregen zum Weiterbauen. Es ersetzt nicht die Erfahrung. Im Gegenteil, das Buch wird erst nutzbar durch die eigenen Erfahrungen und Erlebnisse in und mit Gruppen.

Was wir vermeiden wollten, ist zu belehren. Wahrscheinlich kann das nur in Grenzen gelingen. Was wir weiterhin nicht wollen, ist, einfach eine Trickkiste zu verkaufen oder zu ungeprüfter Anwendung zu ermutigen.

Es gibt wenig, was eindeutig falsch oder richtig ist beim Gruppenleiten. Vieles erhält seine Wirkung und sein Leben aus der Situation, durch die beteiligten Menschen, durch das Thema und nicht zuletzt durch den Leiter selbst: als Person mit Grenzen und Möglichkeiten, mit seinem Zustand im „Hier und Jetzt" der Gruppe. Wenig ist wiederholbar von Projekt zu Projekt. Arbeit mit Menschen und Gruppen bleibt Maßarbeit.

Deshalb ist das Buch auch kein Rezeptbuch, auch wenn es manche Teile hat, die nach „man nehme" klingen. Die eigentliche Rezeptur muß jeder für sich selbst entwickeln. Es kam uns darauf an, den vielen Berichten zu Gruppenprozessen, die es schon gibt, einmal auch die Systematik des Planens, Vorbereitens und Leitens von Gruppen zur Seite zu stellen und dabei den Kontext im Auge zu behalten, in dem sich ein Projekt abwickelt. Der Leser wird hier keine Übungen finden, die in Gruppen themenbezogen eingesetzt werden können. Er findet dagegen Hilfen und Anregungen, auch die Wahrnehmung der eigenen Person als Leiter zu schärfen und seine Arbeit konstruktiv zu hinterfragen.

Das Buch kann helfen, sich rechtzeitig die nötigen Fragen zu stellen, hinzuschauen, was Ausgangslage und Umwelt beinhalten und was sie für den Prozeßverlauf und für mögliche Alternativen für das weitere Vorgehen bedeuten. Es kann jedoch, wie gesagt, eigene Entscheidungen über das, was im jeweiligen Fall richtig ist und paßt, nicht ersetzen, aber hoffentlich erleichtern, vielleicht ermöglichen.

Die *Gliederung* orientiert sich im Ablauf eines Arbeits- oder Weiterbildungsprojektes, wie es sich häufig entwickelt:

- von der ersten Idee, vom ersten Anstoß über die
- ersten Gespräche und den Kontrakt mit dem Auftraggeber,
- von der Grobplanung des gesamten Projektes zur
- Planung des Roten Fadens eines Seminars und
- der Planung und Gestaltung seiner Anfangsphase,
- der Prozeßbegleitung und -steuerung,
- bis hin zur Auflösung der Lern- und Arbeitsgruppe und der abschließenden
  Auswertung.

Dieser Ablauf eines Projektes ist nicht gemeint als Stundenfolge auf der Uhr, er ist jedoch eine wahrscheinliche Abfolge von Phasen und Schritten. Wahrscheinlich heißt: Manchmal muß ich einen Schritt zurück, muß mitunter manche Phasen mehrmals durchlaufen. Die Dauer der Phasen und ihre Intensität variieren.

Der Begriff „Projekt" wird hier deshalb gebraucht, weil damit die Aufmerksamkeit nicht nur auf die einzelnen Veranstaltungen gerichtet wird, sondern auf den gesamten Entstehungs- und Entwicklungsprozeß. Der Begriff Projekt ist auch deshalb gewählt worden, weil immer häufiger Gruppen zu einem *Träger der Veränderung von Organisationen und Institutionen* werden. Wenn das stimmt, dann darf sich unsere Aufmerksamkeit nicht mehr nur auf den Gruppenprozeß und auf die Lernmethoden richten, sondern mehr als bisher auch auf die Tatsache, daß diese Gruppen Teil eines größeren Ganzen sind, in dem sie leben und wirken. Gruppen beginnen nicht erst mit der Anfangssitzung. Die Kenntnisse über das umgebende System, seine Bedürfnisse und sein Funktionieren werden so zu einem wesentlichen Baustein der Vorbereitung, Planung und Leitung.

Das Schwergewicht der Anwendungsbereiche liegt auf der *Vorbereitung und Leitung von Lern- und Arbeitsgruppen,* die für eine begrenzte Zeit sich mit einem Thema oder mit der Lösung eines Problems befassen wollen. Angesprochen sind damit Leiter entsprechender Gruppen in Unternehmen und in Institutionen aus dem wirtschaftlichen und sozialen Bereich und aus der Erwachsenenbildung sowie selbständige Trainer und Berater. Wir denken vor allem an solche Gruppen und ihre Leiter, deren Anliegen es ist, sachbezogenes Lernen und Arbeiten mit persönlichem Lernen und Sich-Entwickeln zu verknüpfen.

Das ist nicht nur humaner, sondern auch effizienter: Allzuoft stolpert die Sachlösung, weil sie nicht mit dem Erwerb neuer sozialer Kompetenzen und veränderter Verhaltensweisen einherging. Erst diese ermöglichen es den Teilnehmern in ihrem sozialen und beruflichen Umfeld, persönlich *und* mit der „Sache" besser klarzukommen.

Dieses Buch enthält:

1 *Leitfragen,* die wir aufgrund unserer eigenen Erfahrungen für nützlich halten, systematisch angeordnet entlang eines möglichen Ablaufes eines Projektes.

2 *„Notizen",* die helfen können, die einzelnen Schritte und die ihnen zugeordneten Leitfragen zu verstehen.

3 *Praktische Theorien,* Fundstücke aus anderen Veröffentlichungen, die helfen können, Prozesse und die Auswirkungen von Planungen und Aktionen besser zu verstehen und zu steuern.

4 *Praxisbeispiele* zur Erläuterung und Verdeutlichung wichtiger Aspekte einzelner Phasen.

5 Ein weiterer Teil entsteht hoffentlich durch den Leser selbst, indem er seine eigenen Seiten füllt und nach Belieben einbaut.

Das Buch ist dagegen weniger für die Leitung von Gruppen gedacht, die vom Ansatz her therapeutische Ziele verfolgen oder in denen die persönliche Selbsterfahrung stark im Vordergrund steht. Manches mag auch im therapeutischen Kontext sinnvoll sein, es wurde jedoch nicht vor diesem spezifischen Hintergrund geschrieben.

Als Schluß dieser Einleitung die Fabel vom Esel (– oder wie man dieses Buch nicht anwenden sollte):

Der mit Salz beladene Esel

Ein Esel, der mit Salz beladen war, mußte durch einen Fluß waten. Er fiel hin und blieb einige Augenblicke in der kühlen Flut liegen. Beim Aufstehen fühlte er sich um einen großen Teil seiner Last erleichtert, weil das Salz im Wasser geschmolzen war. Langohr merkte sich diesen Vorteil und wandte ihn gleich am folgenden Tage an, als er, mit Schwämmen belastet, wieder durch eben diesen Fluß ging.

Diesmal fiel er absichtlich nieder, sah sich aber arg getäuscht. Die Schwämme hatten nämlich das Wasser angesogen und waren bedeutend schwerer als vorher. Die Last war so groß, daß er erlag. Ein Mittel taugt nicht für alle Fälle.

P.S.: Wir benutzen häufiger den Begriff „Unternehmen". Wir meinen damit nicht nur Industrieunternehmen, sondern darüber hinaus auch soziale Einrichtungen, Krankenhäuser, Bildungsstätten.

Noch ein P.S.: Wir verwenden Begriffe wie „Leiter" oder „Teilnehmer" für Frauen und Männer. Wir sind uns bewußt, daß z. B. diese beiden Begriffe maskulin sind, wollen Ihnen jedoch die Komplizierung des Lesens durch „Leiter und Leiterinnen" oder „LeiterInnen" ersparen.

II. Bevor ich zusage: Vorklärungen und Kontrakt

1. Einleitung

Mit dem Beginn einer Arbeits- oder Lerngruppe ist es in gewisser Weise ähnlich wie mit einem Theaterstück: Ehe sich der Vorhang zum ersten Mal öffnet, ehe die Teilnehmer den Raum zur ersten Sitzung betreten, ist schon vieles geschehen, was den Verlauf des Projektes beeinflußt, ja vielleicht entscheidend prägt.

Gespräche mit dem Auftraggeber, mit einzelnen Teilnehmern oder mit Kollegen dienten der Informationssammlung und Vorbereitung. Eine Diagnose ist aufgrund dieser Unterlagen entstanden. Sie gibt Hinweise darauf, was angemessene Themen und Vorgehensweisen für die Gruppe sein könnten, um ihr beim Lernen und Problemlösen zu helfen. Ein Grobplan entsteht daraus, der die notwendigen Maßnahmen für die Vorbereitung und eine grobe Struktur für die Durchführung des Projektes aufzeigt. Der/die Leiter haben einen Roten Faden entwickelt für die Arbeit in der Gruppe selbst und sich Vorstellungen über die Gestaltung der Anfangsphase gemacht.

Die Arbeit bis zu dem Zeitpunkt, an dem wir zum ersten Mal „Hallo" sagen, stellt, aufs Ganze gesehen, oft den größeren Teil der Arbeit dar.

Am Anfang dieser Vorbereitungszeit steht in der Regel eine Phase, die wir hier mit *„Vorklärungen und Kontrakt"* bezeichnen wollen. Es ist die Phase eines sich anbahnenden Seminar- und Beratungsprojektes, in der zwischen dem Auftraggeber oder seinem Vertreter und dem Gruppenleiter/Berater die Grundlagen der Zusammenarbeit gelegt und die Zielsetzungen des Projektes sowie seine Rahmenbedingungen geklärt werden. Beide – Leiter und Auftraggeber – werden an der Entstehung einer tragfähigen Basis interessiert sein, ehe sie mit der eigentlichen Planung der Arbeit beginnen. Diese Klärungen und Absprachen sind Teil des *Kontraktes,* der zwischen Leiter und Auftraggeber abgeschlossen wird – oft mündlich.

Das Wort *Kontrakt* soll verdeutlichen, daß es nicht nur vom Leiter allein oder von den Teilnehmern abhängt, ob er mit einer Gruppe erfolgreich arbeiten kann. Häufig arbeitet er im Auftrag einer Institution oder Firma, die bestimmte ausgesprochene und oft auch unausgesprochene Erwartungen, Zielsetzungen und Einschränkungen mit dem Projekt verbindet, über die gesprochen werden muß, bevor der Leiter zusagt und sich an die Planung und Durchführung des Projektes macht.

Je klarer sich beide Seiten darüber bewußt sind, auf was sie sich einlassen, was die Ausgangslage und die (Un-)Möglichkeiten sind, welche Spielregeln gelten sollen, welche Rahmenbedingungen zu beachten und welche Leistungen von wem zu erbringen sind, desto eher ist der Erfolg des Projektes gewährleistet.

Damit ein guter Kontrakt entstehen kann, sind eine Reihe von Fragen zu besprechen, die vielleicht nicht immer in jedem Einzelfall relevant sein mögen; oft ist es dennoch nützlich, sie vorher zu überprüfen. Wer kennt nicht das „Ich hätte das noch fragen sollen" und die Lästigkeit, solche Informationen in mehreren Schritten nachholen zu müssen? Mangelnde Sorgfalt und besonders die in dieser Phase nicht gestellten Fragen vermehren die Probleme in der Durchführung. Falsche Zurückhaltung ist hier nicht am Platz.

Das Frage- und Antwortspiel der Vorklärungen und der Aushandlung des Kontraktes mit dem Auftraggeber oder ggf. bereits mit den späteren Teilnehmern bringt mich in engeren Kontakt mit meinem späteren Arbeitsfeld und gibt mir den Grundstock für die Gestaltung von Klima, Prozeß und Struktur, für Alternativen und flexibles Handeln.

Kontrakt heißt im übrigen nicht, alles im einzelnen schriftlich zu regeln, obgleich es häufig ratsam ist, die Kernpunkte in einem Protokoll oder Brief zusammenzufassen. Ein Kontrakt ist kein Kaufvertrag, nach dem Motto „Honorar gegen ein wohldefiniertes Gruppenarbeitsergebnis". Der Kontrakt enthält offene Zielsetzungen, die Raum lassen für Neuentdeckungen und unerwartete Möglichkeiten, die vorher noch gar nicht benennbar waren, sondern die erst in einem lebendigen Lernprozeß entstehen können. Wir werden auf diesen Punkt noch zurückkommen.

So sind die folgenden Fragen nicht als starre Liste für das Gespräch gedacht, sondern eher als Chance, durch eine gute Vorbereitung den Kopf und das Gespür freizuhalten für das Wesentliche des Gespräches.

Bevor wir die Leitfragen durchgehen, müssen wir uns noch einmal bewußt machen, daß Kontrakte nicht mit anonymen Organisationen abgeschlossen werden, sondern zwischen Menschen, die sich später bei ihrer weiteren Arbeit vertrauen und unterstützen sollen. Dieses Vertrauen gewinnen wir nicht so sehr durch das Versprechen großartiger Ergebnisse, sondern durch unsere Person. Ein Kontrakt lebt letztendlich zu einem großen Teil aus der Qualität einer zwischenmenschlichen Beziehung, anfällig für Störungen, aber eben auch Energiequelle für die Realisierung des Projektes. Deshalb ist es so wichtig, sich für Vorklärung und Kontrakt Zeit zu nehmen und sie auch auf seiten des Auftraggebers zu verlangen.

Natürlich gibt es manche dieser Probleme nicht in dem Fall, in dem man *selbst einen Kurs ausschreibt,* als sein eigener Auftraggeber gewissermaßen. Gerade dann kann es jedoch nützlich sein, die Leitfragen durchzugehen und sich so seinen ‚inneren Auftraggeber' zu schaffen, der einem selbst ebenso kritisch gegenübersitzt, wie es der tatsächliche Auftraggeber tun würde. Wir haben einige zusätzliche Überlegungen zur Selbstausschreibung im Kapitel III (S. 29 ff.) dargestellt.

So oder so: Mit dem ersten Kontakt beginnt für den Leiter der Prozeß. In der Anfangssitzung später im Kurs oder in den ersten Projektgruppensitzungen werden wir Kontrakte auch mit den Teilnehmern schließen. Wir werden nicht davon ausgehen können, daß sie den Kontrakt, den wir mit dem Auftraggeber erarbeitet haben, so ohne weiteres übernehmen. Die Teilnehmer werden für ihr Lernen und ihre Arbeit ihren eigenen Kontrakt mit dem Leiter und untereinander schließen wollen, der das, was mit dem Auftraggeber abgesprochen wurde, berücksichtigt und ergänzt.

Graphisch dargestellt könnte das so aussehen:

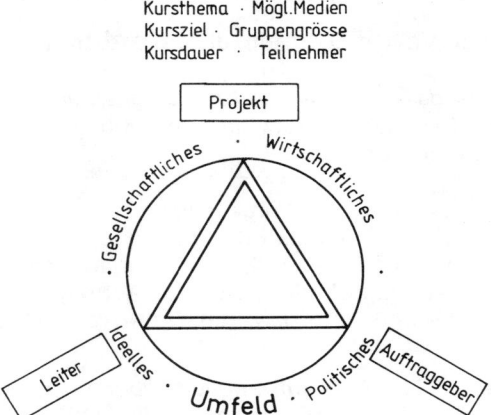

Abbildung 2: Das „Kontrakt-Dreieck" vor Beginn des Projektes

Bei Beginn des Seminars tritt dieses Kontraktdreieck in den Hintergrund und ein neues entsteht in Absprache mit den Teilnehmern:

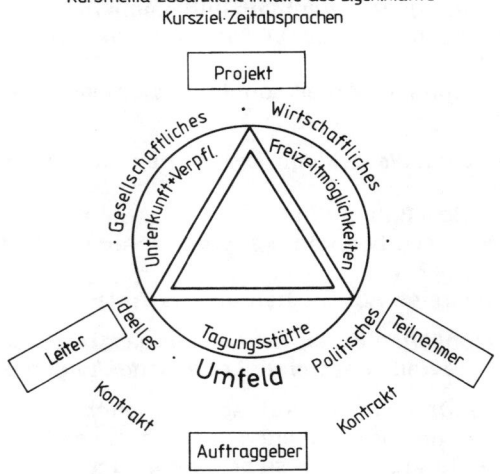

Abbildung 3: Das „Kontrakt-Dreieck" mit der Gruppe

Auch zwischen den Teilnehmern und dem Auftraggeber oder der entsendenden Stelle besteht häufig ein Kontrakt, der die gegenseitigen Erwartungen und Ziele der Teilnahme und die Teilnahmegebühr offiziell festlegt. Hilfreich für die spätere Arbeit ist es, wenn auch dieser Kontrakt besprochen und beschlossen wurde und nicht nur aus unausgesprochenen Erwartungen besteht. Solche unausgesprochenen Erwartungen können sich nicht nur auf die inhaltliche Seite beziehen, sondern auch auf die Einschätzung seitens des Teilnehmers, welcher Handlungsspielraum ihm in bezug auf die Umsetzung des Gelernten zugestanden werden wird, wenn er in sein Arbeitsfeld zurückkehrt.

2. Leitfragen für Vorklärungen und Kontrakt

Zur Vorbereitung auf *das Kontakt- und Kontraktgespräch* kann das Nachdenken über das bisher Geschehene nützlich sein – wie auch über meine Phantasien und deren Hintergründe.

■ *Wie kam der Kontakt zustande (Vorgeschichte)?*
Wenn es schon *frühere Kontakte oder Zusammenarbeit* gab: Woran erinnere ich mich, an welche Ergebnisse oder unerledigten Reste?
Welchen Einfluß hat das auf mich? Auf den Auftraggeber? Auf die Beziehung zwischen mir und ihm, bzw. auf Dritte (z. B. Mitarbeiter, künftige Teilnehmer)?

■ Was weiß ich bereits über den *Auftraggeber, über meinen Gesprächspartner und über seine Organisation (Firma, Institution etc.)?*

■ Was weiß ich bereits über das *Thema oder den Problembereich,* der Gegenstand der Lern- und Arbeitsgruppe sein soll?

■ *Aus welchen Quellen stammt dieses Vorwissen?*
Aus eigener Anschauung, aus Informationen Dritter, aus früherer Zusammenarbeit, aus Berichten?

■ *Was weiß der Auftraggeber über mich und meine Arbeitsweise?*
Was kann ich ihm sonst in der zur Verfügung stehenden Zeit sinnvollerweise davon mitteilen?
Was aus meiner bisherigen Arbeit könnte für die Realisierung seines Projektes hilfreich sein?

■ Was ist mir über die *Ziele* bekannt, die mit dem bevorstehenden Gespräch verbunden sind:
– Kennenlernen (Beschnuppern)?
– Eine Entscheidung vorbereiten, wer von mehreren Trainern/Beratern zum Zuge kommen soll?
– Treffen von konkreten Absprachen für das Projekt?

■ Mit welchen *persönlichen Zielen* gehe ich in das Gespräch?
Habe ich für mich bereits *bestimmte Vorentscheidungen getroffen?*

■ *Wie wichtig ist es für mich, den Auftrag zu erhalten?*
(Geld, Prestige, Übungsfeld, Kontakt, persönliches Engagement für das Thema, für den Auftraggeber, für seine Leute, oder:...)

2. Leitfragen für Vorklärungen und Kontrakt (Fortsetzung)

Im Gespräch selbst geht es neben der Klärung der obigen Fragen um zusätzliche Aspekte:

- *Wer ist mein Gesprächspartner?*
  Welches sind seine Aufgaben und Funktionen?
  Welche Entscheidungsbefugnisse hat er in bezug auf das weitere Vorgehen, Terminabsprachen, Dauer, Geld und Mittel?

- *Wer ist der eigentliche Auftraggeber?*
  - Welche *Funktion, welchen Aufgabenkreis und welche Macht* hat der Auftraggeber in der Organisation?
  - Welches sind seine Vorstellungen über Inhalte, Ziele, Stellenwert des Projektes?
  - Wer soll aus seiner Sicht (nicht) teilnehmen?
  - Was ist sein persönliches Interesse an dem Projekt?
  - Welche heißen Eisen sollen angepackt oder liegengelassen werden? Was soll nach Auffassung des Auftraggebers nicht geschehen?
  - Wieviel Zeit ist der Auftraggeber bereit, ggf. selbst für Teilnahme, Auswertungsgespräche, Entscheidungssitzungen etc. zu investieren?

- In welchem *Kontext* steht das Projekt zu anderen Aktivitäten oder Teilen der Institution oder Firma?

- *Welchen Arbeitsauftrag* soll ich erfüllen?
  - Welche inhaltlichen Zielsetzungen werden an mich gestellt?
  - Welche Erwartungen bestehen zur Arbeits- und Vorgehensweise sowie zu den Ergebnissen?
  - Wer hat diese Erwartungen so formuliert?
  - Auf wessen Diagnose beruhen sie?
  - Wie strukturiert und detailliert sind die Erwartungen und Ziele schon?

- Für welche Ziele und Erwartungen *bin ich der richtige Partner?*

- Ich erläutere *meine Arbeitsweise* mit Teilnehmern und Gruppen: Hat der Auftraggeber bereits Erfahrungen mit ähnlichen Ansätzen? Was hält er davon?

- Was kann ich über die *Teilnehmer erfahren?*
  (Bei Durchführung des Projektes innerhalb einer Firma oder Institution:)
  - Wo stehen sie innerhalb der Organisation?
  - Welche Zusammenarbeits- und Führungsstrukturen gibt es dort?
  - Was sind wichtige Merkmale und Bedingungen der Arbeit und des Arbeitsfeldes der Teilnehmer?
  - Wie hängt ihr Arbeitsbereich mit anderen Teilen der Organisation zusammen?
  - Wer sonst hat noch wichtigen Einfluß auf die Teilnehmer bzw. deren Arbeit, ohne direkt zum Teilnehmerkreis zu gehören?
  - Aus welchem Umfeld kommen die Teilnehmer?
  - Was haben sie gemeinsam?
  - Welche Beziehung haben sie zum Anbieter/Arbeitgeber?

2. Leitfragen für Vorklärungen und Kontrakt (Fortsetzung)

- *Generelle Fragen:*
  - Wer *bezahlt* die Teilnahme-/Durchführungskosten?
  - Was ist über die *Zusammensetzung des Teilnehmerkreises* bekannt (Alter, Frauen/Männer, Vorgesetzte/Mitarbeiter, Berufsfelder, Erfahrung, Bekanntheit untereinander…)?
  - Kommen die Teilnehmer *freiwillig?* Von wem werden sie ggf. geschickt?
  - Welche *inhaltlichen Wünsche der Teilnehmer* sind bekannt und woher? Was erhoffen sie sich von der gemeinsamen Arbeit?
  - Welche *Möglichkeiten zum Abklären* der Bedürfnisse und der Problemlage bestehen bei den Teilnehmern selbst?
  - Welche *Vorerfahrungen* und eventuell Befürchtungen haben die Teilnehmer in bezug auf das Thema und auf die Arbeit in Gruppen sowie auf ähnliche Arbeitsweisen wie die meine?
  - Mit welchen *anderen Gruppenleitern/Beratern* haben die Teilnehmer schon gearbeitet? An welchen Themen, mit welchen Ergebnissen?
  - Auf welche *zeitlichen Prioritäten und Rahmenbedingungen* seitens der Teilnehmer muß Rücksicht genommen werden?
  - Welche *Vorlaufzeit* wird benötigt, damit die Teilnehmer gemeinsame Termine freihaben?

- Welche *Restriktionen und Rahmenbedingungen* gibt es für Zeit, Beginn, Geld, Durchführungsort, Teilnehmerkreis oder Teilnehmerzahl etc.?
  - Will der Auftraggeber bestimmte Teile des Seminars selbst bestreiten (eigene Fachreferenten, interne Versammlung)?
  - Ist mit dem Besuch durch Vorgesetzte oder andere Stellen zu rechnen?
  - Werden bestimmte Rahmenprogramme gewünscht (z. B. Besichtigungen)?

- *Mit wem soll ich/kann ich zusammenarbeiten* während der Vorbereitung und Durchführung (interne oder externe Fachleute, Referenten, andere Leiter)?
  - Spielregeln und Art der Arbeitsteilung?

- Warum werde *gerade ich* angefragt?
  - Wer will mich dort haben und warum?
  - Wer will mich dort nicht haben und warum nicht?
  - Stehe ich in Konkurrenz zu anderen Gruppenleitern/Beratern? Wem nehme ich etwas weg?

- Was wird an *(Zwischen-)Berichten* und schriftlichen Arbeitsergebnissen verlangt, die an Nicht-Teilnehmer gehen sollen?
  - Absprachen für die Erstellung und Weitergabe?
  - Was wird an *Unterlagen für die Teilnehmer* verlangt?

- Welche *Kriterien für den Erfolg* meiner Tätigkeit legt der Auftraggeber an?
  - Was biete ich ihm als Kriterien zur Beurteilung der Ergebnisse meiner Arbeit an?

2. Leitfragen für Vorklärungen und Kontrakt (Fortsetzung)

- Welche *Bedingungen will ich für mich durchsetzen?*
  - Honorar?
  - Externe oder interne Partner bei der Durchführung?
  - Handlungsspielräume und Spielregeln, die der Auftraggeber beachten soll?

- Wie sehen die *Rückzugs- und Absageregeln* aus?

- Wie liegt das Projekt in *meinem Terminkalender?*

- *Wer wird welche Aufgaben übernehmen* in bezug auf Vorbereitung und Organisation der Durchführung?
  - Wer lädt wann ein, wer wirbt die Teilnehmer?
  - Was wird von mir in bezug darauf erwartet? Wer schreibt ggf. den Einladungstext?

- Einige *Fragen zur Reflexion* während und nach dem Gespräch:
  - Wie erlebe ich das Gespräch?
  - Wie reagiert mein Gesprächspartner auf Anregungen oder Einwendungen?
  - Wie wurde über Honorar- und Zeitvorstellungen gesprochen?
  - Wofür werde ich wirklich gebraucht (oder *benutzt*)?
  - Bin ich dabei, mehr zu versprechen, als ich halten kann?
  - An welchen Stellen komme ich mit meinen Wertvorstellungen und professionellen Normen in Konflikt?

- *Warum sage ich zu?*
  Warum sage ich ab?

3. Notizen zu den Leitfragen der Vorklärungs- und Kontraktphase

Vor dem Kontrakt kommt der Kontakt – und Kontakte haben meist ihre Vorgeschichte. Sie kommen zustande auf Grund von Empfehlungen Dritter, auf Grund eines zufälligen Zusammentreffens mit dem späteren Auftraggeber oder auf Grund von früherer Zusammenarbeit, vielleicht nach einer längeren Pause. Gibt es Gründe für diese Pause, die in der damaligen Beziehung liegen, gab es nichts mehr zu tun in der Zwischenzeit oder mußte einfach mal ein neuer Name, ein neues Gesicht ins Programm?

Unerledigte Reste können auf beiden Seiten der Grund für eine Pause sein. Manchmal sind es nicht einmal sehr dramatische Dinge, die gestört haben. Vielleicht kam mein Honorar jedes Mal zu spät, war die Teilnehmerzahl deutlich größer als abgemacht oder die Unterstützung durch den Auftraggeber mangelhaft, und ich fühlte mich deshalb ausgenützt.

Ähnliche Dinge mag es beim Gesprächspartner gegeben haben, ohne daß ich es weiß, weil wir nicht mehr darüber gesprochen haben. Das erneute Zusammentreffen bietet die Chance, das Kleingedruckte im Kontrakt deutlicher zu besprechen.

Aus diesen Vorkontakten kann es auch gewisse Überbelichtungen geben: Eine Sache fasziniert mich so, daß es mir ziemlich egal ist, wer mir da eigentlich gegenüber sitzt. Vielleicht ist auch der Funke von Person zu Person übergesprungen, so daß ich mich jemandem zuliebe auf etwas einlasse, ohne genauer hinzuschauen. Beides würde eine Einschränkung meiner Urteils- und Entscheidungsfähigkeit bedeuten, was letztendlich dem gemeinsamen Anliegen schaden würde.

Wenn der andere spürt, daß mir seine Institution oder Firma, sein Tätigkeitsfeld und seine Lage schon etwas vertraut sind, dann wird er leichter mit mir in Beziehung treten können als mit einem Fremden, der gewissermaßen über das Land, in dem er arbeiten soll, und dessen Sprache nichts weiß. Ich kann mich orientieren über Aufgaben und Probleme, über Produkte und Dienstleistungen dieses oder ähnlicher Unternehmungen und dabei für mich selber überprüfen, welchen emotionalen und interessemäßigen Zugang ich dazu finde. Vielleicht spüre ich auch etwas Herzklopfen, weil „die" ja so ganz anders sind als „jene", mit denen ich bisher gearbeitet habe. Ob die Welten wirklich so verschieden sind, wird sich erst zeigen. Oft genug erweisen sich die Unterschiede in der Phantasie als weit größer als in der Realität.

Mich ein wenig in die Lage des anderen hineinzuversetzen kann auch heißen, mir im voraus einige Gedanken zu machen zu seiner wirtschaftlichen und finanziellen Situation, zu seinen personellen Möglichkeiten, zu seiner Einbindung in einem größeren Rahmen. Eine kirchliche Institution hat andere Rahmenbedingungen und Bindungen als die Tochtergesellschaft eines Konzerns. Mit diesen Informationen sollten keine Wertungen verbunden werden. Es geht nur um das Sammeln von Fakten, um sich im Gespräch in die Realität des anderen besser einfühlen und eindenken zu können.

Vorwissen kann hilfreich sein, wenn ich es überprüfen kann oder aus eigener Anschauung kenne. Es wird mich belasten und voreingenommen machen, wenn es Wertungen bei mir auslöst, was besonders leicht geschieht, wenn ich mein Wissen vornehmlich auf Vermutungen und Gehörtem aufbauen muß. Das Vorwissen soll mir helfen zu sehen, statt zu vermuten.

Wenn ich merke, daß ich zuviel nach Vorinformationen suche, dann kann das ein inneres Signal dafür sein, daß ich mich unsicher fühle und diese Unsicherheit mit Informationen zudecken will. Das ist meist ein erfolgloses Unterfangen, weil die Unsicherheit weniger auf fehlener Information als z. B. auf Gefühlen von Leistungsdruck (ich muß gut sein – woher kenne ich das noch?) oder von Überforderung beruht. Vielleicht stecken dahinter persönliche Themen, an denen ich weiterarbeiten sollte.

Im ersten Gespräch mit einem neuen Auftraggeber stehen im Hintergrund stets die gleichen geheimen oder – wenn ich sie hören will – gar nicht so geheimen Fragen wie „Mal sehen, was die oder der kann oder wie sie oder er denkt, arbeitet und fühlt. Kann ich ihr oder ihm vertrauen, oder werde ich für etwas eingefangen? Werde ich Hilfe bekommen und Unterstützung?"

Diese Fragen sind genauso meine wie die des Gegenübers. Sie sind da, auch wenn das Gespräch scheinbar strikt zur Sache geht. Erst, wenn diese Fragen hinreichend beantwortet sind, kann es zu Absprachen und inhaltlichen Abklärungen kommen. Am Anfang des Gespräches dienen Diskussionen über Inhalte weniger der Klärung der Sache als dem Kennenlernen des anderen. Wenn ich das nicht realisiere, dann bin ich schnell in der Situation, den anderen umzustimmen und ihm seine auf der Sachebene vorgetragenen Befürchtungen mit einem „Ja, aber" ausreden zu wollen. Ja, aber... sie liegen eben oft nicht auf der Sachebene.

In diese Situation komme ich besonders leicht, wenn das Gespräch mit dem potentiellen Auftraggeber eigentlich Teil eines Schönheitswettbewerbes ist, in dem aus mehreren Bewerbern einer für das Projekt ausgesucht werden soll. Für das Gespräch bedeutet das nicht nur Leistungs- und Konkurrenzdruck auf meiner Seite, sondern auch, daß der Gesprächspartner nur mit dem einen Auge bei mir und mit dem anderen vergleichend bei anderen Kandidaten ist. Er wird sich beobachtend und abwartend verhalten. Es wird mehr noch als sonst bei mir liegen, das Zusammentreffen zu einem Gespräch statt zu einer Befragung werden zu lassen.

In der Regel verbindet auch der Leiter mit einem Projekt gewisse persönliche Ziele. Mindestens wird er es schon vorher an einigen persönlichen Vorentscheidungen messen. Es gibt Dinge, die ich nicht mehr oder aber besonders gerne mache. Es gibt Aufgaben, die ich ablehne, weil sie von vornherein meinen Werten und Auffassungen entgegenlaufen und ich diesen Konflikt nicht will. Es kann sein, daß ich in einer „solchen" Organisation nie arbeiten wollte – oder schon immer mal. Bestimmte Zeiten oder Tage sind mir heilig, ich will sie nicht weggeben. Ich will eigentlich nicht mehr unter einem bestimmten Honorarsatz arbeiten. Oder mit mehr Zeit für das Projekt, um nicht wieder zusammen mit den Teilnehmern unter Zeitdruck zu geraten. Ich will, daß der Auftraggeber bestimmte Vorgehensschritte oder die Teilnahme bestimmter Personen akzeptiert, ohne die sonst erfahrungsgemäß nichts läuft.

Die Frage ist hier nicht, bereits auszusteigen und das Gespräch abzublasen, sondern für sich vorher zu sortieren, welches die persönlichen MUSS-Ziele sind, die erfüllt sein müssen, wenn ich einsteigen soll, und welche die KANN-Ziele sind, bei denen ich zufrieden bin, wenn sie möglichst gut erreicht werden.

Gewisse Vorentscheidungen werden mir unbewußt diktiert von meinen Wünschen und Bedürfnissen. Wenn ich etwas dringend brauche (auch psychisch) oder es mich sehr lockt, dann laufe ich Gefahr, bestimmte Dinge zu „übersehen" oder Kompromisse einzugehen, aus Angst, sonst z. B. den Auftrag nicht zu bekommen, sofern ich bestimmte heikle Punkte offen anspreche. Diese Wünsche sind normal und von jedem selbst zu entscheiden – aber mit dem kritischen Blick auf die Abhängigkeiten und Defizite, die dieses Projekt für ihn kompensieren soll. Die Leitfragen können helfen, engagierte Nähe und notwendige Distanz im fruchtbaren Gleichgewicht zu halten.

Mitunter hat man es im Gespräch mit zwei Parteien zu tun, wenn nämlich der Gesprächspartner nicht der eigentliche Auftraggeber ist, sondern dieser nur als Schatten mit am Tisch sitzt, als Schatten von jemandem, der im Hintergrund entscheidet, bewilligt, entsendet oder die Umsetzung der Arbeitsergebnisse in die Praxis genehmigt, der aber vielleicht gar nicht in Erscheinung tritt.

Der Begriff des *Auftraggebers* ist hier als Sammelbegriff für Einzelpersonen oder auch Gremien gemeint, die über die Durchführung eines Projektes inhaltlich und finanziell entscheiden. Manchmal gibt es einen inhaltlichen und einen finanziellen Auftraggeber. Der letztere zahlt gewissermaßen für den anderen.

In einem Krankenhaus z. B. wurden Gesprächsführungskurse für die Schwestern von „einer Stelle" im Landratsamt bewilligt und bezahlt, die inhaltlichen Absprachen erfolgten jedoch immer direkt mit der Pflegedienstleitung des Krankenhauses, bis plötzlich im Rahmen einer Sparaktion von „oben", d. h. von jener Stelle, diese Kurse gestoppt wurden, weil man dort für „sowas" kein Geld mehr bewilligen wollte. Geld war für andere Kurse durchaus da, hinter dem „sowas" stand auf seiten der finanzierenden Stelle eben auch eine inhaltliche Vorstellung und Wertung, über die nie gesprochen wurde. „Wer zahlt, befiehlt . . .", dieser Spruch ist sicher keinem neu, der in oder mit Firmen oder Institutionen arbeitet. Er sagt sich in der Anonymität noch leichter. Es ist die Entscheidung des Leiters, ggf. erst dann zuzusagen oder die Arbeit fortzusetzen, wenn er auch den Auftraggeber persönlich kennengelernt hat und es ganz klar ist, was obiges Sprichwort für das Projekt bedeutet.

Die Ansichten und Befürchtungen des Auftraggebers, seine Abhängigkeiten von anderen Gremien oder auch seine Prioritäten können bedeutsam sein für die spätere Arbeit. Als Leiter will ich auch in dieser Phase denen nicht aus dem Weg gehen oder sie „vergessen", die die Macht zur Entscheidung und damit auch zur Untersuchung oder Blockierung meiner Arbeit haben.

Die Klarheit darüber, wer eigentlich Auftraggeber ist und wie dieser zu dem Projekt und seinen möglichen Chancen und Risiken steht, wird immer dann besonders wichtig werden, wenn die Ergebnisse der Projektarbeit Veränderungen in den Strukturen der Organisation oder in Verhaltensweisen anderer Stellen oder Personen nach sich ziehen müssen, sofern die Ergebnisse der Gruppenarbeit umgesetzt werden sollen. Wenn das Thema eines Seminars z. B. die Verbesserung von Kommunikation und Motivation in einem Bereich ist, dann werden sehr oft Verhaltensweisen von Vorgesetzten oder hemmende Strukturen der Organisation als ein Feld für Veränderungen auftauchen, ohne die dauerhafte Verbesserungen nicht erreicht werden können. Wird das vom Auftraggeber gewollt, mitgetragen und mitbegleitet, insbesondere, wenn er selbst in Frage gestellt werden könnte?

Je stärker ein Projekt nicht nur Veränderungen der Person, sondern auch des ganzen Systems nach sich zieht, desto wichtiger ist es, die Bereitschaft des Auftraggebers zu gewinnen, sich auch genügend eigene Zeit zur Teilnahme, Auswertung und gemeinsamen Steuerung des Projektes zu nehmen.

Das Sicheinlassen auf einen nicht genau vorhersagbaren Prozeß ist für manchen Auftraggeber eine Hemmschwelle gegenüber dem lebendigen Lernen: Das anfangs gebrauchte Bild vom Theater stimmt in diesem Zusammenhang nämlich nur bedingt: Theaterstücke haben in der Regel einen festen Ablauf und ein schon vorher inhaltlich und zeitlich festgelegtes Ende. Lern- und Entwicklungsprozesse lassen sich nicht in dieser Art programmieren. Ihr Ablauf und ihr Ergebnis ist nur wahrscheinlich und nicht von vornherein sicher. Es ist nur bedingt vorausplanbar.

Für den Auftraggeber ist das oft ein ungemütliches Gefühl. Er möchte Sicherheit und Vorausschaubarkeit, auch wenig Risiko und möglichst keine Überraschungen in bezug auf Prozeß und Ergebnis. Wir können ihm das nur bedingt bieten, brauchen jedoch sein Sicheinlassen auf unseren Vorschlag. Die Brücke baut sich leichter, wenn wir ihm Wege vorschlagen können, durch die er sich immer wieder in geeigneter Weise über Verlauf und wichtige Schritte oder Entscheidungen informieren kann.

Für die später folgende Grobplanung und Realisierung wird es wichtig sein, die Einbindung des Projektes in einen größeren Zusammenhang im Auge zu behalten. Die Schwestern im oben erwähnten Krankenhaus arbeiten ja nicht isoliert, sondern zusammen mit den Ärzten, ohne die bestimmte Änderungen eventuell nicht eingeführt werden können.

Oft ist ein Projekt z. B. Teil eines umfassenderen Schulungsprogramms, dessen inhaltliche und didaktische Aspekte sich für die eigene Arbeit fördernd oder kontraproduktiv auswirken können, sofern z. B. widersprüchliche Ansätze und Botschaften in den einzelnen Teilprojekten vermittelt werden.

Es kann auch sein, daß das Projekt im Rahmen einer größeren Reorganisation oder einer Einführung neuer Technologien oder Abläufe zu sehen ist. Welchen Stellenwert hat die zur Diskussion stehende Maßnahme dann – geht es um die Entwicklung von Ideen für die Gestaltung der anstehenden Veränderung, geht es nur um Anpassung an das, was bereits vorentschieden ist? Das sollte auch dem Teilnehmer klar sein, bevor wir in die gemeinsame Arbeit steigen. Am meisten Ärger schaffen Situationen, in denen so getan wird, als ob noch Raum zur Mitgestaltung besteht, und dabei ist praktisch schon alles vorentschieden und festgelegt. Dann schon lieber klar und ehrlich die Grenzen offenlegen, in denen Veränderung noch möglich ist.

Im übrigen ist die Frage nach der Einbindung des Projektes in den größeren Kontext auch hilfreich, um frühzeitig zu erkennen, wie die Teile des Ganzen aufeinander wirken. Es geschieht häufig, daß andere Personen oder Abteilungen empfindlich reagieren auf Veränderungen in anderen Bereichen, mit denen sie zusammenarbeiten müssen, sofern sie vorher nicht davon unterrichtet und dafür gewonnen wurden.

In der Phase der Vorklärung und Kontraktbildung reicht es natürlich, die wichtigsten Verbindungen und Knotenpunkte in dem Netz zu erkennen, in das das jeweilige Projekt eingebunden ist. Manchmal zeigt sich jedoch schon anhand solcher Fragen, daß der vom Auftraggeber oder von mir bevorzugte Ansatz und Lösungsweg wenig bringen wird, weil das Umfeld und die Bedingungen des Systems zu wenig berücksichtigt oder auf das geplante Vorgehen vorbereitet sind. Wenn Menschen z. B. den ganzen Tag mit wenig Kontakt zueinander an Einzelarbeitsplätzen an Bildschirmen arbeiten müssen und das wegen der Art der Arbeitsstrukturen nicht ändern können, dann sind Kurse über Kommunikation wenig sinnvoll, da die Mitarbeiter kaum Möglichkeit zum Gespräch bei der Arbeit haben.

Manchmal wird der Leiter schon in dieser frühen Phase des Projektes mit sehr konkreten und detaillierten Zielen, Erwartungen und inhaltlichen Wünschen konfrontiert, oft aber auch nur mit eher diffusen Hinweisen, daß „man" etwas tun müsse oder wolle, ergänzt durch einige Schlagworte, die auf den gewünschten Inhalt hinweisen.

Dennoch wird der Leiter gut daran tun, in beiden Fällen sich Zeit für eine Diagnose zu sichern. Denn die Ziele, die der Auftraggeber in dem ersten Gespräch nennt, sind meist nur im Ansatz *die* Ziele und *die* Probleme, um die es wirklich geht. Erst eine genauere Diagnose und das Gespräch mit den Teilnehmern selbst wird die endgültige Zielsetzung ergeben können.

Hier den Auftraggeber für Offenheit und für die Bereitschaft zur Überprüfung seiner Ziele und Daten zu gewinnen ist ein wichtiger Schritt in einem Planungsprozeß, der Spielraum bringt für neue Sichtweisen und neue Lösungen. Die Bereitschaft, Ziele offener zu formulieren und damit das Risiko einzugehen, daß auch unbequemere Themen aufkommen können, ist ein gutes Indiz für das Klima, in dem die Gruppe und der Leiter die gemeinsame Arbeit werden beginnen können.

Der Kontrakt allerdings soll nur die Richtung kennzeichnen und die vorläufigen Grenzen andeuten, in denen sich die Arbeit und die Energie der Gruppe bewegen können. Der Kontrakt ist kein Fahrplan, der angibt, wann welches Ergebnis auf welchem Schreibtisch ankommen soll.

Zu detailliert abgesteckte Lernziele, in denen kein Spielraum steckt, werden den Raum für Innovation und für originelle, auch von den Teilnehmern getragene Lösungen und Veränderungen zunehmend einengen. Mit jeder zusätzlichen Restriktion wird ein Stück mögliches Lernfeld abgeschnitten. Damit würden u. U. auch die Grundsätze des lebendigen Lernens in Frage gestellt werden, die mit dem Potential der Gruppe und jedes einzelnen rechnen und dafür genügend Raum benötigen.

Wenn wir schon von Restriktionen sprechen, die die Lernmöglichkeiten einschränken, dann gehört auch der Leiter dazu: Er hat nur begrenzte Zeit, vielleicht dann wenig Termine frei, wenn sie die anderen brauchen. Seine Fähigkeiten sind immer irgendwo begrenzt und damit auch Restriktionen für das Lernen der anderen. Wo liegt die Grenze für ihn zwischen der verantwortbaren Annahme einer Herausforderung und einem Glücksspiel, in dem der Zufall regiert? Die Antwort ist nicht mit dem Meterstab bestimmbar, und ohne Risiko gibt es kein Lernen. Deshalb aber gehört das „Sich-selber-bewußter-Kennenlernen" in den jährlichen Weiterbildungsrucksack des Leiters.

Eine Schwierigkeit in den kommenden Gesprächen mag sein, dem anderen meine Arbeitsweise zu erläutern. Er wird zunächst wissen und ein Gespür dafür entwickeln wollen, wie ich arbeite und was ich mitbringe, um sein Problem lösen und seine Ziele erreichen zu helfen. Er wird meine Theorie über Gruppen, über Lernen und Leiten und meine Vorstellungen über ihre Umsetzung vor Ort erfragen. Vieles davon kann im Kontraktgespräch nicht erzählt werden, weil es nur in der praktischen Arbeit vermittelbar ist. Ich kann nicht mehr als einige Akzente setzen, und die finde ich leichter heraus, wenn ich mich darauf konzentriere, was mir wichtig wäre, wenn ich auf dem Stuhl des anderen säße.

Nach unserer Erfahrung sind es vor allem folgende Punkte, die im Gespräch *mit dem Auftraggeber besprochen werden sollten:*

– Wenn das Seminar der Lösung konkreter Probleme dient, dann steht am Anfang die gemeinsame Diagnose der Probleme durch die Teilnehmer und nicht einfach die Übernahme einer vorgefertigten Analyse der Situation durch Dritte (mich als Leiter inbegriffen). Natürlich werden die Überlegungen Dritter in die Diagnose mit einbezogen, dennoch bleibt die gemeinsame Diagnose der Ausgangspunkt für die Planung der ersten Schritte sowie der Aufgaben- und Rollenverteilung in Hinblick auf die Erarbeitung und Realisierung der Lösung.
– Es kann zu Beginn der Arbeit keine detaillierte Beschreibung für das Gesamtprojekt und seine einzelnen Schritte geben, sondern nur ein schrittweises Vor-

gehen, das sich an den Leitzielen und den Zwischenergebnissen orientiert. Es gilt das Prinzip der Rollenden Planung, die sich auf die Überprüfung des Erreichten und auf die Zielvorstellungen stützt.
– Die Zusammenarbeit zwischen mir bzw. der Gruppe und dem Auftraggeber basiert auf einer laufenden Abstimmung und Rückkopplung im Gespräch und nicht auf einsamen Beschlüssen.

Das weite Feld der gruppen- und teilnehmerorientierten Lern- und Lehrmethoden ist zwar auf breiter Ebene bekannt geworden, doch wer kann schon die vielen verschiedenen Ansätze auseinanderhalten. Um so wichtiger ist es, sich nicht hinter Methodenetiketten zu verstecken, sondern zu versuchen, die Fragen des Auftraggebers konkret zu beantworten.

Meist geht es ihm ja eigentlich nicht um das Methodische, sondern darum, ob mit den Teilnehmern verantwortungsbewußt und zielgerichtet gearbeitet werden wird. Die Diskussion darüber, was seiner Ansicht nach nicht geschehen sollte, bringt das Gespräch oft weiter als eine methodische Diskussion. Besser hier ein wenig mehr Zeit investieren als später Widerstand und mangelnde Unterstützung zu haben, weil es anders läuft, als es der Auftraggeber sich vorstellen konnte.

Mit der Frage nach den Zielen und nach der Arbeitsweise tritt der dritte Partner endgültig ins Gespräch: die Teilnehmer bzw. das, was von ihnen in den Vorgesprächen bekannt gemacht wird.

Einer der wichtigsten Grundsätze des teilnehmerorientierten Lernens und Beratens lautet, daß man den anderen dort abholen soll, wo er steht. Jeder Mensch hat seinen Stand-Punkt, von dem aus er fragt und versteht, von dem aus er Kontakt aufnimmt mit seiner Umwelt und von dem aus er den ersten (Probe-)Schritt tut.

Den anderen dort abholen, wo er steht, bedingt auch, sich ein Bild zu machen von der Arbeit des anderen und der Umwelt, in der sie getan wird. Die dort herrschende Dynamik wird sich auch im Seminar widerspiegeln.

Die Erfahrungen der potentiellen Teilnehmer in bezug auf das Thema und die Arbeitsweise können ein wichtiger Baustein für die Grob- und Feinplanung später werden. Dabei geht es nicht nur um sachliche, sondern auch um emotionale Komponenten dieser Erfahrung, um gute oder irritierende Erlebnisse, die nachwirken. Die Information hierüber wird der Leiter später als Wegweiser für die Auswahl von Übungen, Spielen und Themen benutzen. Sie geben ihm Hinweise auf Schwierigkeits- und Bekanntheitsgrade, die er voraussetzen kann, ohne die Teilnehmer zu über- oder unterfordern. Es erleichtert die Planung eines Einstieges zu Beginn der Zusammenkunft, in der sich möglichst alle zurechtfinden und mitmachen können.

Die Vorerfahrungen der Teilnehmer sind meist auch bezogen auf Erfahrungen mit anderen Gruppenleitern oder Beratern. Mitunter muß ich erst den Schatten eines Vorgängers überwinden, bis ich selbst, auch mit meiner Person und meinem Arbeitsstil, so wahrgenommen werde, wie ich bin und arbeite, ohne ständig mit dem Schatten konkurrieren zu müssen.

Mit der Erfassung der inhaltlichen Wünsche der Teilnehmer hat es in dieser frühen Phase des Projektes gewisse Schwierigkeiten: Wir sind ja noch nicht mit der Gruppe selbst in Kontakt. Ihre Wünsche werden bestenfalls übermittelt. Sind das wirklich schon die Anliegen der Teilnehmer, können sie es überhaupt schon sein?

Deshalb: Nehmen Sie alle Informationen, die Sie bekommen können, z. B. auch durch die Kontaktaufnahme mit künftigen Teilnehmern direkt, aber verlassen Sie sich nicht allzusehr auf das, was Sie an inhaltlichen Wünschen der Teilnehmer vor Beginn der eigentlichen Arbeit erfahren haben. Einiges kommt sicher anders.

Ein wichtiges Gesprächsthema zu Beginn des Projektes werden die Rahmenbedingungen und Restriktionen sein, die beachtet (und geachtet?) sein sollen. Was liegt davon fest, wo habe ich freie Hand? Es ist oft sinnvoll, Restriktionen, insbesondere in bezug auf Zeit (Termine und Dauer) und Geld, intensiver zu hinterfragen. Manches ist einfach Restriktion, weil „man" das immer schon so gemacht hat, weil sich noch niemand um andere Wege gekümmert hat oder weil es „die" nicht anders wollen und in Wirklichkeit es „denen" gar keine Rolle spielt. Restriktionen als willkommene Entschuldigungen!

Restriktionen entstehen auch durch Zeiten, die der Auftraggeber belegen will für eigene Vorhaben wie z. B. Gespräche der Teilnehmer mit einem Vorstandsmitglied oder für interne Besprechungen. Mitunter müssen bestimmte Anlagen und Betriebsteile besichtigt werden. Der Vorgesetzte möchte gerne bei der Schlußbesprechung dabei sein, um „sich ein Bild zu machen". Passen diese Wünsche ins Konzept? Wann und unter welchen Bedingungen geht so etwas und wann nicht, weil es den Prozeß stört oder gar zerstört und vorzeitig beendet?

Eine weitere Rahmenbedingung wird der Ort sein, an dem wir arbeiten werden. Er kann Chancen und Blockaden bieten für humanes Lernen und Zusammenarbeiten. Unterbringung, Räume, Licht- und Lärmverhältnisse, Materialien oder Umgebung haben ihren Anteil am Klima und ihren Einfluß auf den Prozeß. Auf Einzelheiten werden wir im Kapitel IV (Grobplanung) noch eingehen.

Wenn zudem jemand viel Zeit damit verbringen muß, sich in Räumen und in einer Umgebung zurechtzufinden, die ihm von seinem Lebensstil her fremd ist und fremd bleibt, dann wird er sich schwerlich ohne Störungen auf den eigentlichen Inhalt und auf die anderen Teilnehmer einlassen können. Auch hier gilt, den anderen dort abzuholen, wo er steht.

Zu den Rahmenbedingungen gehören letztlich auch Absprachen über die Zusammenarbeit, die in technischer und inhaltlicher Hinsicht möglich oder notwendig ist. Nur selten wird der Leiter nicht mindestens auf der organisatorischen und technisch-administrativen Ebene durch den Auftraggeber oder Veranstalter unterstützt. Gute technische Unterstützung spart Zeit und Nerven – mit wem kann sie abgesprochen werden?

Darüber hinaus stellt sich auf beiden Seiten die Frage, inwieweit auch bei der Durchführung mit internen Kräften zusammengearbeitet werden sollte oder werden muß, seien es Fachreferenten oder zusätzliche Leiter. An sich ist das in den Fällen eine gute Lösung, bei denen für die Veranstaltung auch der interne „Durchblick" wichtig ist. Die inhaltliche Kooperation mit einem internen Partner wird mehr Realitätsnähe im Seminar und einen besseren Transfer bedeuten. Die Kooperation mit internen Kräften ist auch dann notwendig, wenn das Konzept nach einer gewissen Zeit nur mit internen Kräften weitergetragen werden soll, z. B. im Rahmen der allgemeinen internen Weiterbildung.

Auf der anderen Seite stehen der Zeitaufwand für Absprache und Koordination und u. U. auch die Frage der Überwindung von Konkurrenzgefühlen, weil sich der eine oder andere Partner unter Profilierungsdruck fühlt. Wenn zudem die Ansätze,

Methoden und Arbeitsstile sehr unterschiedlich sind, dann kann die Partnerschaft kontraproduktiv werden. Deshalb ist u. U. eine definitive Zusage erst sinnvoll, wenn ich den internen Kollegen kennengelernt habe, der mit mir das Seminar leiten soll. Wir werden auf Fragen der Leitung zu zweit oder im Team noch im Kapitel IV (Grobplanung) zurückkommen.

Anders liegt das Problem beim Einsatz von Referenten, die zeitlich relativ begrenzte Fachbeiträge leisten sollen. Bei gruppenorientierten Lehrmethoden kann der Arbeitsprozeß die Teilnehmer in eine Phase gebracht haben, in der sie den „Auftritt" des Referenten als störend empfinden, weil ihre Aufmerksamkeit und Energie noch woanders liegen. Einen Tag später wären u. U. das Referat und der Referent hoch willkommen, weil es dann vom Prozeß her paßt.

Speziell für die Anfangsphase, in der sich die Gruppe erst finden muß, heißt das, sich zu vergewissern, wer alles als Leiter oder Referent mit ins Boot soll, um ggf. dem Auftraggeber klarzumachen, daß es ein „zuviel" und „zu früh" gibt und deshalb oft weniger wesentlich mehr bedeutet.

Die Frage, wer mich „dort" *nicht* haben will, mag paradox erscheinen, wo man doch bei einer Anfrage zunächst davon ausgehen können sollte, daß man auch erwünscht oder mindestens akzeptiert ist.

Trotzdem möchten wir an dieser Frage festhalten: Oft sind Auftraggeber nicht einzelne Personen, sondern Gremien, deren Mitglieder durch meinen Gesprächspartner vertreten werden. Vielleicht hat sich eine Fraktion mit ihren Vorstellungen durchgesetzt, während andere skeptisch blieben oder ihre Gegenvorschläge gern verwirklicht hätten.

Vielleicht wurde die Beratung oder die Schulungsmaßnahme den Empfängern verschrieben, ohne daß diese die Medizin haben wollten, geschweige denn von ihrem Nutzen überzeugt sind.

Als Leiter höre ich von all dem meist nichts, weil ich in diesem Stadium der Erörterungen noch nicht dabei bin. Manche Würfel sind schon längst gefallen, bevor ich angefragt werde. Ich werde nur mit dem Resultat konfrontiert und selten mit seiner Entstehungsgeschichte – wenn ich nicht frage. Irgendwann merke ich an äußeren Schwierigkeiten, die eigentlich leicht zu beheben gewesen wären, an Informationszurückhaltung, an zögernden Entscheidungen oder lahmender Umsetzung, daß in der Vorgeschichte etwas schief lief. Auch hier gilt: Für das, was auf der Sachebene eigentlich laufen müßte und trotzdem nicht geht, findet sich der Schlüssel zum Verständnis meist auf der anderen Ebene, auf der des Menschlichen und Zwischenmenschlichen.

Auf die Frage, warum (gerade) ich angefragt wurde, gibt es manchmal überraschende Antworten, z. B., weil mein Honorar niedriger als das anderer Bewerber war, wovon ich (leider) meist erst über Umwege höre, denn wer sagt das schon so offen? Vielleicht hatten andere (bessere?) keine Zeit (kein Interesse?). Wieviel hat die Anfrage mit meiner Person und meinen Fähigkeiten zu tun oder nur mit der Institution, für die ich arbeite und die mich vermarktet. Vielleicht wurde ich angefragt, weil man vermutet, daß ich die Arbeit eines Vorgängers besonders gut fortführen kann – wie lange wird es brauchen, bis ich nicht mehr daran gemessen werde? Wie dem auch sei, die Hintergründe der Anfrage weisen mich auf Erwartungen des Auftraggebers hin, die sie vielleicht stillschweigend in das Kleingedruckte des Kontraktes übernommen hätten, wenn wir nicht darüber sprächen.

Oft ist der Leiter mit dem Wunsch nach Berichten über Arbeitsergebnisse und/ oder Mitteilungen über Teilnehmer (z. B. wer eventuell karriereverdächtig ist) konfrontiert. Sofern diese an Nichtteilnehmer gehen sollen, ist Mißtrauen der Teilnehmer die fast automatische Folge mit negativen Rückwirkungen auf das Arbeitsklima. Hier sind klare (auch klar für Dritte) Abmachungen und die Wahrung des Prinzips wichtig, daß die Weitergabe von Informationen am Anfang mit der Gruppe geklärt werden muß, unter Einbeziehung ihrer Bedürfnisse und der des Auftraggebers. Zu den Prinzipien gehört auch, daß Informationen über Teilnehmer nur mit deren Einverständnis weitergegeben werden.

Die Erarbeitung eines Ergebnisberichtes sollte ohnehin immer zu den Aufgaben der Gruppe gehören und nicht an den Leiter allein delegiert werden. Er kann natürlich bei den Überlegungen mitwirken, wie der Austausch über Arbeitsergebnisse der Gruppe mit anderen Stellen erfolgen kann. Er wird zudem eher durch seine Unabhängigkeit in der Lage sein, Kommunikationsbarrieren anzusprechen, die die Besprechbarkeit von Informationen zwischen den beteiligten Parteien verhindern. Er sollte sich jedoch nicht zum Postboten oder Hofberichterstatter machen lassen.

Nicht zuletzt gehört zu den Spielregeln in diesem Feld auch, daß diejenigen, die Informationen oder Vorschläge an Dritte liefern, auch rasch erfahren, was damit weiter geschieht.

Hinter dem Wunsch nach Berichten steckt allerdings oft eine ganz andere Frage, nämlich, woran der Erfolg meiner Arbeit gemessen werden soll. Der Auftraggeber oder andere Stellen hoffen, durch Berichte ein Gefühl für die Wirksamkeit der Tätigkeit des Leiters zu bekommen.

Erfolgskontrolle in der Weiterbildung ist ein weithin ungelöstes Problem. Trotzdem hat auch dann, wenn der Erfolg sich nicht in Zahlen ausdrücken läßt, fast jeder eine Vorstellung davon, was „erfolgreich" für ihn heißt: bessere Zusammenarbeit, weniger Materialverschleiß, ein positives Echo der Teilnehmer (worauf?) oder was auch immer. Wünschenswert wären Kriterien, die sich letztendlich auf beobachtbares Verhalten, auf konkrete Fähigkeiten oder auf realisierte Ergebnisse beziehen können.

Die Frage nach den Erfolgskriterien hängt natürlich eng mit den Zielen zusammen, die mit dem Projekt verfolgt werden. Wenn diese fehlen, dann wird man auch nicht bestimmen können, ob man dort ankam, wo man eigentlich landen wollte.

Die kritische Frage bleibt, inwieweit ich als Leiter die Kriterien und Ziele, die ich bei der Be- und Auswertung meiner Arbeit heranziehe, auch zu den Bedürfnissen des Auftraggebers in Verbindung setzen kann. Ist es mir möglich, sie ihm so verständlich zu machen, daß er auch ihre Bedeutung für die Erreichung seiner Ziele erkennen und verstehen kann? Mit anderen Worten: wenn meine Kriterien sich hauptsächlich an der subjektiven Zufriedenheit oder dem Glück der Teilnehmer orientieren (wie stelle ich das fest?) und der Auftraggeber vor allem auf die Wirtschaftlichkeit des Ganzen schaut, dann werden wir uns schwerlich über Erfolg und Mißerfolg verständigen können. Wir werden dann wohl beide einiges voneinander lernen müssen, ehe wir uns über gemeinsame Kriterien verständigen werden.

Unproblematisch dagegen ist an sich die Erstellung von Unterlagen für die

Teilnehmer zur Vor- und Nacharbeit. Nur: Wer erstellt sie? Das kann zeitaufwendig sein, und wenn es meine Zeit ist, dann ist es auch mein Geld – wieviel Aufwand dafür betrachte ich im Durchführungshonorar als abgegolten, ab wann will ich zusätzliche Arbeit auch bezahlt haben?

Wir haben bereits erwähnt, daß der Leiter mit dem Projekt auch eigene Bedürfnisse erfüllt, und zwar nicht nur solche finanzieller Natur. Doch die Finanzen müssen auch stimmen, denn schließlich will der Leiter davon leben. Ständig unter Tarif zu arbeiten kann zwar manchmal edel und gerechtfertigt sein, ist aber häufig genug nur eine Form der Ausbeutung durch andere und durch einen selbst. Denn nicht aufs Geld zu achten kann eben auch heißen, daß man mehr Tage braucht, um auf sein benötigtes Einkommen zu kommen, auf Kosten der eigenen Freizeit, Familie, Gesundheit, Weiterbildung oder anderer ausgleichender Tätigkeiten.

Deshalb ist die Haltung „Über Geld spricht man nicht" zwar vornehm, aber unzweckmäßig. Das Gespräch über die Finanzierungsmöglichkeiten für ein Projekt ist zudem auch ein Indiz dafür, wie wichtig dem Auftraggeber das Projekt ist. Die Wichtigkeit mißt sich dabei nicht an der Höhe des Honorars, sondern daran, wie offen der Auftraggeber (bzw. der selbstzahlende Teilnehmer) seine finanzielle Situation anspricht und welche Wege er versucht, um ggf. zusätzliche Mittel zu aktivieren – oder eben statt dessen feilscht und handelt, ohne die für ihn bestehende Problematik offenzulegen.

Schließlich ist es auch wichtig zu wissen, aus welchen Quellen das Honorar kommt. Es gibt Instanzen (der Arbeitgeber, eine Stiftung, das Arbeitsamt), die für andere bezahlen. Vielleicht ist es sogar der Ehepartner des Teilnehmers. Dabei schleicht sich leicht ein noch nicht bemerkter Auftraggeber ein, der ebenfalls Resultate verlangt und wissen will, was „dabei herausgekommen" ist. Was muß der Teilnehmer, der scheinbar so freiwillig gekommen ist, nachher abliefern oder als Kompensation leisten?

Freilich ist das Honorar nicht der einzige Aspekt der Honorierung. Etliche Tätigkeiten erschließen mir auch eine ganz andere Art der Zuzahlung: ein schöner Ort, die Zusammenarbeit mit neuen Kollegen oder auch das gute Gefühl, mich für eine Sache zu engagieren, die mir sozial und politisch wichtig ist (Honorar [lat.]: Ehrensold).

Diese „Bereicherungen" sind im Ansatz vorher einkalkulierbar und werden ggf. das Honorargespräch beeinflussen. Andere ereignen sich erst vor Ort: neue menschliche Kontakte mit den Teilnehmern, interessante Diskussionen, geistige Anregungen und (hoffentlich) Erfolgserlebnisse samt den dazugehörenden Streicheleinheiten. Nur – wenn ich sie erwarte und voraussetze, bin ich dann nicht dicht daran, die Gruppe zu meinen Gunsten zu benutzen oder gar auszubeuten? Als Leiter sollte ich gewissermaßen so satt in das Seminar gehen, daß ich nicht auf Kosten der Teilnehmer Löcher in meinem Alltag stopfen muß.

Geld ist jedoch erfreulicherweise meist nicht das komplizierteste Thema im Gespräch. Viel wichtiger für den tragfähigen Kontrakt sind *die Spielregeln*, für die ich den Auftraggeber und später auch andere gewinnen will.

Das sind nur Beispiele, die entsprechend der Situation ergänzt werden. Spielregeln sind im Konsens veränderbar, bis dahin jedoch gelten sie für beide Seiten. Spielregeln setzen auch Signale für die spätere Arbeit. Sie sagen etwas aus über meine Werthaltungen und meine professionellen Standards. Am Anfang der Zusammenarbeit ist die Bereitschaft des Auftraggebers, sich auf neue Spielregeln einzulassen, meist größer als später, wenn sich alles eingeschliffen hat. Das Sprichwort „Morgenstund hat Gold im Mund" kann im übertragenen Sinne auch für die frühzeitige Gewinnung meiner Partner für die mir wichtigen Spielregeln gelten – und natürlich auch umgekehrt.

Anregungen für Spielregeln

- Die Ziele für das Projekt müssen für die Teilnehmer transparent und modifizierbar sein
- Was im Seminar verhandelt wird, geht nur mit Zustimmung der Teilnehmer weiter an Dritte
- Bevor eine Maßnahme beginnt, werden die Vorgesetzten informiert und treffen ihre Mitarbeiter, um mit diesen über Ziele und Transfermöglichkeiten zu sprechen
- Es gibt keinen Abbruch des Projektes ohne ein Auswertungsgespräch über Verlauf und Gründe für den Abbruch
- Die Teilnehmer verpflichten sich, eigene Problemfälle aus ihrer Praxis als Material für das Seminar mitzubringen
- Als Leiter habe ich in der Vorbereitungsphase Zugang zu den Teilnehmern, wenn ich das zur Diagnose benötige

---

Eine Absprache, die gern übersehen wird, ist die Klärung der Frage, wann und unter welchen Bedingungen die Zusammenarbeit beendet werden kann – abgesehen vom normalen Auslaufen des Auftrages. In der Regel gibt es ja keine langen Kündigungsfristen und erst recht keinen Kündigungsschutz für den externen Trainer oder Leiter. Meist ist es eine Zusammenarbeit auf Handschlag, die sich schrittweise weiterentwickelt und die auch relativ rasch beendet werden kann. Eine Spielregel sollte jedoch sein, daß einer Beendigung der Zusammenarbeit noch ein Auswertungsgespräch darüber folgen sollte.

Es schadet auch nicht, über die Absagemodalitäten Klarheit zu Beginn zu schaffen: Gibt es ein Ausfallhonorar, wenn der Anlaß kurzfristig nicht zustande kommt? Bis wann spätestens will oder muß ich wissen, ob die vereinbarten Veranstaltungen zustande kommen? Wer sagt wann wem (und dem Tagungshaus) ab? Und schließlich: Wann und wofür muß ich geradestehen, wenn ich ausfalle?

Auch ein Blick in den Terminkalender befreit vor kommendem Streß: Kann ich mich ohne Zeitdruck vorbereiten, komme ich ausgeruht in die Veranstaltung, habe ich genügend Zeit für Nacharbeiten? Erfahrungsgemäß kreuzt man sich im Kalender nur die eigentlichen Seminartage an. Sicherer wäre es, auch die Vorbereitungstage zu blockieren, um zu einer gleichmäßigeren Zeitbelastung zu kommen.

Wenn alles besprochen ist, dann ist meist noch zu klären, wer was tut und wer mein interner Partner ist, mit dem ich die weiteren Details klären kann und der mir innerhalb der Firma oder Institution zu den Dingen verhilft, die ich für meine Arbeit brauche. Außerdem werde ich bei größeren internen Projekten einen oder mehrere Ansprechpartner für die inhaltliche Entwicklung und Koordination brauchen. Es kann auch zweckmäßig sein, eine Steuerungsgruppe einzurichten, die die Planung, Koordination und Auswertung des Projektes begleitet.

Sinnvoll ist es meist auch, bei der Abfassung des Einladungstextes mitzuwirken. Ein Programm ist ja bereits so etwas wie ein Angebot eines Kontraktes mit den künftigen Teilnehmern. Es setzt schon den Prozeß in Gang, löst Gedanken und Spekulationen aus, fördert oder enttäuscht Hoffnungen und Erwartungen.

Die Ausführlichkeit dieses Kapitels unterstreicht die Bedeutung, die wir guten Kontrakten beimessen. Jeder, der schon einmal in fremdem Auftrag Projekte betreut hat, wird sich an Vorklärungs- und Kontraktgespräche erinnern, nach denen ein ungutes Gefühl zurückblieb, ohne recht zu wissen warum. Der Auftraggeber hatte vielleicht wenig Zeit für das Gespräch. Vielleicht schob er alle Verantwortung auf mich („. . . machen Sie nur, Sie sind der Experte . . .“). Vielleicht blieb er unbestimmt in den Terminzusagen oder neigte zu hektischen Maßnahmen, ohne eine Diagnose abzuwarten. Es kann auch sein, daß ich selbst mehr versprochen hatte, als es meinen Fähigkeiten entsprach oder als es mit meinen Werten und Einstellungen übereinstimmte. All das sind Symptome für Unstimmigkeiten, über die zuwenig gesprochen wurde oder die nicht gehört werden wollten.

Nahezu nichts stört die Arbeit mehr als halbherzig gegebene Zusagen, bei denen ich später merke, daß es so nicht stimmt. Das gilt nicht nur für den Inhalt oder die Honorierung, sondern auch für einen angemessenen Zeitaufwand bei der Vorbereitung, für ungünstige Termine, zu lange Anfahrtswege, zu hohe Teilnehmerzahlen oder was sonst noch durch ein vorschnelles „Ja“ die spätere Arbeit belasten kann. Wie leicht sitze ich meinen eigenen „Ich-werde-das-schon-schaffen“-Gefühlen auf?

Und zum Schluß, wenn es um das Ja oder Nein zur Zusammenarbeit geht, dann lehne ich mich noch einmal innerlich zurück und schaue auf das Gespräch. Wo sitzt meine Energie, wo sind die hauptsächlichen Unsicherheiten, wozu habe ich Lust bekommen, was traue ich mir zu? Wurde aus dem Gespräch schon erste Zusammenarbeit? Kann ich zusagen, oder brauche ich noch eine Nacht, um darüber zu schlafen?

Es gibt durchaus Fälle, in denen ich mir überlegen muß, ob ich überhaupt leiten will. Da gibt es z. B. einen Themeninhalt, in dem ich im Moment selbst zu sehr drinstecke. Die Leitung einer Gruppe „Begleitung während der Scheidung“ wird für einen Leiter, der selbst in einem Scheidungsprozeß steckt, zumal in einem von ihm ungewollten, zu viele aktuelle Gedanken und Gefühle wachrufen, die ihm der Blick für die nötige Unbefangenheit im Leiten verstellen.

Das andere Extrem wäre ein Thema, zu dem ich überhaupt keine Verbindung bekomme, weder auf der gedanklichen noch auf der emotionalen Ebene. Können Sie z. B. als Erwachsenenbildner im Bereich Familie, Eltern, Kinder ein Seminar leiten zum Thema „Umstellung der Transportabteilung einer Firma auf Computereinsatz“, wenn Ihnen diese Thematik völlig unvertraut, ja sogar suspekt ist?

Und schließlich kann ich kaum eine Gruppe leiten, deren Inhalt und Zielsetzung ich total ablehne, weil sie meinen Werten zuwiderlaufen. „Vorgehen bei der Ausbildung von Frauen für den militärischen Dienst mit der Waffe“ wäre vielleicht für viele so ein Beispiel. Eine Absage ist in diesem letzten Fall zugleich auch persönliches Bekenntnis.

Wenn das Gespräch, was die Vereinbarung einer Zusammenarbeit betrifft, negativ verläuft, wenn es zu keiner Zusammenarbeit kommt – ganz gleich, wer absagt: Kenne ich die Gründe, kann ich sie mir eingestehen? Vielleicht scheitern die Gespräche immer wieder am gleichen Punkt. Diese Auswertung kann ein wichtiger Mosaikstein in meinem eigenen Lernen sein, so daß die Gespräche doch nicht ganz vergeblich waren. Spätestens beim nächsten Kontraktgespräch gehe ich besser gerüstet an den Start.

III. Wenn ich den Kurs selbst anbiete: Zusätzliche Hinweise für den Selbstausschreiber

1. Einleitung

Häufig führt man ja nicht nur Projekte im Auftrag von Institutionen aus, die bereits mindestens in groben Zügen Leitthema, Leitziele und Teilnehmerkreis festgelegt haben, sondern bietet selbst sozusagen auf dem offenen Markt aus eigener Initiative Veranstaltungen an. Im Extremfall schreibe ich eine solche Veranstaltung völlig selbständig aus, also auf eigene Rechnung und eigenes Risiko. Oft allerdings werde ich sie einem Veranstalter anbieten und sehen, ob ich mit meiner Seminaridee in seinem Angebot Platz finden kann. Dennoch, die Idee und Initiative, zu einem Thema eine Gruppe anzubieten, liegt bei mir.

Als Selbstausschreiber habe ich eine größere Freiheit und Selbständigkeit, trage aber auch das inhaltliche und eventuell das wirtschaftliche Risiko allein. Der Grad an Unsicherheit kann größer sein, da mir die inhaltlichen Vorgaben und Rahmenbedingungen und manche Informationen über den erwarteten Teilnehmerkreis fehlen, die mir sonst der Auftraggeber liefern würde. Es kommen mehr administrative Arbeiten und Entscheidungen auf mich zu, die Zeit und Nerven kosten und die ich vielleicht zu Beginn unterschätze.

Als Selbstausschreiber gestalte ich die Kontraktphase gewissermaßen mit mir selbst. Um so wichtiger ist deshalb das Zwiegespräch über das Projekt „mit meinem inneren Auftraggeber" oder noch besser mit Freunden und Kollegen. Wir wollen im folgenden einige Fragen zusammenstellen, die zum einen das erwähnte „Zwiegespräch" erleichtern und zum anderen auf einige Punkte hinweisen, die ein Selbstausschreiber speziell bedenken muß, wenn er kein Lehrgeld zahlen will. Eine Reihe von weiteren Fragen aus der Kontraktphase gilt auch hier, andere kann ich weglassen oder rasch abchecken, z. B. die Frage in bezug auf den Auftraggeber – je nach Grad meiner Eigenständigkeit.

2. Leitfragen für den Selbstausschreiber

- In welchem Zusammenhang tauchten *die ersten Ideen* zu dem jetzt entstehenden Seminarprojekt auf?
  Wer oder was gab mir den Anstoß?

- Welchen Selbstauftrag gebe ich mir, d. h., was *(Ziele und Anliegen)* will ich bei wem *(Zielgruppe)* wie *(Veranstaltungsart, Grobdesign)* bewirken und ermöglichen?

- Was ist mein *persönlicher Bezug zum Thema?* Erfordert es zusätzliches Know-how oder andere Verhaltensweisen, die ich mir erst noch erwerben oder durch Dritte dazuholen muß?

- Wen stelle ich mir als potentielle Teilnehmer vor *(Zielgruppe)?*
  Was erwarte ich von dieser Zielgruppe?
  Was kann diese Zielgruppe von mir brauchen?
  Auch wenn das Angebot grundsätzlich für jedermann offen ist:
  Wen wird es vermutlich besonders ansprechen?
  Wen will ich nicht ansprechen?
  Wie kann ich, wieweit will ich die Zusammensetzung des Teilnehmerkreises sonst noch beeinflussen?
  Was ist mein *persönlicher Bezug zur Zielgruppe?* Erfordert sie zusätzliches Know-how oder andere Verhaltensweisen im Vergleich zu den mir bisher vertrauten Zielgruppen?

- Welches ist vermutlich der *persönliche Bezug der Teilnehmer zum Thema?*
  Welche *Voraussetzungen* sollten die Teilnehmer mitbringen bezüglich Fachwissen, beruflichem Hintergrund, Berufserfahrung, Vorerfahrung mit Gruppen, Alter, Belastbarkeit, Familienstand etc.?
  Inwieweit ist das Thema bei der Zielgruppe positiv oder negativ vorbesetzt?
  Wie negativ und fremd ist es möglicherweise?

- Welches ist mein bisheriges *Standardangebot?* Wie paßt das neue Projekt dort hinein? Erweiternd? Ergänzend? Aufbauend oder als Kontrapunkt?

- Welche *ähnlich lautenden Ausschreibungen* kenne ich, oder bei welchen habe ich schon selbst daran teilgenommen?
  Mit welchen meiner Kollegen trete ich mit meinem Angebot in Konkurrenz?
  Wessen Angebote führe ich fort, ergänze ich? Will ich Absprachen darüber treffen und ggf. welche?

- Mit wem will ich *zusammenarbeiten?*
  – Wer ist zur Ergänzung für das Thema wichtig?
  – Wer ist zur Ergänzung für den Teilnehmerkreis wichtig?
  – Wessen Ergänzung brauche ich für mich ganz persönlich?
     Wenn ich einen Partner für das Projekt suche:
  – Suche ich einen Assistenten?
  – Suche ich einen noch in der Ausbildung befindlichen Co-Leiter, der sich bei mir weitere Praxis holen kann?
  – Suche ich einen gleichberechtigten Partner?
     Will ich mit einem Mann oder einer Frau als Partner arbeiten?
  – Welche Erwartungen habe ich an meine(n) Partner(in)?
  – Welche Abmachungen will ich mit ihm/ihr treffen?

2. Leitfragen für den Selbstausschreiber (Fortsetzung)

- Welche *Teilnehmerzahl* will ich (mindestens und höchstens) erreichen?

- Welche *inhaltlichen und prozeßorientierten Schwerpunkte* leite ich aus den bisherigen Überlegungen ab?

- Welche Institution käme *als Veranstalter* in Frage? Was spricht dafür, was dagegen?

- Welche *geschäftlichen Abmachungen* will/muß ich
  - mit dem potentiellen Teilnehmerkreis,
  - mit ggf. anderen Leitern oder Fachkräften,
  - mit der Tagungsstätte u. ä. eingehen?
  Welche Kosten werde ich haben? (Werbung, Dritthonorare, Reisekosten, Unterkunft, Material, etc.)
  Bin ich ausreichend versichert in bezug auf Personen- und Sachschäden, die im Zusammenhang mit meiner Veranstaltung entstehen könnten?

- Was will ich mit dem Seminar *verdienen?*
  Was kann die Zielgruppe tragen?

- Welche Möglichkeiten habe ich, die *gewünschte Zielgruppe zu erreichen?*
  Gibt es überhaupt eine genügend große Zielgruppe, die sich unter den bisher gemachten Voraussetzungen für mein Thema interessieren könnte?
  Was kann ich tun, um mein Angebot so transparent zu machen, daß keine falschen Erwartungen entstehen?
  Was will ich zu meiner Person in der Ausschreibung bekanntgeben?
  Wie will ich werben? Mit welchen Medien?
  Welche „Verzerrungen"ergeben sich in bezug auf die Zusammensetzung des späteren Teilnehmerkreises möglicherweise durch die Nutzung eines bestimmten Werbemediums?

- Welche *Vorlaufzeit* brauche ich für die Werbung, für die Planung, für die Reservation des Seminarortes, die Einholung von Genehmigungen u. ä.?

- Wie liegt das Seminar in meinem *eigenen Seminarkalender* – bin ich frei von Zeitdruck, habe ich genügend Pufferzonen?

- Wie kann ich mir *Gespräche mit Dritten oder Supervision* für dieses Projekt organisieren?

3. Wenn ich den Kurs selbst ausschreibe...
Notizen zu den Leitfragen

Als Selbstausschreiber muß ich mir meine Themen selber suchen. Oft werden sie angeregt durch Erlebnisse, Gespräche, Anfragen, ein vorausgegangenes Seminar oder ein Buch. Der Weg zurück an den Ursprung der Idee weist mich auf Quellen hin, die die Idee weiter konkretisieren helfen, auf Materialien oder auf spezifische

Zusammenhänge. Vielleicht ist die Idee in einem Gespräch mit Kollegen entstanden, und in der Euphorie habe ich eine halbe Zusage gegeben, das Projekt auch gemeinsam zu realisieren. Paßt mir diese Partnerschaft jetzt noch? Wie kann ich sie ggf. zurückgeben, ohne den anderen zu verletzen?

Die wichtigste Frage zu Beginn ist natürlich die Klärung und Formulierung des Anliegens, das ich mit diesem Projekt verfolge. Was will ich bei denen bewirken, die ich erreichen will? Das Wort „bewirken" haben wir hier bewußt gewählt, an Stelle der Formulierung „Was will ich mit den Teilnehmern machen?". Das Bewirken und das Ermöglichen sind der Ausgangspunkt für die Kreation des Inhalts und der Wege, auf denen er erschlossen werden kann. Das, was bewirkt werden soll, ist Basis für das spätere Machen, nicht umgekehrt.

Die Frage „Was will ich bewirken?" führt zu der Zwillingsfrage nach meinen Motiven. Warum will ich dieses thematische Anliegen mit dieser Zielgruppe realisieren? Inwieweit projiziere ich eigene Probleme oder Bedürfnisse in die Gruppe hinein und erkläre sie als veränderungsnotwendig? Ich finde die Antwort am besten heraus, wenn ich den Fragen nach meinem persönlichen Interesse am Thema in Ruhe nachspüre, auch in bezug auf meine Kenntnisse, Fähigkeiten und derzeitigen Verhaltensweisen. Unterschiedliche Zielgruppen reagieren auf das gleiche Verhalten verschieden. Vielleicht ergibt sich an dieser Stelle aus meiner Seminaridee zunächst ein ganz persönliches Weiterbildungsprojekt, ehe ich sie wieder aufnehme und versuche, Teilnehmer dafür zu gewinnen.

Das folgende kleine Schema kann als Überlegungshilfe für die Antworten dienen, wieviel an persönlicher Innovation in bezug auf das Thema und die Zielgruppe ich mir zumuten kann und will.

	Zielgruppe ist mir ziemlich vertraut	Zielgruppe ist relativ neu für mich und unvertraut
Thema ist mir weitgehend vertraut	I. Meine „Routine-ecke"	II. „Neue Kreise"
Thema ist neuartig für mich	III. Neue Themen	IV. „Neuland"

Das Feld I ist meine „Routine-Ecke". Es sind zwar immer wieder neue Menschen, aber meine Übung und Erfahrung mit dem Thema und Kenntnis der Zielgruppe (z. B. in bezug auf typische Fähigkeiten, Mentalität, soziale Umwelt, Menschentyp) machen die Vorbereitung und die Arbeit relativ einfach. Anders mag es in diesem Fall mit meiner Motivation sein: Sie unterliegt der Abnutzung durch Wiederholung und Routine.

Die Felder II und III locken dadurch, daß ich ein mir vertrautes Thema in einer für mich neuen Zielgruppe oder umgekehrt ausprobieren kann. So kann ich z. B. ein Seminar zum Thema „Konfliktlösung", das ich bisher nur in Unternehmen geleitet habe, zum ersten Mal mit Teilnehmern aus einem Pflegeheim durchführen (Feld II). Die Gefahr besteht, daß die starke Vertrautheit mit dem Thema oder mit der Zielgruppe dazu führt, die Unterschiedlichkeit zu unterschätzen, die durch den jeweils anderen Aspekt auch im Rahmen vertrauter Themen oder Zielgruppen entsteht.

Ein mir vertrautes Thema kann durch eine mir fremde Zielgruppe stark verändert und mir fremder werden, weil es in dieser Zielgruppe anders aufgenommen wird oder weil die „Sprache" dort mir fremd ist. Ein Kurs zu Führungsfragen mit Meistern und Vorarbeitern ist in diesem Sinne etwas anderes als ein ähnliches Thema mit Chefärzten: Hier gibt es eine andere „Sprache", andere Reizwörter, andere Probleme und einen anderen Umgang damit, sowie nicht zuletzt auch andere Normen und Werte.

Feld IV kennzeichnet den Bereich, in dem von mir am meisten persönliche Innovation und Vorbereitung verlangt wird. Ich werde vorher viel lernen müssen – und während des Seminars über das übliche Maß hinaus ein mitlernender Leiter sein. Will ich, kann ich die Energie und Zeit für so viel Neues jetzt aufwenden?

Diese kleine Übersicht ist auch nützlich für die Überprüfung und Weiterentwicklung des eigenen Gesamtangebotes. Wo liegen neue „Märkte" oder neue „Angebote" für mich, die mir auch eine Erweiterung meines Wissens und meiner Fähigkeiten abverlangen? Stimmt eigentlich noch meine Mischung aus Routine und Innovation, wenn ich mir die Verteilung meiner Veranstaltungen der letzten Jahre in diesem Schema anschaue? Wie verteilen sie sich auf die einzelnen Felder? Tragen Sie doch einmal Ihre Projekte der letzten Zeit ein. Können Sie die Gesamtsumme an Routine oder an Innovation – so wie sie jetzt geplant ist – zeitlich und psychisch verkraften? Wieviel Platz blieb für die Weiterbildung, und inwieweit half sie Ihnen, die eher leeren Felder zu füllen?

Das Schema überlagert sich noch mit einer anderen Überlegung, nämlich mit der Frage nach meinem persönlichen Bezug zu meiner Seminaridee. Die meisten Themen sind ja nicht nur für den Kopf interessant und neu und ansonsten neutral. Jedes Thema hat seine emotionale Seite. Auf der psychischen bzw. emotionalen Ebene, aber auch auf der Ebene der Werte kann das Thema für mich ebenso wie für die Teilnehmer positiv (Freude, Hoffnung, Zustimmung) besetzt sein oder negativ (Angst, Abwehr, Resignation).

Habe ich genügend Distanz zum Thema, so daß ich mich offen damit auseinandersetzen kann?

Wenn ich bei einem Thema sehr involviert bin oder wenn ich eine überzeugende Lösung schon im Kopf habe, so laufe ich Gefahr, der Gruppe ungeduldig voranzueilen, statt mit ihr so schnell oder so langsam zu gehen, wie für ihre eigene Lösungsfindung nötig ist.

Auch ein Thema, das für mich persönlich heikle, noch nicht hinreichend verarbeitete Aspekte enthält, die mir, wenn sie auftauchen, emotional sehr nahe gehen, wird mich in meiner Leitungsaufgabe ebenfalls stören. Wenn das Thema zusätzlich auch für die Teilnehmer emotional schwierig ist, dann stellt sich die Frage, ob ich schon so weit bin, daß ich es (allein) leiten kann.

Die folgende Übersicht hilft auch hier, etwas Klarheit im voraus zu schaffen oder im nachhinein schwierige Abläufe aus dieser Sicht besser zu verstehen. Ich kann in bezug auf das einzelne Projekt wie auch für die Gesamtschau meiner Veranstaltungen überdenken, wie psychischer Streß und persönliche Belastung verteilt liegen werden. Paßt das neue Projekt dann so gesehen noch in meine derzeitige „Landschaft"?

	Teiln. haben persönl. Bezug zum Thema und gehen vermutlich mit positiver Spannung daran	Teiln. haben persönl. Bezug, werden vermutlich auf einige Aspekte mit Angst und Abwehr reagieren	Thema ist für die Teiln. inhaltlich interessant, läßt sie jedoch emotional ziemlich kühl
Thema für mich als Leiter persönlich wichtig, fühle mich engagiert und positiv gespannt	„Hätt' ich Lust zu"	„Da kann man was draus machen"	„Die wollen mich als Fachmann"
Thema ist für mich als Leiter wichtig, aber in einigen Aspekten mit Abwehr und Spannung besetzt	„Ich überleg's mir mal"	„Kann das gut gehen?"	„Sucht Euch doch einen Fachmann"
Thema interessiert mich intellektuell, läßt mich jedoch relativ kühl	„Na ja, warum nicht?"	„Als Vortrag geht das schon"	„Was wird bezahlt?"

Wir haben unsere persönliche Reaktion in die Felder eingetragen, die wir gegeben hätten, wenn wir als Leiter (in der jeweiligen Position) eine Anfrage aus den entsprechenden Teilnehmersegmenten erhalten hätten. Je nach dem, in welchem Feld dieser Übersicht das Seminar liegt, werde ich mich eventuell dafür entscheiden, das Seminar zu zweit oder zu mehreren zu leiten und mir dadurch die entsprechende fachliche oder emotionale Ergänzung holen. Auf das Leiten im Team werden wir im Kapitel IV (Grobplanung) noch zurückkommen.

Als Selbstausschreiber muß ich in der Vorbereitungs- und in der späteren Anfangsphase in der Regel mit weniger Informationen über die künftigen Teilnehmer und deren Bedürfnisse planen und einsteigen als bei institutionsinternen Seminaren. Ich weiß wenig oder nur Allgemeines, was man über Zielgruppen halt so weiß. Kontakte, Fachzeitschriften, Besuche oder Vorerfahrungen helfen, einen Ein- und Überblick über den Lebens- und Berufsbereich zu erhalten, aus dem die Teilnehmer kommen werden. Wie kann ich das während der Vorbereitung verstärken?

Durch geeignete Ausschreibungstexte, durch die Art der Werbung sowie ggf. durch die Auswahl der Teilnehmer kann ich als Leiter allerdings oft die Zusammensetzung des Teilnehmerkreises besser steuern als bei internen Anlässen mit delegierten Teilnehmern. Ich kann diese Chance nutzen für Vielfalt und gute Durchmischung des Teilnehmerkreises und damit auch bis zu einem gewissen Grad Tiefe sowie Vielfalt der Meinungen und vorhandenen Erfahrungen steuern. Tiefe und emotionale Betroffenheit werden natürlich auch durch die Themenformulierung nachher im Seminar gesteuert. Wir werden dazu im Kapitel zur Themenformulierung ausführlicher Stellung nehmen.

Ein wenig Marktforschung kann auch nichts schaden, denn schließlich will ich ja genügend Anmeldungen für den Anlaß erhalten, und da ich dies in der Regel mit einem recht begrenzten Werbeetat erreichen muß, lohnt sich die Frage nach dem derzeitigen Angebot auf dem Markt in mehrfacher Hinsicht:

- um Terminkollisionen zu vermeiden,
- um den Grad der Neuartigkeit der Themenstellung oder der Art der Themenbearbeitung besser ermessen zu können,
- um Anregungen zu bekommen oder um mich selbst auf diesem Gebiet weiterbilden zu können,
- um Lücken zu erkennen, die die bisherigen Angebote nicht genügend abdecken,
- um vielleicht auch Anknüpfungspunkte zu finden, von denen aus meine Arbeit die Angebote anderer ergänzt und fortführt. Das kann zu Absprachen führen in der Werbung, in der Nutzung von Adressen oder in der gegenseitigen Vernetzung und Empfehlung. Mein Angebot kann zu einem sinnvollen Baustein im Angebot anderer werden, den diese dann nicht selbst entwickeln müssen.
- Nicht zuletzt ergeben sich aus der Marktübersicht auch Hinweise auf Veranstalter, in deren Programm mein Angebot gut passen und bei denen ich mich damit auch gut aufgehoben fühlen würde.

Die finanziellen Mittel für die Werbung limitieren unter Umständen ebenso den geographischen Raum, aus dem die Teilnehmer kommen werden, wie es die Zeitstruktur tut (z. B. ein Abendkurs) oder die Kosten der Anreise für die Teilnehmer. Wie stark ist meine Zielgruppe in dem Einzugsgebiet vertreten? Wo arbeitet, wo lebt sie? Habe ich die Adressen, bzw. kenne ich diejenigen Stellen, die Informationen über den geplanten Anlaß wirksam weiterleiten werden?

Die optimale Teilnehmerzahl der Veranstaltung hängt von einer Reihe von Faktoren ab: Thema, Ziele, didaktische Überlegungen, u. a. Aus pragmatischen Gründen wird sie nicht immer erreicht oder manchmal überschritten. Raumgrößen setzen eine Grenze nach oben, meine finanziellen Kosten-Nutzen-Überlegungen eine nach unten. Abgesehen von diesen finanziellen Untergrenzen braucht man auch eine Mindestzahl von Teilnehmern, wenn man eine gute Auflockerung mit verschiedenen Lernstrukturen anstreben will, z. B. Arbeit mit verschiedenen Kleingruppen. Eine zu geringe Teilnehmerzahl bringt oft auch zuwenig Vielfalt und Unterschiedlichkeit in den Meinungen und in den persönlichen Erfahrungen der Teilnehmer mit sich. Ebenso besteht auch die Gefahr, daß durch eine zu kleine Gruppe die entstehende Dynamik der Themenbearbeitung u. U. nicht mehr angemessen ist. 10 bis 12 Teilnehmer markieren in der Regel eine Untergrenze, zumal wenn mit wechselnden Strukturen (z. B. Plenum, Kleingruppen und Einzelarbeit) gearbeitet werden soll.

Eine Obergrenze wird sich aus dem Thema und der Zielsetzung ergeben sowie aus den Vorerfahrungen der Teilnehmer oder der Zusammensetzung und Qualifikation des Leiterteams. Hat man zu viele Teilnehmer für Inhalte, die Vertrautheit voraussetzen, damit man sie auf einer persönlichen Ebene behandeln kann, dann bewirkt allein schon der zu große Kreis, daß das Thema auf der Kopfebene bleibt.

Ein wichtiger Faktor bei der Bestimmung der optimalen Gruppengröße bin auch ich als Leiter selbst. Was ist für mich eine gute Gruppengröße, in der ich mich wohlfühle *und* in der ich gut arbeiten kann? Wenn die Gruppe zu klein wird, dann wird sie mir vielleicht zu dicht. Wenn sie eine bestimmte Anzahl übersteigt, verliere ich die Übersicht über die anwesenden Personen und ihre Bedürfnisse. Es sind dann zu viele da, die mein „inneres Auge" nur kurz gesehen hat. Ich merke das daran, daß ich nach dem Kurs auf der Teilnehmerliste Namen finde, bei denen ich schon eine Woche später sage: „Wer war denn das...?".

Das Gespür, welche Gruppengröße für mich optimal ist, kann ich mit der folgenden Phantasie, für die ich etwas Ruhe und Zeit brauche, stärken:

> *„Phantasiere Dich in eine Menge Dir fremder Leute, auf jeden Fall mehr, als Dir lieb sind. Sobald Du diese Menge fremder Menschen vor Deinem inneren Auge hast, laß einen von den vielen auf Dich zukommen und sich neben Dich stellen. Wenn Du im imaginären Nebeneinanderstehen Dein Fremdheitsgefühl überwunden hast, nimm den nächsten hinzu – und noch einen – und noch einen, bis Du spürst: Es sind zu viele!*
> *Wenn Du diesen zuletzt Hinzugetretenen aus Deiner imaginären Gruppe wieder wegschickst, so wirst Du die Gruppengröße haben, die Dir besonders für den Anfang mit seinen besonderen Ängsten angenehm ist. Lerne so die für Dich innerlich richtige Gruppengröße immer besser kennen."*

Natürlich kann ich mir nicht immer aussuchen, wie viele Menschen ich in meiner Veranstaltung haben werde. Wenn ich mir bewußt bin, welche Gruppengröße für mich in etwa gut ist, dann kann ich mir auch rechtzeitig überlegen, ob ich eventuell jemanden als zweiten Leiter einladen will.

Selten schreibt man einen Kurs ganz auf eigene Faust aus. Ein Seminarveranstalter als Partner nimmt einem administrative und technische Arbeiten ab. Er wird jedoch aktiv auf Inhalt und Ablauf Einfluß nehmen wollen. Selbst wenn er darauf verzichtet, beeinflußt er indirekt die Zusammensetzungen des späteren Teilnehmerkreises und die Aufnahme meines Seminars in der Zielgruppe durch die Art oder den Ruf der von ihm sonst angebotenen Veranstaltungen oder durch die einseitige Ausrichtung seiner Adressenkartei. Was fange ich mir damit ein?

Indem ich in der Ausschreibung Angaben über Thema, Teilnehmerzahl, Teilnehmerkreis, Teilnehmerkriterien und Voraussetzungen mache, gehe ich mit denen, die sich anmelden, einen Kontrakt ein. Diese Angaben bestimmen ihre Anmeldung mit. Sie müssen daher von mir weiterhin respektiert werden. Wer sich bei der Anmeldung auf eine Gruppe von 16 Teilnehmern einstellt, will dann nicht

25 vorfinden. Die Versuchung liegt nahe, das Seminar zu füllen (schließlich geht es ja auch um das eigene Geld) und dabei von der eigentlichen Zielgruppe bzw. den Zulassungskriterien oder der angekündigten Teilnehmerzahl abzuweichen. Im Falle eines Falles muß ich Änderungen frühzeitig bekanntgeben, so daß sich jeder neu entscheiden kann.

Zu den Abmachungen, die ich den Teilnehmern vorgebe, gehören die Teilnahmegebühren, Absagefristen und eventuelle Absagegebühren danach, Vorbereitungsleistungen etc.

Abmachungen muß ich auch mit der Tagungsstätte treffen bezüglich Räumlichkeiten und Zimmerzahl, Garantien und Preisen, Geräten und Materialien. Das alles geht ins Geld, genauso wie die Werbung, meine eigenen Unterkunfts- und Reisespesen, Bücher und Seminare für meine Vorbereitung und nicht zuletzt die Zeit, die ich für dieses Projekt aufwende. Ein Seminar will nicht nur ausgedacht, sondern auch kalkuliert sein. Das Schema auf der folgenden Seite enthält die wichtigsten Posten dafür.

In bezug auf die Werbung gilt auch die alte Regel des „The medium is the message". Das Medium, das ich für die Ansprache des Teilnehmerkreises benutze, bestimmt schon den späteren Teilnehmerkreis. Ein Inserat in der FAZ ergibt eine andere Zusammensetzung als ein Aushängen des Programms in den Volkshochschulen. Ein Prospekt auf Umweltschutzpapier spricht andere Leute an als ein ansonsten gleicher auf Hochglanzpapier.

Es sind freilich weniger die Form oder das Layout des Programmheftes ausschlaggebend. Dadurch werden eventuell Erwartungen geweckt, aber für die Teilnahme vorentscheidend sind vor allem die Formulierung des Leitthemas und der Name (Bekanntheitsgrad) des Leiters. Vermutlich werden ebenso viele Entscheide zur Teilnahme personenbezogen (der Kursleiter interessiert mich) wie themenbezogen (das Thema interessiert mich) getroffen. Wenn man noch zu den grauen Mäusen auf dem Weiterbildungsmarkt gehört, ist die Formulierung des Leitthemas um so wichtiger, denn es ist die Schwelle, an der der Leser zwischen Weiterblättern und Papierkorb entscheidet.

Mitunter fällt man bei der Formulierung des Seminartitels in eine Falle: Man ist vom Sachproblem fasziniert und leitet daraus direkt den Seminartitel ab, ohne genau hinzuschauen, ob ein solcher Titel nicht Abwehr bei den potentiellen Teilnehmern hervorruft. Ein Beispiel: Ausgehend von dem Interesse vieler Teilnehmer an der Frage, wie mit Störungen und mit Widerstand in Lern- und Beratungsprozessen umgegangen werden könnte, entstand eine Ausschreibung mit dem Titel: „Widerstand und Störungen in Lern- und Beratungsprozessen". Sachlich war der Titel in Ordnung, Teilnehmer fanden sich nur wenige. Dem Titel fehlte zum einen der aktivierende Bezug, es war ein Buchtitel und kein Seminartitel. Gleichzeitig erzeugt er so, wie er dasteht, Abwehr sicher bei denen, die sich erst eine Genehmigung zur Teilnahme holen müssen: Wer gesteht sich und seinem Vorgesetzten gern ein, daß er Probleme im Umgang mit Störungen und Widerstand in seinen Kursen hat. Wir werden im Arbeitspapier 2 (S. 82 ff.) auf das Formulieren von Themen eingehen.

Die eigene Terminplanung ist nicht nur eine Frage des ökonomischen Zeiteinsatzes, sondern auch der Gesundheit. In der Regel hat der Selbstausschreiber keinen Apparat im Hintergrund, der ihn an Termine erinnert, die ja noch sooo weit weg

Kalkulationsschema für selbstausgeschriebene Kurse

Honorare für andere Leiter, Fachkräfte, Hilfspersonal: _____
Reisespesen für diese Personen: _____
Hotelunterkunft und Verpflegung für diese Personen: _____
Reisespesen und sonstige Kosten für Vorbereitungstreffen: _____

Was will ich verdienen: _____
Meine Reisekosten: _____
Meine Hotel- und Verpflegungskosten: _____

Miete für Räumlichkeiten: _____
Miete für Geräte (oder z. B. Filme):   _____
Kosten für Transporte (Taxi, Bus):   _____

Lizenzen, sonstige Abgaben (z. B. an einen Veranstalter):   _____
Versicherungen: _____
Steuern: _____
Garantieleistungen bei Absagen: _____

Programmdruck: _____
Inserate: _____
Verpackungskosten (incl. Briefumschläge):   _____
Porti: _____

Stifte, Farben, Papier etc.:   _____
Flipcharts, Pinwände etc. (anteilige Abschreibungen):   _____
Sonstige Materialien: _____
Kopien für die Teilnehmer: _____
Bücher für die Teilnehmer: _____

Meine Weiterbildungskosten (evtl. anteilig):   _____
Bücher, Fachzeitschriften, sonstige Vorbereitungsmaterialien: _____

Getränke, Pausenerfrischungen und Mahlzeiten außerhalb
der Vollpension: _____

Anteilige Bürokosten (Telefon, Mieten, Büromaterial etc.):   _____

Anteilige Supervisionskosten: _____
Stipendien für Teilnehmer: _____

sind. Gute Tagungsstätten sind früh ausgebucht, bestimmte Zielgruppen brauchen längere Vorlaufzeiten, weil sie z. B. frühzeitig Mittel für diese Veranstaltung beantragen müssen. Unter dem Aspekt der eigenen Gesundheit bzw. der Vermeidung von Überlastungen ist es ratsam, sich in seinem Kalender nicht nur die Seminartage selbst, sondern auch die Vor- und Nachbereitungstage und Reisezeiten einzutragen. Sonst sieht der Kalender so verführerisch leer aus.

Für den „Einzelkämpfer" stellt sich nicht nur für dieses Projekt die Frage, in welchem Kreis er Supervision und Erfahrungsaustausch für seine Arbeit finden oder wenigstens Formen der Selbstreflexion realisieren kann. So paradox es klingen mag, als Gruppentrainer ist man in bezug auf seine Arbeit trotz der vielen Leute, die man trifft, oft recht allein, wenn man nicht in ein eigenes professionelles Netzwerk eingebunden ist.

IV. Das Feld abstecken:
Grobplanung und allgemeine Vorbereitungen

1. Einleitung

Die Grobplanung setzt die Ergebnisse der Vorklärungen und der Kontraktphase in einen Vorgehensplan um, der z. B. mit dem Auftraggeber, meinen Co-Leitern u. a. abgestimmt werden kann. Die Grobplanung bzw. Teile davon bilden zudem eine praktische Informationsgrundlage für den Auftraggeber und für potentielle Teilnehmer. Die Grobplanung hilft mit, nicht unter Termindruck zu geraten.

Sie ist der erste Schritt für die Planung des Roten Fadens durch die Veranstaltung, der in der Regel erst wesentlich später ausgearbeitet wird. Dazwischen liegen die Ausschreibung und die Werbung. Die Grobplanung macht eine gezielte Werbung möglich, da auf der Basis der Grobplanung inhaltliche, strukturelle und zeitliche Aussagen gemacht werden können.

Die Grobplanung konzentriert sich auf folgende Schritte:

– *Konkretere Umschreibung der Zielsetzungen* in bezug auf die Vermittlung von Wissen und Erfahrungen sowie auf die Überprüfung von Verhaltensweisen, Einstellungen und Werten,
– *Klärung der Zielgruppen,* die angesprochen werden sollen, bzw. des Teilnehmerkreises, der an das Seminar delegiert (geschickt) wird, sofern das nicht schon in der Kontraktphase erfolgte,
– *Überprüfung und ggf. Abänderung* des bisherigen Kontraktes mit den Auftraggebern,
– Unterlagen erarbeiten für die *Ausschreibung* und Werbung bzw. Einladung,
– Unterlagen erarbeiten für den Bedarf an und die Beschaffung von *Räumlichkeiten, Zeit, Material und Finanzen,*
– realistische Termine erarbeiten und im Auge behalten,
– Unterlagen zusammenstellen für die *Ansprache von Personen, Stellen und Institutionen,* die für die Realisierung des Projektes wichtig sind,
– Unterlagen für die *Erarbeitung des Roten Fadens* schaffen.

Die Grobplanung basiert in bezug auf die künftigen Teilnehmer zum Teil noch auf Hypothesen, da sie relativ früh erfolgen muß. Gesicherte Informationen habe ich in der Regel in der Phase der Grobplanung noch nicht. Deshalb werden in dieser Phase nur die thematischen und didaktischen Leitlinien festgelegt, aber noch keine Einzelheiten.

Im Prinzip ist die Grobplanung mit der Phase der Ferienplanung vergleichbar, in der ich einige Monate vor der Abreise auf der Basis bereits eingeholter Informationen definitiv entscheide, in welches Land ich reisen will, mit wem zusammen und mit welchem Verkehrsmittel, was ich unbedingt sehen möchte, was ich eher auf der

Seite lasse und in welchem finanziellen Rahmen sich die Reisekosten bewegen sollen. Ich werde mich frühzeitig nach Impf- und Einreisevorschriften erkundigen und eventuell auch die Unterkunft buchen oder einen Sprachkurs belegen. Sicher aber werde ich noch nicht die Koffer packen, die detaillierte Reiseroute festlegen oder den Proviant für die Mittagessen besorgen.

2. Leitfragen für die Erarbeitung der Grobplanung

■ Welche *Ziele* werden mit der Veranstaltung verfolgt, was sollten die Teilnehmer am Ende wissen, können, erfahren haben (angestrebte Ergebnisse)?

■ *Welchen Bezug habe ich* selbst zum Seminarthema:
  – Wie kommt es in meinem Alltag vor?
  – Welche Vorerfahrungen habe ich damit gemacht?
  – Mit welchen Fachthemen muß ich mich früh genug befassen?
  Welche Quellen und/oder Kollegen stehen mir zur Vorbereitung zur Verfügung, was muß ich mir noch erschließen?

■ Wie sehen der *zeitliche Rahmen* und die zeitliche Struktur für die Veranstaltung aus?
  – Was ergibt sich aus den Anreise-/Abreisemöglichkeiten für den zeitlichen Beginn und das Ende?
  – Jahreszeit und Ort: Welche Zeiten werden die Teilnehmer gern für externe Aktivitäten in Anspruch nehmen?

■ Nach welchen Kriterien werden die Teilnehmer ausgewählt?
  – Welche Auswahlkriterien sollen gelten?
  – Wie können sich die Teilnehmer über die Auswahlkriterien informieren, und wo können sie ggf. nachfragen?
  – Wer entscheidet darüber, ob die Zulassungskriterien im Einzelfall erfüllt wurden? Wer entscheidet über die Ausnahmen?
  – Wann spreche ich das (mit wem?) konkret ab?

■ Welche *Vorleistungen* sollen die Teilnehmer erbringen (Lesen von Literatur, Erarbeiten von Materialien, Fallstudien, Statistiken etc.)?
  Wie und wann erfahren die Teilnehmer diese Anforderungen (in der Ausschreibung, durch Brief u. ä.)?

■ Auf was muß ich die Teilnehmer sonst noch *rechtzeitig aufmerksam machen?*
  – Gesundheitliche, psychische oder physische Belastungen?
  – Freizeitangebote (Kultur, Sport, besondere Anlässe oder Ausrüstungen etc.)?
  – Buchungstermine? Absagefristen? Paßformalitäten?

■ Mit wem will oder muß ich in der Phase der Grobplanung *zusammenarbeiten* oder mich mindestens zu einer Besprechung treffen?
  Wen muß ich sonst noch zur Planung hinzuziehen?
  Was sind die Hauptpunkte für unsere Agenda?

■ Überprüfen bzw. Bestimmen der *Anforderungen an die Tagungsstätte* und den Tagungsort:
  – Räume und Zimmer
  – Miete, Preis, Garantieleistungen
  – Verpflegungs- und Einkaufsmöglichkeiten
  – Medien, Materialien und Technik
  – Licht
  – Freizeitangebote, Möglichkeiten für Sport, Wandern etc.
  – Anreisemöglichkeiten
  – Ärztliche Versorgung

2. Leitfragen für die Erarbeitung der Grobplanung (Fortsetzung)

Mit wem spreche ich das ab, wer ist ggf. verantwortlich für die Bereitstellung?
Wann erhalten die Teilnehmer entsprechende Informationen?

- Welche *Kosten* kommen auf mich, auf den Träger, auf die Teilnehmer zu?
Wer trägt welche finanziellen Risiken, z. B. im Falle einer Absage der Veranstaltung?
Stehen die Kosten in einem vernünftigen Verhältnis zu dem, was bezahlt werden kann?

- *Terminplanung:* Bis wann muß ich Absprachen treffen bzw. Reservationen machen für:
  - Referenten und zusätzliche Leiter
  - Tagungsstätte, Geräte, Material
  - Transporte
  - Subventionen, Bewilligungen u. ä.
  - Aufnahme in Programmhefte, Terminübersichten etc.
  - Termine für Druckereien, Werbeaussendungen
  - Absagetermine

  Welche Termine sind auf seiten der Teilnehmer zu berücksichtigen?
  - Feier-/Ferientage?
  - Bildungsurlaub?
  - Hauptreisezeiten bei Ferienbeginn?
  - Wichtige Messen und Kongresse?

  Wann kann ich mich mit meinem Co-Leiter treffen zur Planung des Roten Fadens?
  Was ergibt sich aus dieser Terminplanung als günstigster Durchführungstermin?

- Wen muß ich über die Ergebnisse der Grobplanung *informieren?*
Inwieweit haben sich Veränderungen gegenüber dem Kontrakt ergeben?
Wie erfolgt die Rückkopplung und Abstimmung darüber?

- Last but not least: Damit ich mich innerlich und äußerlich wohlfühlen werde und meine Energie in die Veranstaltung geben kann: *Was brauche ich für mich* in der Vorphase und während der Durchführung?

Aus diesen Überlegungen entstehen die Ausschreibung und die Grobstruktur des Projektes sowie mein Termin- und Aktivitätsplan bis zum Beginn der Arbeit mit der Gruppe.

3. Grobplanung: Notizen zu den Leitfragen

In der Phase der Grobplanung wird das Anliegen präzisiert, das mit dem Projekt verfolgt wird. Die Grobplanung grenzt ab und grenzt ein: Was muß oder soll dazugehören und geschehen können, was kann oder will ich weglassen, auf welche Gebiete will ich mich nicht begeben?

Eine verständliche und klare Beschreibung des Anliegens ist dabei nicht nur für meine eigene Vorbereitung und für die Orientierung des Auftraggebers wichtig. Sie ist zusammen mit dem Leitthema und (mitunter) der Person des Leiters Teil der Botschaft, die die potentiellen Teilnehmer – meist in schriftlicher Form als Ausschreibung – empfangen und zu verstehen suchen, weil sie sie als Entscheidungsgrundlage dafür nutzen wollen, ob sie teilnehmen wollen oder nicht. Da meist keine großen Möglichkeiten zu klärenden Rückfragen bestehen (bzw. selten genutzt werden), kommt der Formulierung des Anliegens und der Zielsetzung große Bedeutung zu. Sie soll locken, ohne falsche Erwartungen zu erwecken, sie soll viele ansprechen und doch genügend abgrenzen, sie soll informativ sein, ohne den Leser mit unnötigen Details zu ermüden. Hinweise auf die schriftliche Formulierung des Anliegens finden Sie im Arbeitspapier 2 (S. 86 ff.).

Für die zeitliche Strukturierung scheint sich als Faustformel bei Kursen mit persönlichkeitsbezogenen Lernanteilen eine Mindestdauer von drei Tagen herausgestellt zu haben, mit 4 bis 5 Lerneinheiten à 1,5 Stunden pro Tag. Die Anzahl von drei Tagen ist um so mehr eine Untergrenze, je mehr Lernen auf der emotionalen Ebene angesagt ist oder das Sachthema begleitet. Zusätzliche Zeit wird benötigt, wenn im Kurs konkrete Entscheidungen und Maßnahmen beraten und entschieden werden sollen, die anschließend realisiert werden sollen (Transfer und Maßnahmenplanung). Freilich ist insbesondere in Unternehmen oft erheblicher Widerstand gegen Veranstaltungen von mehr als drei Tagen Dauer zu spüren, begründet mit den organisatorischen Schwierigkeiten, die sich durch die gleichzeitige Abwesenheit einer ganzen Gruppe oder einer größeren Zahl von Teilnehmern ergeben.

Gruppen aus Institutionen mit einer sehr leistungsorientierten Kultur sträuben sich häufig, Mittagspausen von zwei und mehr Stunden zu akzeptieren, weil sie einen Effizienzverlust befürchten. Die Erfahrung zeigt jedoch, daß speziell bei Veranstaltungen mit persönlichkeitsbezogenen Anteilen eine längere Mittagspause die Chance zur Erholung, zu wichtigen persönlichen Gesprächen, zum individuellen Nacharbeiten und Nachdenken bietet, die von den Teilnehmern geschätzt wird, wenn sie es erst einmal ausprobiert haben.

Auf die zeitliche Strukturierung hat auch der Kursort Einfluß: Freizeitaktivitäten können berücksichtigt und später mit den Teilnehmern eingeplant werden. Günstige An- und Abreisemöglichkeiten bestimmen Anfang und Ende. Manchmal entscheidet eine halbe Stunde, ob die Teilnehmer öffentliche Verkehrsmittel benutzen können. Zeit- und Ortsplanung als Umweltschutz!

Mit der Präzisierung des Anliegens gebe ich den potentiellen Teilnehmern eine Möglichkeit an die Hand, mit der sie für sich selbst besser über Sinn, Zweck und Nutzen einer Teilnahme entscheiden können. In vielen Fällen wird das nicht ausreichen, z. B., wenn auf bestimmte Vorerfahrungen aufgebaut werden soll. Vom Inhalt her können zusätzliche Kriterien für die Auswahl wichtig sein: z. B.

eine annähernde Gleichverteilung der Geschlechter, eine bestimmte Alters- und Berufsdurchmischung oder die Zugehörigkeit zu bestimmten Hierarchieebenen.

Im Prinzip sollten die Auswahlkriterien möglichst transparent und für den Teilnehmer so praktikabel sein, daß er selbst die Einschätzung vornehmen kann – anstelle des Leiters oder anderer Personen mit ihren subjektiven Wertungen. Es kann hilfreich sein, den Interessenten ausdrücklich z. B. am Telefon für entsprechende Rückfragen zur Verfügung zu stehen. Ein Beispiel für Zulassungskriterien in einer Ausschreibung: „Als Voraussetzung für die Zulassung gelten: Besuch des Kurses I, zwei Jahre berufliche Praxis als . . ., Erfahrung mit teilnehmerorientierten Lernmethoden sowie die Bereitschaft, nach dem Kurs an sechs Supervisionssitzungen teilzunehmen, in denen jeder Teilnehmer seine berufliche Praxis einbringen soll. Ansonsten werden die Anmeldungen in der Reihenfolge ihres Einganges berücksichtigt."

Eine indirekte Vorauswahl entsteht durch das Verlangen von Vorleistungen z. B. in Form von Literaturstudium oder Aufbereiten von Fallberichten aus der eigenen Arbeit. Die Selektion entsteht dabei zum einen durch den benötigten Zeitbedarf (nicht jeder kann oder will mehr als eine gewisse Zeitdauer in die Vorbereitung stecken), zum anderen durch die damit geforderte Praxiserfahrung und schließlich durch die Offenheit, die ggf. nötig wird, wenn der Teilnehmer über einen eigenen Fall berichten soll. Als Leiter sollte man sich dieser „Nebenwirkung" bewußt sein und sie bei der Dimensionierung der Vorleistungen berücksichtigen.

Die für die Vorarbeiten seitens der Teilnehmer benötigte Zeit sollte einen halben Tag nicht übersteigen, sonst sinkt die Wahrscheinlichkeit rapide, daß die Teilnehmer wirklich an die Aufgabe gehen. Ohnehin muß ich mir als Leiter im klaren sein, daß solche Vorarbeiten meist zusätzliche Ungleichheiten schaffen, indem die Teilnehmer sich sehr unterschiedlich intensiv damit befaßt haben werden, wenn sie in den Kurs kommen. Ich muß wissen, wieviel von diesen Vorarbeiten abhängen soll, und das dann auch entsprechend deutlich und rechtzeitig den Teilnehmern mitteilen. Die Formulierung „Empfohlene Literatur . . ." reicht sicher nicht aus, um Verbindlichkeit zu schaffen.

Im Kapitel „Vorklärungen und Kontrakte" haben wir bereits darauf hingewiesen, daß es ratsam ist, den Blick nicht nur auf die Gruppe selbst zu richten, sondern auch auf das Gesamtsystem, in das sie eingebettet ist. Das gilt erst recht für die Grobplanung: Speziell bei internen Projekten ist meine Zusammenarbeit und Kontaktaufnahme nicht nur auf meinen Co-Leiter, auf Drittreferenten, den Organisator oder die Teilnehmer zu begrenzen. Da gibt es den Betriebsrat, einzelne Vorgesetzte oder übergeordnete Behörden, mit denen ich je nach Fall sprechen sollte, um sie zu informieren und ihre Unterstützung zu haben. Es kann auch sinnvoll sein, mir ein Bild davon zu machen, wie andere Gruppen, die mit „meiner" Gruppe zusammenarbeiten, diese sehen.

Zur Vorausplanung kann oder besser, sollte auch meine eigene Weiterbildung und Vorbereitung gehören. Welche in bezug auf das Projekt benötigten Kenntnisse und Fähigkeiten habe ich – und was muß ich vorher noch lernen? Wie und wann will ich das tun?

Der Ort und seine Möglichkeiten für Klima und Prozeß werden bei der Grobplanung im Detail überprüft, denn jetzt kann ich noch ändern und veranlassen. Im übrigen bestimmen auch der Ort und der Standard bzw. die Kosten der Unterkunft die Entscheidung zur Teilnahme mit: Was für den einen zu teuer ist, ist für den anderen zu einfach und unkomfortabel. Auf welche Gruppe muß ich unter Umständen deshalb verzichten?

Die Unterkunft bietet in unterschiedlichem Maße die Chance oder auch den Zwang zum Selbertun: Kochen, Aufräumen, Einkaufen etc. Gerade das „Wir", die Beziehung zueinander, findet zu seiner Entwicklung in Freizeitaktivitäten und bei den unumgänglichen Rahmentätigkeiten einen guten Nährboden.

Nicht immer kann ich die Räume und die Umgebung selbst vorher kennenlernen, jedoch sollte ich erfragen, ob vorhanden ist, was ich brauchen werde, womit ich planen kann, worauf ich verzichten oder was ich mir noch besorgen muß. Wer hat nicht schon einmal Kleingruppenarbeit geplant, und der versprochene Gruppenraum war die vom Vorabend verräucherte Bar oder der Fernsehraum, in dem zur gleichen Zeit andere ein Fußballspiel sehen wollten.

So können wir in Gedanken einen ganzen innenarchitektonischen Ausflug machen von der Beleuchtung über die Akustik bis zum Fußbodenbelag. Kann ich einen Kreis machen, so daß jeder alle Gesichter sehen kann? Heißt schöne Umgebung und Aussicht, daß ein Teil der Anwesenden ins Gegenlicht schauen muß und die anderen nur in Umrissen erkennen kann? Heißt „gut erreichbar", daß draußen die Straße und die Bahn vorbeiführen? Arbeiten im Kurs setzt nicht zuletzt voraus, einander in Ruhe sehen und hören zu können.

Wenn wir schon einen schönen Tagungsort ausgesucht haben, dann sollten wir die Teilnehmer rechtzeitig über die Möglichkeiten für Freizeit, Sport und Kultur informieren.

Zur Grobplanung gehört auch die finanzielle Planung, und die sollte nicht zu grob sein, denn speziell als Selbstausschreiber bin ich es, der sonst drauflegen muß. Da gibt es Reise- und Unterkunftskosten, Anzahlungen für das Hotel, Kosten für Druck und Versand, für Literatur und Kopien, Honorare für Dritte etc. (vgl. auch das Kalkulationsschema auf S. 38). Wer finanziert diese Kosten vor, bei wem bleiben sie im Falle einer Absage hängen? Will ich deshalb zur Absicherung von den Teilnehmern eine Anzahlung oder die Einzahlung der Teilnehmergebühr bis zu einem bestimmten Termin? Ab wann sollen sich Teilnehmer an dem Verlust beteiligen, der durch ihre Abmeldung entsteht?

Es ist nur natürlich, wenn sich im Lauf der Grobplanung inhaltliche Änderungen ergeben, die aufgrund des verbesserten Informationsstandes und der zusätzlichen Zeit zum Überlegen entstanden sind. Damit daraus nicht unter der Hand ein Wegdriften von dem wird, was ich mit dem Auftraggeber vereinbart habe, sollte ich diese Änderungen offen mit ihm besprechen. Solche „Zwischenhalte" können auch später einmal sinnvoll sein, um sich mit dem Auftraggeber im offenen Gespräch über den Stand der Vorbereitungen und über die Erfahrungen aus den bereits durchgeführten Schritten auszutauschen.

Die letzte Frage führt wieder zu mir selbst zurück: Es ist ja nicht nötig, daß das Projekt selbst perfekt geplant ist und darüber z. B. meine Ferien und meine Familie vergessen wurden. Auch in diesem Bereich soll's stimmen: Im Zuge der Grobplanung kann ich für ein sinnvolles Nacheinander sorgen und ein mehr oder weniger zufälliges Übereinander vermeiden.

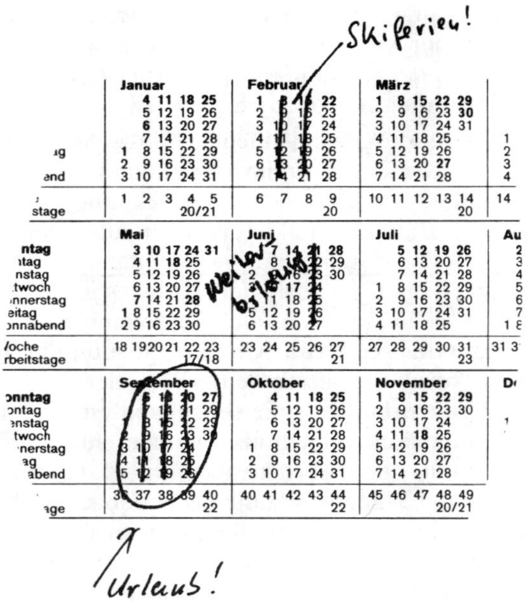

Skiferien!

	Januar	Februar	März	
	4 11 18 25	1 8 15 22	1 8 15 22 29	
	5 12 19 26	2 9 16 23	2 9 16 23 30	
	6 13 20 27	3 10 17 24	3 10 17 24 31	
	7 14 21 28	4 11 18 25	4 11 18 25	1
...g	1 8 15 22 29	5 12 19 26	5 12 19 26	2
	2 9 16 23 30	6 13 20 27	6 13 20 27	3
...end	3 10 17 24 31	7 14 21 28	7 14 21 28	4
...stage	1 2 3 4 5 — 20/21	6 7 8 9 — 20	10 11 12 13 14 — 20	14

	Mai	Juni	Juli	Au
...ntag	3 10 17 24 31	7 14 21 28	5 12 19 26	2
...itag	4 11 18 25	8 15 22 29	6 13 20 27	3
...nstag	5 12 19 26	2 9 16 23 30	7 14 21 28	4
...twoch	6 13 20 27	3 10 17 24	1 8 15 22 29	5
...nnerstag	7 14 21 28	4 11 18 25	2 9 16 23 30	6
...eitag	1 8 15 22 29	5 12 19 26	3 10 17 24 31	7
...onnabend	2 9 16 23 30	6 13 20 27	4 11 18 25	1 8
...oche / rbeitstage	18 19 20 21 22 23 — 17/18	23 24 25 26 27 — 21	27 28 29 30 31 — 23	31 3

	September	Oktober	November	D
...onntag	6 13 20 27	4 11 18 25	1 8 15 22 29	
...ontag	7 14 21 28	5 12 19 26	2 9 16 23 30	
...enstag	1 8 15 22 29	6 13 20 27	3 10 17 24	1
...twoch	2 9 16 23 30	7 14 21 28	4 11 18 25	
...nerstag	3 10 17 24	1 8 15 22 29	5 12 19 26	
...ag	4 11 18 25	2 9 16 23 30	6 13 20 27	
...abend	5 12 19 26	3 10 17 24 31	7 14 21 28	
...age	36 37 38 39 40 — 22	40 41 42 43 44 — 22	45 46 47 48 49 — 20/21	

Urlaub!

Abbildung 4

4. Leiten im Team?

Spätestens in der Phase der Grobplanung muß auch entschieden werden, ob ich das Seminar allein leite (eventuell abgestützt auf einige Fachreferenten) oder ob ich andere mit in die Leitung nehmen möchte. Die Bildung eines Leitungsteams gehört natürlich mit zu den Absprachen, die in der Kontraktphase mit dem Auftraggeber getroffen werden und ebenso in die Information an die Teilnehmer.

In das Team (der Einfachheit halber nennen wir auch zwei Leiter schon ein Team) kann ich entweder ausgebildete, gleichberechtigte Kollegen nehmen, oder ich arbeite mit Co-Leitern, die sich noch in der Ausbildung zum Gruppenleiter befinden und die sich unter meiner Supervision Planungs- und Leitungspraxis holen wollen. Im letzteren Falle entsteht eine zusätzliche Belastung für mich: Ich brauche sozusagen zwei Augen: eines für den Gruppenprozeß, das andere für die Begleitung der Tätigkeit der Co-Leiter. Zudem muß die Auswertung der Planungs- und Leitungstätigkeit ja besprochen werden, solange sie noch frisch in der Erinnerung ist, was wiederum zu Lasten meines persönlichen Zeitbudgets geht. Schließlich sollte zwischen mir und den Co-Leitern klar sein, ob sie ein Gutachten (Zertifikat, Bestätigung) über ihren Einsatz haben wollen, nach welchen Kriterien eine solche Bewertung erfolgen soll und welches Ausbildungsziel damit verbunden ist. Ebenso sollten finanzielle Absprachen getroffen sein.

Eine Leitung im Team hat Vor- und Nachteile. Bei manchen Themen ist eine Leitung zu zweit oder zu mehreren beinah unerläßlich, so z. B. bei einem Partnerschafts- oder Ehepaartraining, wo ein Mann und eine Frau die Leitung innehaben sollten. Aber auch bei einer Vielzahl anderer Themen kann die Leitung im Team Vorteile bringen, insbesondere, wenn es sich um größere Gruppen handelt, die sich mit Themen konfrontieren wollen, die neben der sachlichen Ebene auch ausgeprägte emotionale Inhalte und Beziehungsaspekte beinhalten.

Zu den Vorteilen einer Leitung im Team gehören:

- Ein Leitungsteam ermöglicht die Arbeit in geleiteten Untergruppen zur vertieften Auseinandersetzung mit dem Thema.
- Die Leitung im Team erleichtert die Prozeßanalyse und die rollende Planung, denn vier Augen sehen mehr als zwei. Der Partner, der z. Z. nicht in der Leitung der Einheit engagiert ist, kann unbefangener Beobachtungen aufnehmen und in die Planungssitzung als Feedback einbringen.
- Die Möglichkeit, sich mit Kollegen über schwierige Passagen der Veranstaltung auszutauschen, wirkt entlastend. Ich muß dann nicht alles mit mir selbst abmachen. Es ist auch eine Übernahme der Leitung durch einen der Teampartner möglich, wenn ich selber körperlich oder psychisch nicht in Form bin.
- Mehrere Leiter bedeuten auch für die Teilnehmer ein breiteres Lernangebot. Sie können dadurch unterschiedliche Persönlichkeiten und damit auch andere Stile, Leitungsmodelle oder Zugänge zum Thema kennenlernen.
- Leiten im Team erweist sich auch als eine Chance für das Lernen der Teammitglieder voneinander.
- Das Leitungsteam stellt zugleich für die Teilnehmer auch ein Modell für Zusammenarbeit dar. Sie beobachten wie ein Seismograph den Umgang der Leiter miteinander, insbesondere bei Konflikten und Unterschiedlichkeiten, und lernen daran. Gerade unter diesem Aspekt sollte das Team nicht zu homogen und harmonisch zusammengesetzt sein.
- Wenn sich einer der Leiter mit der Gruppe oder einzelnen Teilnehmern „verhakelt" oder in Konflikte gerät, dann kann einer der anderen Leiter zeitweise die Leitung übernehmen und so den Klärungsprozeß unterstützen. Es ist erfahrungsgemäß nicht einfach, als Konfliktpartei selbst den Konfliktlösungsprozeß zu moderieren.
- Die Bildung eines Leitungsteams bietet sich auch dann an, wenn die Veranstaltung später wiederholt werden soll, aber mit wechselnder Leitungsbesetzung. Durch die Teamleitung am Anfang wird eine gemeinsame Basis hergestellt, die eine gewisse Kontinuität bei späteren Wiederholungen sicherstellt, auch wenn diese nur von einem Teil des Teams oder von einzelnen geleitet werden. Ähnliches gilt für den Fall, daß der Auftraggeber die Veranstaltung später intern mit eigenen Kräften weiterführen möchte.

Diesen Vorteilen stehen jedoch auch *Nachteile* gegenüber, die es abzuwägen gilt:

Bei einer Leitung im Team zu bedenken:

– Der Koordinations- und Zeitaufwand steigt, der in das Kennenlernen, die Teambildung und die Abstimmungsprozesse gesteckt werden muß. Das kann recht aufwendig sein (muß es aber nicht), wenn ich mir die Teammitglieder nicht selbst aussuchen kann und ich statt dessen auf Wunsch des Auftraggebers mit bestimmten Personen zusammen die Leitung übernehmen soll.

– Das Zusammenwachsen des Teams geht nur in Grenzen während der Vorbereitungsphase. Die eigentliche Entwicklung wird es während des Seminars geben, wenn man sich zum ersten Mal mit seinen unterschiedlichen Arbeitsweisen und Stilen erlebt. Zu große Differenzen können schwierige Konfliktlösungsprozesse im Team verursachen.

– Wenn sich Arbeitsweisen, persönliche Werte und Persönlichkeiten der Leiter sehr unterschiedlich darstellen, dann wird es in der Regel auch für den Teilnehmer verwirrend. Er erlebt dann eher ein methodisches Stückwerk und Nebeneinander und nur selten ein trotzdem attraktives Patchwork.

– Es ist nur natürlich, daß jedes Mitglied des Leitungsteams in unterschiedlichen Phasen des Seminars unterschiedlich „ankommt". Das kann durchaus auch deshalb sein, weil eines der Teammitglieder die Teilnehmer stärker konfrontiert und diese dafür ihre Streicheleinheiten den anderen Mitgliedern des Leitungsteams zukommen lassen. Rivalitäten, Wünsche nach eigener Profilierung und Frustration lauern im Hintergrund. Die Fähigkeit im Team zur Selbstreflexion und zur Selbstsupervision sollte in dieser Hinsicht ausgeprägt vorhanden sein, damit sich Profilierung und Rivalität nicht unbewußt im Thema, in der Methodenwahl oder der Art der Leitung niederschlagen.

– Nicht jeder arbeitet gut im Team. Mancher braucht als Leiter seinen eigenen, durchgehenden Fluß an Themen und den engen Kontakt mit dem Prozeß, ohne Unterbrechung durch die Leitung anderer. Es gilt also abzuschätzen, ob dieser Verlust an Autonomie im Leiten für mich nicht so blockierend wirkt, daß meine Fähigkeiten darunter leiden.

– Über ein ähnliches Problem muß ich mir ebenfalls Rechenschaft ablegen, ehe ich mich für die Leitung im Team entscheide: Es kann sein, daß ich mit meinen Konzepten für das Projekt schon so weit bin und vor allem schon so viel Herzblut hineingesteckt habe, daß mir das Akzeptieren der Einflußnahme Dritter schwerfällt. Das aber ist unvermeidlich, wenn ich mit einem Team aus selbständigen und kompetenten Mitgliedern leiten will.

– Nicht zuletzt ist auch die Kostenfrage wichtig, denn nicht jeder Auftraggeber kann sich ein Leitungsteam leisten, nicht jede Zielgruppe die eventuell dadurch höheren Gebühren tragen.

Es gilt also abzuwägen, wann und ob ein Leitungsteam Vorteile gegenüber der Einzelleitung bringt. Um an dieser Stelle einem Mißverständnis vorzubeugen: Die Leitung der konkreten einzelnen Sitzung, die definitive Formulierung des Themas dafür, die Vorbereitung der Einführung, das alles ist Einzelarbeit dessen, der die Leitung dieser Einheit übernommen hat. Das Team hat dabei beratende und begleitende Funktion. Das erfordert Mut und Toleranz.

Für die Zusammensetzung des Teams ist der Gedanke der „überlappenden Ergänzung" wegleitend. Überlappung sollte es im methodischen Bereich geben. Eine gemeinsame Basis und gemeinsam geteilte Konzepte für die Leitung von Gruppen sind unerläßlich. Ein Methodenpotpourri bringt wenig. Ergänzung wird gewünscht hinsichtlich der Geschlechter, Temperamente, Spezialkenntnisse, beruflichen Hintergründe und der Lebenserfahrung etc.

Auch zwischen den Leitern muß ein Kontrakt entstehen, am besten dadurch, daß in den ersten Teamsitzungen über folgende Fragen gesprochen wird:

- Welches sind die bisherigen Tätigkeiten, persönlichen und beruflichen Hintergründe, Vor- und Ausbildung?
- Was kann ich gut, was du?
  Was mache ich/machst du gerne?
  Was liegt mir/dir nicht so?
  Was würde ich mir gerne abnehmen lassen?
- Wie steht jeder zu dieser gemeinsamen Aufgabe, ihren Inhalten und Zielen?
- Was müssen wir zwischen uns über die Vorgeschichte dieses Projektes, über den Kontrakt mit dem Auftraggeber, über den Teilnehmerkreis austauschen?
- Welche konkreten Vorstellungen hat jeder über die Zusammenarbeit (Inhalt und Klima)?
- Welchen Beitrag wird jeder übernehmen in bezug auf Vorbereitungen (inhaltlich, technisch, administrativ)?
- Wer übernimmt wofür die Verantwortung? Wer ist Treuhänder für die Beachtung der gemeinsam verabredeten Planung?
- Wer übernimmt die Federführung dem Auftraggeber und den Teilnehmern gegenüber?

V. Der Rote Faden wird geknüpft: Planung und Vorbereitung der Arbeit mit der Gruppe

1. Einleitung

Bevor der Leiter das Seminar beginnt, wird er sich einen Roten Faden knüpfen, der ihm und später den Teilnehmern helfen soll, die Lern- und Arbeitsprozesse im Seminar zu gestalten und eine Balance zu sichern zwischen der Reaktion auf das, was in den Situationen und Interaktionen im Seminar geschieht und spontan wichtig wird, und der Erreichung der Seminarziele, die sich die Gruppe vorgenommen hat bzw. die für ihre Arbeit vorgegeben wurden.

Im Roten Faden verbinden wir die sich konkretisierenden Informationen über Teilnehmer, Inhalte und Rahmenbedingungen des Seminars mit unseren Gedanken und Zielsetzungen, die wir während der Kontraktphase und der Grobplanung entwickelt haben. Das Bild von den Menschen, die später im Seminar sein werden, ist vielleicht auch dadurch deutlicher geworden, daß wir in der Zwischenzeit Kontakt zu ihrem Arbeitsfeld oder zu ihnen selbst hatten.

Der Rote Faden ist gewissermaßen ein Spiegelbild der Vorstellungen des Leiters, die er sich aufgrund seiner bisherigen Überlegungen von einem zweckmäßig aufeinander aufbauenden Fluß von Themen und der sie stützenden Strukturen gemacht hat. Es handelt sich um eine deutlich erkennbare Skizze vom Ablauf der Veranstaltung.

Mit dem Roten Faden achten wir darauf, daß das Leitthema in seinen verschiedenen Aspekten ausgelotet werden kann. Er trägt zudem den Phasen Rechnung, die im Lernprozeß von Gruppen eigentlich immer wieder auftreten. Über diese Phasen werden im Arbeitspapier 1 (Entwicklungsphasen von Gruppen, S. 63 ff.) noch nähere Angaben gemacht.

Der Rote Faden wird für die Anfangsphase und für die Endphase eher dichter geknüpft sein als für die Phasen dazwischen, in denen er lockerer gewebt sein muß, um Platz zu lassen für die Mitbestimmung der Teilnehmer und für das, was sich erst aus dem Prozeß zu dem Thema der Veranstaltung ergeben kann.

Die dichtere Planung zu Beginn hat den Zweck, die Teilnehmer für einen selbständigen Lernweg zu befähigen. Dazu verhelfen klare, angstmindernde Strukturen am Anfang. Die Planung wird auch deshalb zu Beginn ,dichter' sein, weil sie so den Teilnehmern hilft, anzukommen. Zu Beginn bedeuten vorgegebene Strukturen Sicherheit und setzen so Energie frei für das Einsteigen und Sichfinden. Das erleichtert das Entstehen von Offenheit bei vielen und nicht nur bei den Schnellen und Geübten.

Die Planung wird auch zum Ende der Veranstaltung mehr Vorgaben und eine straffere Leitung beinhalten, weil die bisherigen Themen abgeschlossen werden müssen, anstatt neue anzureißen. Der Blick, der Strom der Gedanken und Gefühle wird auf den Abschluß gerichtet. Ausstieg und Transfer rücken in den Vordergrund.

Einen Roten Faden zu entwickeln bedeutet nicht, sich die Welt durch Planung zu vernageln, denn: „Je genauer man plant, desto härter trifft einen der Zufall – und der Prozeß". Ein Roter Faden hat mehr den Charakter eines Wegweisers und einer Wegmarkierung in unübersichtlichem Gelände. Er wird in der Veranstaltung eine Gefährtin erhalten müssen mit dem Namen „Flexibilität", ohne die der Rote Faden uns rasch die Hände binden würde. Ruth Cohn* drückt diesen Sachverhalt auch in Hinblick auf die spätere Planung der Anfangsphase so aus:

> *Jeder Plan „muß" falsch sein, da nie alle Faktoren bekannt sein können und so auch nie der Prozeß, der sich aus vielfältigen Geschehnissen zwischen verschiedenen Menschen und Sachlagen ergibt, genau vorhergesehen werden kann.*
> *TZI-Strukturierung bedeutet: Vorplanen mit allen bekannten Fakten und Wahrscheinlichkeiten und Offen-Sein für Wahrnehmung im Hier-und-Jetzt des Prozesses, um notwendige Umstellungen vornehmen zu können. Starre Planung und Planlosigkeit sind gleichermaßen unbrauchbar.*

Planung beinhaltet noch eine andere Gefahr: die der Scheinsicherheit, die unbeweglich macht gegenüber dem Unplanbaren und Unvorhersehbaren, das dann nicht mehr passieren kann, weil es nicht mehr passieren darf. Der Untergang der Titanic ist ein tragisches Beispiel dafür: Nach allen Regeln modernster Schiffbaukunst geplant und ausgeführt, angeblich unsinkbar, gut gerüstet und mit vielen Vorschußlorbeeren auf voller Fahrt voraus, und dann hält ein Eisberg sich nicht an die Planungen der Fachleute, schwimmt woanders, als er sollte, und ist auch noch unter dem Wasser größer und stärker als angenommen. Wieviel hat wohl das blinde oder überhebliche Sichverlassen auf die perfekte Planung und Technik zu der Katastrophe beigetragen?

Das Prinzip der Kombination aus Planung und Flexibilität heißt auch, schon bei der Planung mit dem Kapital „Gruppe" zu rechnen: Aus ihr werden zusätzliche Facetten des Themas entstehen, andere Bezüge zur Praxis wichtig werden und neue Themen im Rahmen des Gesamtanliegens der Veranstaltung, für die wir schon in der Planung Luft lassen und Strukturalternativen bereitstellen.

---

* R. Cohn, Von der Psychoanalyse zur Themenzentrierten Interaktion, S. 206

2. Leitfragen zur Entwicklung des Roten Fadens

- Zunächst bediene ich mich der Informationen aus den Vorgesprächen, der Grobplanung und den Anmeldungsunterlagen der Teilnehmer: *Welche Daten stehen jetzt fest?*
  - Teilnehmerliste
  - Wer fehlt, mit dem ich gerechnet habe?
  - Anzahl der Teilnehmer
  - davon Männer – Frauen – Kinder
  - Berufliche Herkunft
  - Zusammensetzung des Teilnehmerkreises nach Alter
  - Seminarerfahrung
  - Ist die Teilnahme vermutlich freiwillig?
  - Berufliches/privates Umfeld der Teilnehmer
  - Formelle hierarchische Struktur der Gruppe (Anwesenheit von Vorgesetzten und Mitarbeitern)
  - Wen kenne ich, wer kennt mich?
  - Kompetenz und Qualifikation der Teilnehmer in bezug auf das Leitthema und Anliegen des Seminars?
  - Persönliche Besonderheiten

- Ich vergleiche die neu erhaltenen Informationen über die Teilnehmer und über das Umfeld, aus dem sie kommen, mit meiner Grobplanung: *Was muß ich ändern?*

- *Wer ist sonst Gruppenleiter* oder in leitender Position tätig und war vielleicht schon lange nicht mehr „nur" Teilnehmer?

- Sicher ist sicher: Steht am *Tagungsort* wirklich zur Verfügung, was ich dort brauche?

- Was bringen die Teilnehmer von der Anreise und aus ihrem beruflichen Alltag an *Streßgepäck* mit?

- Was war mit den Teilnehmern als *Vorab-Aktivitäten* vereinbart?
  - Wie und wann sollen sie in der Seminararbeit verwendet werden?
  - Was will ich vorsehen, wenn einige unvorbereitet kommen?

- Die Fakten sind geklärt, ich nehme Kontakt auf mit dem Inhalt selbst:
  - Was darf nicht fehlen, weil ich es im Rahmen des *Kontraktes* und in der Ausschreibung verbindlich zugesagt habe?
  - Was sollte aufgrund der Information über die Teilnehmer hinzukommen, was wegfallen?

- Die Sammelphase: *Materialien und Bausteine* zum möglichen Inhalt:
  - Zu welchen Erfahrungen will ich anregen?
  - Übungen und Spiele, Medien und Materialien dazu?
  - Theorie- und Informationstexte? Fallbeispiele?
  - Stichworte für die thematischen Bausteine?

2. Leitfragen zur Entwicklung des Roten Fadens (Fortsetzung)

- Auswählen und *Prioritäten setzen:*
  - Welche Inhalte sind durch Kontrakt oder Ausschreibung vorbestimmt und müssen in entsprechenden Einheiten ihren Niederschlag finden?
  - Welche der thematischen Bausteine werden Grundstock für das Seminar?
  - Was kann Wahlangebot werden?
  - Welches könnten nach der vorliegenden Information die schwierigen Inhalte bzw. die heißen Eisen sein, denen wir nicht ausweichen sollten?
  - Was aus der Materialsammlung scheint geeignet?

- *Das didaktische Szenario:*
  - Welche thematischen Bausteine bedürfen lehrender, informierender Eingaben durch die Leiter oder Dritte?
  - Welche thematischen Bausteine will ich mit bestimmten Medien oder Übungen unterstützen, um die notwendigen Erfahrungen machen zu lassen, auf die weiter aufgebaut werden kann?
  - Welche Themen bekommen ihre Lebendigkeit und Konkretisierung erst aus den Interaktionen und aus dem Prozeßverlauf?

- Die *thematische Kette:*
  Welche der Themen bzw. thematischen Bausteine eignen sich für
  - Anfangsphase und Anfangssitzung?
  - die Phase, in der Kampf und Auseinandersetzung zu erwarten ist?
  - die Phase der offenen, störungsfreien Arbeit an Sachthemen?
  - Transfer, Ausstieg, Ende?
  An welchen Stellen braucht die Gruppe voraussichtlich ganz neue thematische Impulse durch Theorieeingaben, neue Übungen etc. oder Zeit für die Planung des weiteren Vorgehens?

- Ich verbinde die thematische Kette mit geeigneten *Strukturen:*
  - Wann plaziere ich Lehr- und Lerninhalte mit informativem Charakter und wieviel Zeit sehe ich dafür vor?
  - Wann hat die Bearbeitung von Problemen/Projekten der Teilnehmer Raum?
  - Wann und wo plane ich Zeit für individuelle Arbeit der Teilnehmer ein?
  - Auch die Kaffee- und Mittagspausen sind Teile der Zeitstruktur: Was plane ich in bezug auf Anzahl und Dauer?

- Habe ich genügend *Bewegung in der Struktur* vorgesehen:
  - Wechsel von Einzelarbeit, Kleingruppen, Plenum?
  - Balance von emotionalem Lernen und Sachlernen am Thema?
  - Balance zwischen der Zeit für die Bedürfnisse jedes einzelnen Mitgliedes und für die der gesamten Gruppe?
  - Wechsel von Stillsitzen/Zuhören und Sichbewegen und Eigenaktivität.

- Welche Inhalte will ich auf jeden Fall *selbst leiten?* Welche nicht? Wer sonst?

2. Leitfragen zur Entwicklung des Roten Fadens (Fortsetzung)

■ Ich trage die Themen und Arbeitseinheiten in den *Zeitplan* ein:
  – Ergeben sie einen kontinuierlichen Fluß, der die wichtigsten Aspekte des Leitthemas berührt bzw. den Prozeß der Problemlösung fördert?
  – Wie stellt sich das Gesamtbild dar in bezug auf genügend Luft für Unerwartetes oder erst im Prozeß auftauchende Themen?
  – Ist genügend Raum für die Mitplanung der Teilnehmer und für die Bearbeitung ihrer eigenen Themen vorhanden?

Wenn ich in Gedanken mein eigener potentieller Teilnehmer wäre: Würde ich mich angesprochen fühlen? Was höre ich mich sagen?
Kann ich mir diese Planung als einen lebendigen Prozeß vorstellen?

3. Der Rote Faden wird geknüpft: Notizen zu den Leitfragen

Der Rote Faden soll mich in der Vorbereitung so nah wie möglich an die kommende Realität des Seminars und der Teilnehmer heranführen. Die vorhandenen Informationen können mir schon ein Bild von der Zusammensetzung des Teilnehmerkreises, seinen Interessen in bezug auf das Leitthema, seinen vielleicht bestehenden inneren Beziehungen und Führungs- und Machtstrukturen geben. Wenn ich bereits Kontakt hatte zum Praxisfeld der kommenden Teilnehmer, dann gibt mir das ein zusätzliches Gespür für die Chancen und Risiken in unserer Zusammenarbeit.

Das ist ein gewisser Balanceakt: Auf der einen Seite muß ich Vorinformationen sammeln, um die Umwelt der Teilnehmer und ihre Vorerfahrungen angemessen in die Planung einbeziehen zu können. Auf der anderen Seite muß ich der Gefahr entgehen, diese Informationen zu einer Meinung über die Gruppe zusammenzubauen, von der gefärbt ich später das reale Geschehen wahrnehme, statt mich zunächst einmal unvoreingenommen auf den Arbeitsprozeß mit der Gruppe einzulassen und mit ihr zusammen Hintergründe und Erklärungen dafür zu finden, warum sie als Gruppe so agiert oder reagiert. Die vorher gemachten Beobachtungen und Informationen sollen mir zunächst zeigen, was geschieht, nicht unbedingt, warum es geschieht – das sollte gemeinsam mit der Gruppe erarbeitet werden. Je mehr ich mich von Deutungen und Übertragungen freihalte, um so weniger blockiere ich mich und andere.

Wenn es dabei um die Bearbeitung von Problemen geht, die die Gruppe miteinander teilt (z. B. Lösung eines Konflikts oder einer Reorganisation in der Abteilung), dann gibt es Personen, die unbedingt teilnehmen sollten, weil ohne ihren Beitrag die Problemlösung stark behindert würde. Dann kann ich es als Leiter nicht passiv hinnehmen, wenn diese fehlen, sondern muß u. U. an den Kontrakt erinnern oder persönlich für eine Teilnahme werben.

Jede Ausschreibung lockt eine Vielfalt von Menschen an, mit unterschiedlichen Charakteren und beruflichen Tätigkeiten (oder auch derzeit ohne Arbeit!). Diese Vielfalt ist wichtig für unser Lernen. Wir sollten trotzdem die Zusammensetzung des Teilnehmerkreises auf „Außenseiter" hin überprüfen. Außenseiter sind alle, von denen ich annehmen muß, daß es für sie schwierig oder gar unmöglich sein wird, in der Veranstaltung auf ihre Kosten zu kommen. Ein Franzose unter lauter Deutschen, ein einziger Mann, eine einzige Frau, ein 70jähriger unter lauter Jungen. Dabei geht es nicht darum, solchen Teilnehmern abzusagen, sondern frühzeitig mit ihnen darüber zu sprechen, ob unter diesen Gegebenheiten eine Teilnahme sinnvoll ist oder nicht.

Die Kompetenzen und Qualifikationen der Teilnehmer steuern nicht nur meine Auswahl der Themen und Übungen. Ich kann im Roten Faden auch Strukturen und Themen vorsehen, durch die diese Qualifikationen für alle Teilnehmer nutzbar gemacht werden können, sei es bei der Vorbereitung oder Leitung bestimmter Sitzungen, sei es durch die Darstellung bestimmter Fallbeispiele oder durch Kurzvorträge zu einem Fachthema.

Einige Teilnehmer sind vielleicht „draußen" in leitender Position tätig, sei es als Vorgesetzte oder als Gruppenleiter. Für sie erfordert das „Nur-Teilnehmer-Sein" oft eine gewisse Umstellung. Sie wissen manchmal gar nicht mehr, wie man

Teilnehmer ist. Sie verpassen dadurch Chancen, gehen auf die Beobachterebene, stehen so mit einem Bein draußen. Sie knabbern an Konkurrenzproblemen herum, studieren an Fragen wie: „Wie hätte ich das denn gemacht?" oder beweisen ihre (gar nicht in Frage gestellte) Kompetenz durch das Einbringen des „Ich weiß was, das könnten wir doch auch mal". In den Pausen möchten sie mit dem Leiter über Teilnehmer, über den Prozeß, über die Interventionen fachsimpeln.

Andererseits kann es auch für mich als Leiter eine Verunsicherung bedeuten: Konkurrenzgefühle entstehen, ich fühle mich beobachtet oder unter Druck, besonders gut sein zu wollen. Ich gebe ihnen in meiner Phantasie eine Macht, die sie hier gar nicht wollen und nicht haben, und nehme ihnen so die Chance, Teilnehmer zu sein.

Ähnliche Fragen können übrigens auch entstehen, wenn unter den Teilnehmern „alte Bekannte" sind. Gemeinsame Vergangenheit kann die Sacharbeit fördern, aber auch hemmen oder gar verhindern, besonders, wenn es auf der persönlichen Ebene „Reste" gibt.

Wenn ich während der Planung schon mal hingeschaut habe, wo solche Stolpersteine liegen könnten, dann kann ich später darauf achten, daß sie in oder neben den Gruppen angesprochen werden, ehe sie sich zum Problem entwickeln. Ebenso kann ich die Teilnehmer anregen, für sie wichtige Fragen nicht mit mir oder anderen in den Pausen zu besprechen, sondern diese lieber im Plenum zur Sprache zu bringen, sofern sie mit unserer Arbeit hier oder in den Gruppen zu tun haben. Nebenbei bemerkt: Wann waren wir selbst das letzte Mal Teilnehmer? Woher sonst holen wir unser Wissen, was Gruppenmitglieder empfinden, phantasieren, befürchten, wie sie sich fühlen und was sie in einem Seminar ärgert oder freut?

Auf die Bedeutung des Tagungsortes haben wir bereits hingewiesen. Um sicher zu sein, ob alles, was ich dort benötige, auch da ist oder von mir mitgenommen werden wird, greife ich gern auf eine kleine Material-Checkliste zurück, ähnlich wie beim Kofferpacken. Diese Liste kann ich ggf. zusammen mit den Angaben für Bestuhlung, Anzahl der Gruppenräume etc. an die Verantwortlichen der Tagungsstätte zur Information und Erledigung schicken.

Für die Gestaltung der Anfangsphase braucht man eine Vorstellung davon, was die Teilnehmer an Streß, innerer Belastung und Anspannung von der Anreise oder aus den vorherigen Arbeitstagen mitbringen werden. Hier, bei der Planung des Roten Fadens, kann man das zunächst einmal durch die Zeitspanne berücksichtigen, die man der Anfangsphase (mit Blick auf die insgesamt zur Verfügung stehende Zeit) zumessen will. Diese Dauer wird natürlich auch bestimmt durch die persönlichen Anspannungen, die ein Thema oder ein bestimmter Teilnehmerkreis bei jedem einzelnen auf der psychischen Ebene auslöst. Streß, den die Teilnehmer mitbringen, beeinflußt auch die Auswahl der Übungen und Themen für den Anfang, die dann stärker auf das Entspannen und Entstehen von Vertrauen ausgerichtet sein müssen.

Wenn in der Ausschreibung die Teilnehmer gebeten werden, Vorarbeiten zu leisten (Literatur lesen, eine Problemanalyse anfertigen u. a. m.), dann haben es meist nicht alle gleich intensiv getan. Manche haben es gründlich gemacht und sind enttäuscht, wenn in der Veranstaltung diese Vorarbeit keine große Bedeutung hat. Andere haben ihre Aufgaben aus irgendwelchen Gründen gar nicht oder erst auf der Anreise erledigt und sind vielleicht überfordert, wenn das Material gleich

Ausgangspunkt der gemeinsamen Arbeit werden soll. Deshalb ist es sinnvoll, zu Beginn auf diese Vorarbeiten zu sprechen zu kommen und noch einmal klarzumachen, wann sie benötigt werden und welchen Stellenwert sie für die Arbeit haben sollen. Ihr Einsatz empfiehlt sich erst am zweiten Tag – das gibt jedem die Gelegenheit, nicht Getanes nachzuholen.

In diesem Zusammenhang – und als kleiner Vorgriff auf die spätere Arbeit mit den Teilnehmern – der Hinweis, daß nicht geleistete Vorarbeiten auch ein Fingerzeig für Widerstand sein können, der sich nicht offen formulieren konnte. Bei internen Seminaren kann zum Beispiel Mißtrauen oder Angst die Ursache sein, wenn der Teilnehmer eine offene Problemanalyse nicht oder nur bruchstückweise vorbereitet hat. Vielleicht ist auch die Energie oder das Interesse zur Veränderung noch nicht vorhanden, und die Teilnehmer denken: „Laßt mich doch in Frieden, es ändert sich ohnehin ja nichts." Wie dem auch sei, in diesen Fällen wird die Arbeit an den Hintergründen dieses Widerstandes wichtig, der die Teilnehmer zögern ließ, schon vor der ersten Zusammenkunft etwas zu tun.

Es mag komisch klingen, aber es ist doch oft so, daß ich selbst als Leiter nicht mehr präsent habe, was ich in der Ausschreibung oder im Kontrakt mit dem Auftraggeber eigentlich zugesagt habe. Vielleicht haben sich auch meine Interessen verschoben, oder es sind in der Zwischenzeit neue Ideen entstanden. Ausgangspunkt der Überlegungen müssen der Kontrakt oder die Ausschreibungen bleiben. Änderungen sind meist möglich – in Absprache mit den Teilnehmern und mit dem Auftraggeber.

Der Wunsch, vom Kontrakt oder von der Ausschreibung abzuweichen, entsteht nicht selten durch Teilaspekte des Themas, die mir selbst unheimlich sind oder die ich besonders gern habe. Es ist, nebenbei bemerkt, das Ziel jeder Supervision, sich dieser Lockungen oder Irritationen bewußt zu werden. Das Gespräch mit Kollegen oder den Mitgliedern des Leitungsteams (wenn es eines gibt) wird blinde Flecke aufhellen, denn gerade Kollegen oder Co-Leiter können in diesem Fall mithelfen, die Lücken durch ihre Kompetenz zu füllen oder mich in meinem Lieblingsthema zu bremsen.

Ein Brainstorming zum Sammeln der Ideen und verschiedener Aspekte zum Leitthema, möglichst mit anderen zusammen und zunächst ohne Selektion und Bewertung, bringt auch die mir eher ferner liegenden Facetten des Themas nach oben – vielleicht auch die, die mir zu nahe liegen und deshalb unbewußt „unten" gehalten werden.

Diese Vorlieben und blinden Flecke übertragen sich automatisch auch auf die Art der Materialien, Übungen und thematischen Bausteine, aus denen der Inhalt der Veranstaltung entstehen soll. Wiederum brainstorming-artig kann ich – möglichst mit jemandem zusammen – sammeln, was mir an Assoziationen, Ideen, Übungen, Stichworten und Themen in den Sinn kommt. Wenn ich das möglichst frei und ohne Selbstzensur (meine Vorlieben bergen auch meine geheimen Schätze!) tun kann, dann werde ich mehr Möglichkeiten finden, um das Thema zu realisieren. Dies ist die kreative Phase der Entwicklung des Inhaltes, deren Überfülle und Auswüchse ich nachher noch anhand von Prioritäten beschneiden oder durch systematisches Suchen ergänzen muß. Finden und sortieren sind jedoch zwei Paar Stiefel, die so wenig durcheinander gebracht werden sollten wie heißes und kaltes Wasser, wenn das Ergebnis nicht nur lauwarm sein soll.

Das kalte Wasser des Sortierens kommt hinzu, wenn ich durch die erwähnten Prioritäten und mit der Kenntnis über die Teilnehmer und deren Interessen sowie in Anbetracht der Notwendigkeiten des Leitthemas didaktische und thematische Strukturen aufbaue, die dem Ziel der Veranstaltung gerecht werden sollen. Ich muß mich entscheiden, was ich als fachlichen Input eingeben will, was durch Erfahrungslernen und Austausch unter den Teilnehmern erarbeitet werden soll und welche Aspekte des Leitthemas in der einen oder anderen Weise unbedingt behandelt werden müssen. Es gibt keinen Königsweg, der allein richtig ist. Die Gruppe muß nicht alles neu erfinden, sie kann auf bestehendes Wissen zurückgreifen. Sie will nicht alles vorgekaut bekommen, weil sie dann in eine Konsumentenhaltung verfällt, statt eigene Erfahrungen zu machen.

Die Planung sollte, wenn möglich, so angelegt werden, daß das Sammeln von Erfahrungen dem Durchdenken vom Kopf her vorausgeht: erleben, um das Erlebte zu reflektieren, etwas selber entwickeln und ausprobieren, um es danach auszuwerten und um Rückschlüsse für künftiges Handeln daraus zu ziehen. Die Bereitschaft, dann auch Fach-Informationen zum Thema aufzunehmen und sie zu hören, wächst in der Regel, wenn vorher Erfahrungen gemacht werden, an die die Fachinformation anknüpfen kann.

Das Wechselspiel von „Futter suchen" und „Futter aufnehmen" ist nur eines von mehreren, durch die die Balance von Ruhe und Bewegung in den Strukturen des Kurses angestrebt wird. Ein anderes Wechselspiel ist die Folge von Einzelarbeit, Gruppe und Plenum. Gruppenarbeit wird meist als emotional wärmer, dichter und produktiver erlebt als die Arbeit im Plenum. Plenumsarbeit erfordert von den Teilnehmern gewisse Geduld und Gelassenheit. Sie erfordert mehr Mut, um sich zu exponieren, was in der überschaubaren Kleingruppe leichter geht. Gerade deshalb ist das Plenum ein wichtiges Übungsfeld, und es wäre schade, wenn es zu einem Ort degeneriert, an dem nur die Themen bekanntgegeben werden, die Ergebnisse der Gruppenarbeiten gesammelt und administrative Hinweise publiziert werden. Dann passiert wirklich alles Interessante in den Untergruppen, und im Plenum ist die „Luft raus".

Das Plenum ist Ort gemeinsamer (mitunter mühsamer!) Entscheidungsfindung und Planung. Es ist der Ort, an dem das „Wir" sich entwickelt, durch Gedankenaustausch und Interessenausgleich. Es ist nicht der Ort für Detailarbeit an spezifischen Themen, die nur wenige betreffen.

Das gilt besonders für sachorientierte, kognitiv zu bearbeitende Themen, bei denen schneller Ermüdungserscheinungen und der Wunsch nach Abwechslung entstehen. Kleingruppen eignen sich dann gut zur Diskussion von Ursachen sowie zur Sammlung und Erarbeitung von Lösungsvorschlägen, die im Plenum besprochen und verabschiedet werden können.

Anders ist es bei eher emotional besetzten, persönlichkeitsorientierten Themen. Hier ist auch die Schilderung des Einzelfalls und das Gespräch darüber im Plenum sehr gut möglich, weil die meisten in sich selbst Seiten des Themas oder des Falles wiederfinden, so daß eine Betroffenheit auch bei den zunächst nicht Beteiligten entsteht. Das Plenum bietet dem einzelnen dabei nicht nur die Chance zum Reden, sondern auch zum nachdenklichen Schweigen.

Einen gewissen Vorentscheid trifft der Leiter bei der Planung des Roten Fadens auch in bezug auf die Behandlung der „heißen Eisen", die mit dem Kursthema für die Gruppe verbunden sein können. Beispielsweise werden bei internen Gruppen die durch eine Reorganisation bewirkten Veränderungen an den Arbeitsplätzen und im Statusgefüge solche heißen Eisen bilden. Wir sprechen von einem Vorentscheid deshalb, weil wir erst in der konkreten Situation der Sitzungen gemeinsam entscheiden können, wieviel Zeit wir auf die heißen Eisen verwenden wollen und müssen. Nicht zuletzt ist es die Gruppe, die entscheiden muß, ob sie die heißen Eisen anpacken will oder nicht. Der Leiter kann nur den Entscheidungsprozeß begleiten, nicht aber stellvertretend für die Gruppe die Entscheidung fällen.

Der Vorentscheid bezieht sich auf die Zeit und die Interventionen, die bei der Entwicklung des Roten Fadens für die Behandlung dieser heißen Eisen vorgesehen wird. Zusammen mit den Interventionen steuert die Zeit auch die Tiefe der Bearbeitung mit. Die Interventionen (Übungen, Themen u. ä.), soweit ich sie jetzt schon vordenken kann, müssen vor allem darauf abzielen, diese schwierigen Themen besprechbar zu machen, ohne in Gewinner-Verlierer-Spielen zu enden – eine Herausforderung an meine persönliche Art der Leitung.

Eine Reihe von Themen ereignen sich ohnehin nur im Prozeß der Zusammenarbeit im Kurs selbst, so z. B. Probleme der Kommunikation, des Zuhörens, des Dominierens. Erst wenn sie auftauchen und sich in der Gruppe bemerkbar machen, sind sie „dran", weil sie dann auch den Teilnehmern aus dem aktuellen Erleben heraus bewußt werden. Erst wenn jemand erlebt, was sein Verhalten für andere bedeutet, kann er sich auch dafür entscheiden, an einer Änderung zu arbeiten. Damit ist auch eine Grenze der Vorplanung deutlich geworden: Ich kann mir bei der Planung Gedanken machen, auf welche Interaktionsmuster ich in der Gruppe ggf. besonders achten will. Aber ehe sie nicht geschehen, sind sie der Bearbeitung nicht zugänglich.

Wir werden im Arbeitspapier 1 (Entwicklungsphasen von Gruppen, S. 63 ff.) mehr zu den dann jeweils geeigneten und sich ereignenden Thementypen sagen. Wichtig ist, sich hier bewußt zu machen, daß es einen Phasenablauf im Leben einer Gruppe gibt und ihn als Hilfe für die Auswahl der Themen und Materialien zu nutzen.

Jeder Seminartag hat morgens, mittags und abends ein anderes Gesicht. Die Zeit nach dem Essen eignet sich selten für Vorträge, wenn die Mittagspause davor nicht relativ lang war. Eine Abendarbeit sollte eher dem Abschluß des Tages, der Reflexion oder der individuellen Nacharbeit dienen, ohne den Teilnehmer damit allein zu lassen, wenn es vorher schwierig war! Die Abendeinheit eignet sich auch sehr gut für die spielerische Pflege des „Wir" der Gruppe. Dagegen sollten abends im Prinzip keine schwergewichtigen Themen aufgegriffen werden, die erst am nächsten Morgen zu Ende geführt werden können. Die Unterbrechung durch die Nacht oder generell durch eine lange Pause macht das Wachhalten der Thematik und die Anknüpfung schwierig und läßt manches Unerledigte wieder wegsacken. Wenn eine längere Pause sinnvoll erscheint, damit der einzelne seine Erlebnisse innerlich aufarbeiten kann, dann muß die Einheit davor zu einem sinnvollen Zwischenhalt führen und nicht zu einer Vertagung aus Zeitgründen.

Ein Thema, das man bei der Zeitplanung leicht vergißt: Jede gemeinsame Arbeit braucht Zeit für Planung und Auswertung, mindestens bei Halbzeit und zum Ende hin. Dafür muß ich im Roten Faden genügend „Löcher" lassen, „Planungslöcher", in denen auch die Mitbestimmung der Gruppe Platz hat.

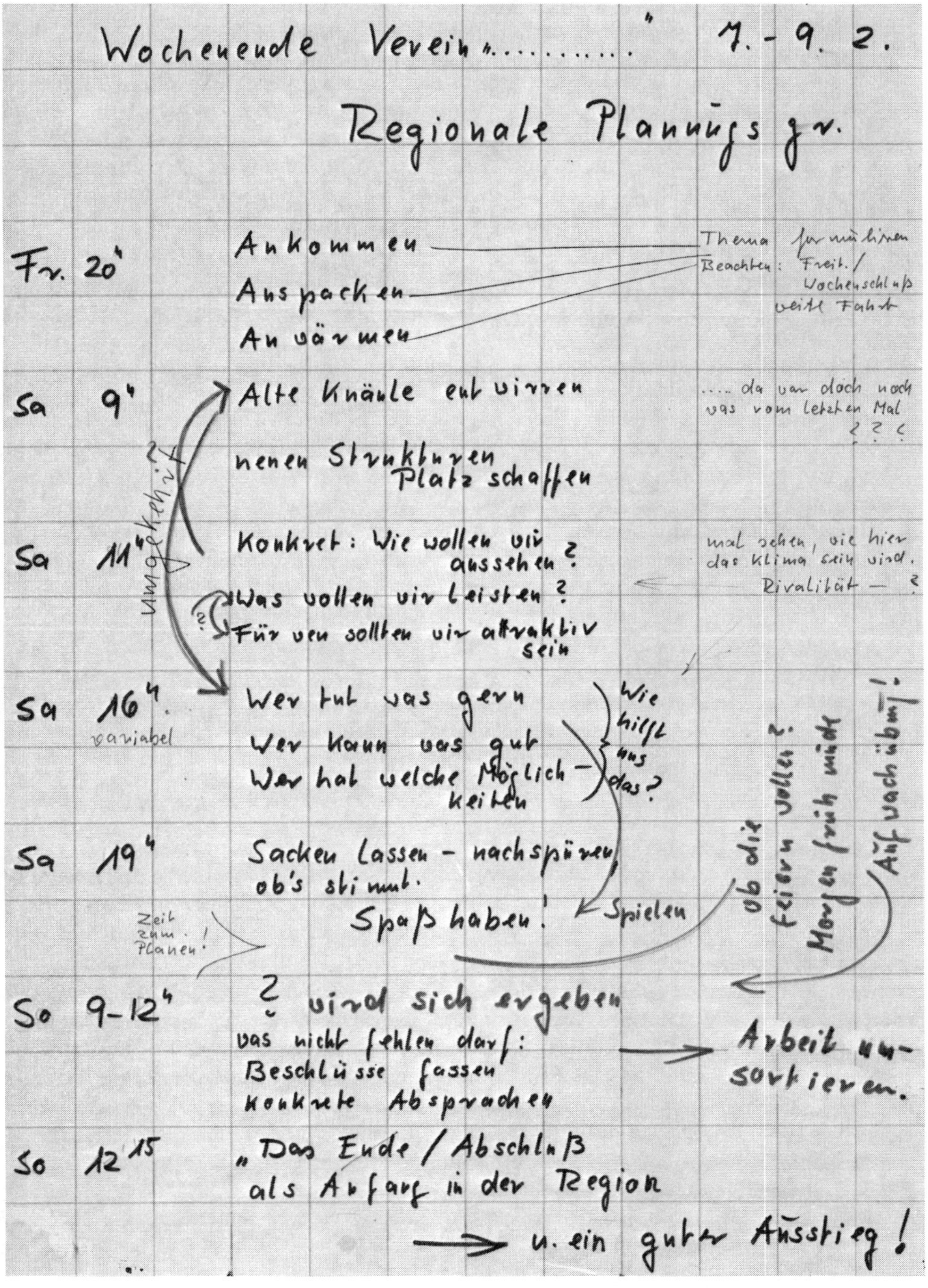

Wochenende Verein „..........."   7.-9. 2.

Regionale Planungs gr.

Fr. 20⁰   Ankommen
           Auspacken
           Anwärmen

Thema für müßigen / Beachten: Freit. / Wochenschluß / weite Fahrt

Sa 9⁰   Alte Knäule entwirren

           neuen Strukturen
                Platz schaffen

.... da war doch noch was vom letzten Mal ? ? ?

Sa 11⁰⁰ *(umgekehrt)* Konkret: Wie wollen wir ?
                          aussehen?
           Was wollen wir leisten?
           Für wen sollten wir attraktiv
                          sein

mal sehen, wie hier das Klima sein wird. Rivalität — ?

Sa 16⁴ *variabel*   Wer tut was gern
           Wer kann was gut   } Wie hilft
           Wer hat welche Möglich-   } uns das?
                keiten

Sa 19⁴   Sacken lassen - nachspüren,
           ob's stimmt.
                Spaß haben! ←Spielen

Zeit zum Planen!

ob die feiern wollen: / Morgen früh nicht / Auf wachen!

So 9-12⁴ ? wird sich ergeben
           was nicht fehlen darf:
           Beschlüsse fassen
           konkrete Absprachen
                          → Arbeit un-
                          sortieren.

So 12¹⁵ „Das Ende / Abschluß
           als Anfang in der Region

           → u. ein guter Ausstieg!

Abbildung 5

Ein Zeitplan, der die Anzahl der Arbeitseinheiten, verteilt auf die Tage, enthält, gibt mir auch visuell einen guten Überblick über den Verlauf des Roten Fadens. Es ist so leichter, die zeitliche und thematische Folge zu überblicken und aufeinander abzustimmen. Ein solcher Zeitplan wandert mit auf dem Weg durch das konkrete Seminar – zur Überprüfung und Erinnerung. Das hilft, den Zufall des Geschehens durch bewußte Entscheidungen abzulösen.

Jede Planung ist immer nur ein ‚Als-ob-Geschehen‘, in dem der wichtigste Faktor noch fehlt: die Teilnehmer. Sie letztlich füllen den Roten Faden mit Leben – oft dadurch, daß sie ihn verändern. An dieser Stelle kann ich mich nur fragen, ob ich mir diese Planung, so wie sie jetzt vor mir liegt, als Wegweiser zu einem lebendigen Prozeß vorstellen kann. Wenn freilich das Gefühl überwiegt, daß ich schon alle Häuser und Bäume am Weg im Plan eingetragen habe, dann habe ich eventuell ein Schiffstau und keinen Roten Faden geknüpft. Wen wollte ich damit festbinden? Der Rote Faden sollte bleiben, als was er gedacht war: Leitlinie und ein Vorrat an Möglichkeiten, auf die ich in der aktuellen Situation zurückgreifen kann.

VI. Zwischenhalt: Arbeitspapiere zum Verständnis von Gruppen- und Leitungsprozessen

Bevor wir auf die weiteren Schritte im Ablauf des Arbeits- und Lernprozesses kommen (Anfangsphase, Prozeßbegleitung und rollende Planung, Endphase und Transfer), wollen wir einige Arbeitspapiere einschieben, die als Hintergrundwissen für die Gestaltung und für das Geschehen in diesen Phasen nützlich sein können.

Die Papiere stehen an dieser Stelle, weil ihre Themen zum gemeinsamen Fundus für die nächsten Phasen im Prozeß gehören. Wir haben uns dabei auf folgende Themen konzentriert:

1. Entwicklungsphasen von Gruppen: ihre Bedeutung für die Vorbereitung, Planung und Leitung

2. Das Thema im Zentrum der Gruppe:
   Hinweise zum Finden, Formulieren, Einführen und Leiten des Themas

3. Themenzentrierte Interaktion: ihr methodischer Hintergrund und ihre Grundregeln

4. Materialien zur Wahrnehmung

5. Umgang mit Krisen und Störungen

1. Entwicklungsphasen von Gruppen: ihre Bedeutung für die Vorbereitung, Planung und Leitung (Arbeitspapier 1)

a) Einleitung

In diesem Arbeitspapier werden Beobachtungen und Erfahrungen dargestellt, die im Zusammenhang mit dem Entwicklungsprozeß von Lern- und Arbeitsgruppen gemacht werden, sofern diese überhaupt über einige Zeit hinweg zusammen sind. Gruppen, die nur für kurze Zeit zusammenkommen, werden manche Entwicklungsphänomene gar nicht zeigen. Das hier Gesagte gilt im übertragenen Sinne auch für Arbeits- und Projektgruppen im betrieblichen Alltag.

So wie jeder Mensch seine eigene Entwicklung durchmacht und seine eigene Geschichte hat, entwickeln auch Gruppen ihre eigene „Lebensgeschichte": Thema, Situation, Umfeld und vor allem die Persönlichkeit der Gruppenmitglieder und des Leiters bedingen, daß sich wohl nie Gruppenprozesse identisch wiederholen.

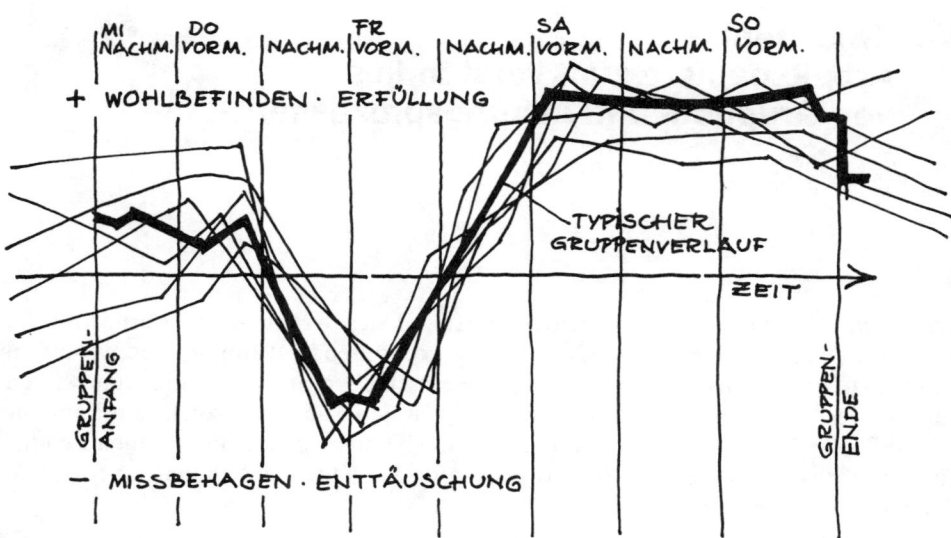

Abbildung 6: Der Stimmungsverlauf einer Gruppe

Obwohl von daher jede Gruppe ihre Eigenart hat, so ähnelt sie doch im Ablauf ihrer Entwicklung vielen anderen Gruppen, so daß man gewisse Gesetzmäßigkeiten in der Entwicklung einer Gruppe erkennen kann. Die Kenntnis der Entwicklungsphasen hilft bei der Planung ebenso wie auch bei der Begleitung und der Auswertung des Prozesses der Gruppe, sofern man diese Gesetzmäßigkeiten nicht als festen Fahrplan mißversteht. Wenn es einmal nicht mehr weitergeht, wenn der Prozeß „holpert", wenn man sich unschlüssig ist, warum sich die Gruppe jetzt so verhält, dann bringt ein Blick auf den bisherigen Verlauf im Zusammenhang mit dem Phasenmodell wertvolle Hinweise zur Klärung der Situation. Der Phasenverlauf ist selbstverständlich nur *ein* Element von mehreren, die den Gruppenprozeß beeinflussen.

b) Der Weg vom Ich zur arbeitsfähigen Gruppe

Eine neue Gruppe beginnt nie als Gruppe im Sinne eines echten „WIR", sondern entwickelt sich über den mehr oder minder langen Weg von einer Anzahl einzelner Personen, den einzelnen ICHs, über erste Kontaktaufnahmen zu anderen, über kleinere und wechselnde Untergruppen schließlich zu einem „WIR", zu einem Gefüge, dem sich die Teilnehmer emotional zugehörig fühlen.

Erst aus einem „Wir"-Gefühl heraus wird es für die Teilnehmer möglich, die Anliegen der anderen nicht nur zu hören, sondern auch auf sie einzugehen, Gemeinsamkeiten und Unterschiede zu benennen und zu akzeptieren. Es wird dann leichter, Entscheidungen darüber zu treffen, woran man als Gruppe auf welche Art und Weise arbeiten will. Damit wird auch unterstrichen, daß zu Beginn einer Gruppe nicht ausschließlich am eigentlichen Thema gearbeitet werden kann.

Der Leiter muß zunächst der Gruppe helfen, ein solches „Wir"-Gefühl zu entwikkeln.

Dieser Entwicklungsweg der Gruppe kann am Balancedreieck der TZI (Themenzentrierte Interaktion, vgl. Arbeitspapier 3) so dargestellt werden:

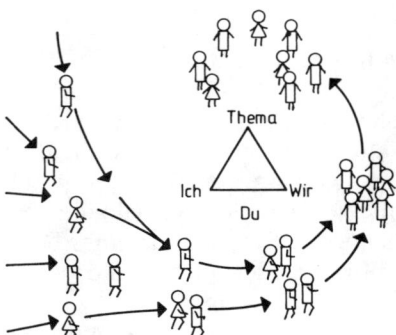

Abbildung 7: Der Weg vom Ich zur arbeitsfähigen Gruppe

Eine Anzahl von Menschen benötigt, um zu einer arbeitsfähigen Gruppe zu werden, gemeinsam geteilte Anliegen und Ziele sowie die Einsicht, diese gemeinsam besser erreichen zu können als allein. Eine Gruppe entsteht im engeren Sinne nur, wenn die einzelnen Mitglieder sich in gewissem Umfange gegenseitig brauchen und brauchen wollen, um ihre Ziele zu erreichen.

Damit die Gruppe überhaupt dahin kommt, muß sie sich über die *Ziele verständigen,* die sie erreichen will. Um gemeinsame Ziele zu vereinbaren, muß der einzelne ein hohes Maß an *Informationen aufnehmen und austauschen* können – über die Bedürfnisse und Motive der anderen Mitglieder und der Umwelt, über ihre Mittel und Fähigkeiten, über Arbeitsweisen und Methoden etc. Um aber Informationen aufnehmen zu können und zu wollen, muß ein Gruppenklima entstehen, das von *Akzeptanz und Vertrauen* gekennzeichnet ist. Damit ist das Vertrauen gegenüber den anderen ebenso gemeint wie das eigene Selbstvertrauen.

Dieses Wechselspiel von

– Akzeptanz und Vertrauen,
– Informationsaufnahme und deren Verarbeitung,
– Zielfindung und Entscheidung,
– Sichorganisieren zum gemeinsamen Tun

wird immer wieder durchlaufen werden auf dem Entwicklungsweg der Gruppe, gewissermaßen in einer spiralförmig sich drehenden Bewegung.

Für den Leiter ist dieses kleine Modell hilfreich bei der Analyse von Schwierigkeiten in der Gruppe. Kommt sie nicht weiter,

– weil das Vertrauen noch nicht stark genug ist,
– weil Informationen fehlen,

– weil Ziele unklar sind oder nicht stimmen oder
– weil es mit der Organisation der Arbeit hapert?

Ziele z. B., die zu schnell und ohne Rücksicht auf den Vertrauens- und Informationsstand vereinbart wurden, sind meist unrealistisch. Spätestens dann, wenn es um ihre Realisierung geht, merkt man, daß die Energie dafür fehlt.

c) Sachebene und psychosoziale Ebene

Jede Gruppe wird im Rahmen ihrer eigenen Entwicklung immer wieder an zwei Problemebenen arbeiten müssen, wenn sie ihre Sachaufgabe erfolgreich lösen *und* als Gruppe weiterbestehen will: an der *Sachebene* und an der *psychosozialen Ebene*. Mit Sachaufgabe meinen wir alles, weshalb die Gruppe „eigentlich" zusammengekommen ist. Das kann die Bearbeitung eines bestimmten Lernstoffes, die Erarbeitung einer Problemlösung oder auch die Förderung der persönlichen Entwicklung der Mitglieder der Gruppe sein.

Immer muß die Gruppe dabei die *Sachebene* und die *psychosoziale Ebene* im Auge behalten. Sie muß, mit anderen Worten, neben der Sachkompetenz auch Sozialkompetenz entwickeln. Sozialkompetenz bedeutet dabei, die Prozesse auf der zwischenmenschlichen Ebene zu sehen, sie in ihren Auswirkungen einschätzen und sie beeinflussen zu können.

Auf der *Sachebene* geht es darum, Vorgehensweisen und Methoden für die Lösung des Sachproblems zu entwickeln oder auszuwählen und eine für die Aufgabenerfüllung zweckmäßige Arbeitsteilung und Arbeitsorganisation zu finden. Das Sachproblem kann z. B. das Lernen eines Stoffes, die Lösung eines Konfliktes, die Veränderung bestimmter Verhaltensweisen oder der Aufbau einer neuen Organisation sein.

Die Formulierung des Sachproblems und erst recht seine Lösung ist jedoch erst möglich, wenn eine gewisse Vertrauensbasis vorhanden ist: meist sind mit einem Problem und seiner Benennung Personen betroffen, fühlen sich bedroht und kritisiert. Vertrauen und Sicherheit auf der Beziehungsebene sind eine wichtige Voraussetzung für die Sacharbeit.

Zudem muß jede Gruppe für ihr soziales „Innenleben" Normen und Spielregeln für die Zusammenarbeit und das Zusammenleben finden. Sie wird mit unterschiedlichem Status, unterschiedlichen Rollen, Fähigkeiten und Erfahrungen bewußt umgehen müssen, da weder eine Gleichmacherei noch eine zementierte Hackordnung die Gruppe weiterbringt. Mut und Angst, Sympathie und Antipathie sind neben den eben genannten Aspekten weitere Elemente, die das Geschehen auf der *psychosozialen Ebene* der Gruppe bestimmen.

Beide Ebenen stehen in einer *Wechselbeziehung* zueinander, die die Gruppe phasenweise in Konflikte und Spannungen bringen kann: Einzelne Teilnehmer wollen z. B. auf der Sachebene weiterkommen. Für viele ist das ohnehin die bekanntere Ebene, auf der sie sich sicherer fühlen. Sie betonen diese Ebene mitunter auch dann, wenn es zu Lasten der psychosozialen Ebene geht. Während die einen also schon „zur Sache" kommen wollen, können sich andere Teilnehmer ihr noch gar nicht zuwenden, weil es für sie auf der psychosozialen Ebene noch Blockaden und Verunsicherungen gibt, z. B. zu wenig Vertrauen, um offen über

„die Sache" sprechen zu können. Wenn dann noch Termindruck, Vorgaben über-
geordneter Instanzen oder ungewohnte Arbeitsmethoden dazukommen, dann sind
Spannungen in der Gruppe gar nicht zu vermeiden.

Der Zusammenhang der beiden Ebenen läßt sich am Bild eines Eisberges
verdeutlichen. Dessen sichtbarer Teil umfaßt bekanntlich nur etwa ein Siebtel des
Gesamtumfanges. Der größere Teil hält sich unter der Wasseroberfläche verbor-
gen, was ihn relativ harmlos erscheinen läßt. Wenden wir dieses Bild auf Gruppen
an, so handelt es sich beim sichtbaren Teil um die Sachebene, während sich alles
andere – wie bei einem Eisberg ähnlich schwer auszumachen und zu bestimmen –
als soziale und emotionale Faktoren mehr im Verborgenen hält.

Wie weit sich dieser Teil ausdehnt und wann die Gefahr eines Zusammenstoßes
besteht, ist nur mit einem guten Echolot – d. h. Gespür für und Kenntnis über
psychische und soziale Prozesse – auszumachen. An die Sachebene kommt man
nur wirklich heran, wenn man sorgfältig navigiert und ggf. in kleinere Boote (d. h.
kleinere Schritte) umsteigt, um nicht unter Wasser, sprich im emotionalen Bereich,
aufzulaufen. Wenn dagegen Teile des Eisberges unter Wasser abbrechen – z. B. als
Folge eines Aussteigens von Gruppenmitgliedern, dann kommt auch der obere
Teil ins Schwanken und geht eventuell unter. Je gesünder die psychosoziale Ebene
der Gruppe ist, je mehr auch der einzelne auf seine Kosten kommt, desto mehr
wird die Gruppe auch auf der Sachebene leisten können, vor allem auch qualitativ.

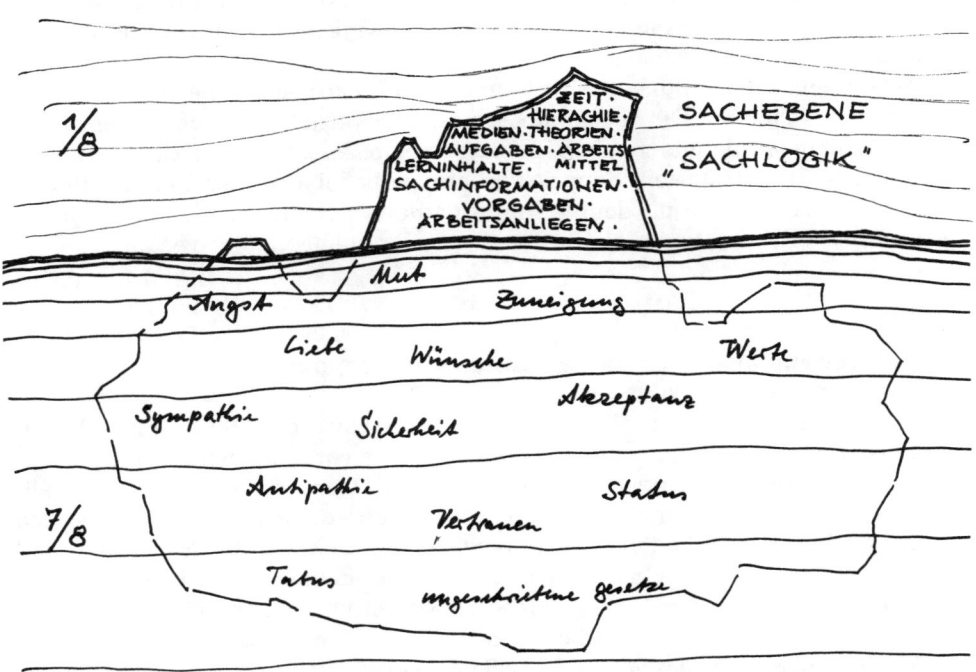

Abbildung 8: Sachebene und psychosoziale Ebene

Freilich hinkt das Bild des Eisberges: in seinem unteren Teil sind auch alle Energiequellen enthalten, die die Arbeit auf der Sachebene fördern: Motivation, Neugier, Freude am Tun, Kreativität etc. Nicht selten wird zudem der Eisberg zum Vulkan, wenn Energien in seinem „Bauch" zu lange unterdrückt und ständig verletzt werden. Dann bedarf es nur eines kleinen zusätzlichen Funkens, um den Ausbruch zu provozieren – und damit „das Eis zum Schmelzen" zu bringen.

Die psychosoziale Ebene ist auch die wichtigste Quelle, aus der individuelle, emotionale Bedürfnisse der Teilnehmer und auch des Leiters befriedigt werden. Sie ist eine Quelle für Anerkennung, Zufriedenheit, Kontakt, Sicherheit und Solidarität.

Natürlich kann auch die Sache, Aufgabe und Tätigkeit intellektuell attraktiv sein und dadurch den einzelnen in der Gruppe halten. Auch dann findet die Attraktivität ihre Entsprechung auf der emotionalen Ebene: z. B. Stolz auf die eigenen Fähigkeiten oder die Freude, an einer wichtigen Aufgabe zu arbeiten. Im großen und ganzen sind die Vorgänge auf der psychosozialen Ebene entscheidend dafür, ob der einzelne bereit ist, sich einzubringen, aktiv mitzuarbeiten und Veränderungen zu befürworten.

Mit dem Schaubild auf der folgenden Seite sind diese beiden Ebenen noch einmal inhaltlich skizziert: links der Prozeß der *sach-logischen* Problemlösung, wie er sich häufig abwickelt. Rechts die Faktoren der *psycho-logischen* Prozesse, die auf der psychosozialen Ebene eine Rolle spielen, hier aber nicht im Sinne einer Schrittfolge gemeint, sondern als Elemente, die einzeln und zusammen auf das Ergebnis des sachlichen Problemlösungsprozesses wirken. Beide Ebenen sind wie durch eine feine Membrane getrennt, die die Schwingungen von einer Ebene zur anderen weitervermittelt.

Beide Ebenen beeinflussen sich. Man kann die soziale Ebene unterdrücken, aber nicht ausschalten. Die Sachkompetenz und die Sozialkompetenz reifen, wenn das, was getan wurde und geschah, danach gemeinsam auf beiden Ebenen ausgewertet wird. So entsteht ein doppelter kontinuierlicher Lern- und Entwicklungsprozeß, eng verbunden mit dem Material und den Erfahrungen aus der eigenen Praxis.

d) Was bedeutet das nun für das Leiten von Gruppen?

– Beide Ebenen müssen in einer dynamischen Balance gehalten werden. Dynamisch heißt, daß ein ausgewogener Zustand nur vorübergehend erreicht wird und immer wieder neu angestrebt werden muß. Das ist schon deshalb der Fall, weil beide Ebenen der individuellen Bedürfnisbefriedigung dienen und weil sich diese Bedürfnisse verändern. Mal ist die Gruppe von der Aufgabe fasziniert und stolz auf das Arbeitsergebnis. Mal sind es die Beziehungen zu den anderen, auf die besonders viel Energie verwandt wird. Nie wird ein Status quo auf der Sach- oder auf der psychosozialen Ebene lange Befriedigung geben.
Wenn sich allerdings das gemeinsame Thema erschöpft hat, dann hilft auch das beste Gruppenklima nichts mehr: Die Gruppe braucht dann ein neues Thema oder ein Ende.

Sachebene und soziale Ebene

Sachlogische Problemlösungsebene

Psychologische Problemlösungsebene

(Schrittfolge bei der logischen Problembearbeitung)

(psychologische Faktoren, die den Ablauf des Problemlösungsprozesses beeinflussen)

Wahrnehmung des Problems ←——— | Selbstwahrnehmung und Fremdwahrnehmung

Definition des Problems ←——→ Problem akzeptieren, statt es zu verdrängen

Analyse des Problems ←——→ Konfrontationsbereitschaft mit den Tatsachen, auch den unbequemen

Suche der Ursachen ←——→ Bereitschaft zur Überprüfung von Normen, Tabus, Vorurteilen

Entscheid, etwas zu tun (oder nicht) ←——→ Umgang mit Macht, Status, Interessen (eigenen und fremden)

Formulierung der Ziele (was soll erreicht werden?) ←——→ Vorerfahrungen aus früheren Situationen

Alternativen entwickeln ←——→ Umgang mit Sympathie und Antipathie

Alternativen prüfen, welche am besten den Zielen gerecht werden ←——→ Beziehungen und Bereitschaft zur Kooperation

Entscheidung ←——→ Risikobereitschaft (Angst, Mut)

Planung der Ausführung ←——→ Vertrauen in sich und andere

Wertevorstellungen

Ausführung des Plans ←——→ Muster und Prägungen

Auswertung der Ergebnisse (Erfolgskontrolle)

- Die Gruppe und ihre Mitglieder müssen Sachkompetenz und Sozialkompetenz für die Erreichung der Ziele entwickeln. Der Leiter ist Anwalt von beiden Ebenen.
- Die Auswertung der Arbeit der Gruppe sollte sich deshalb auf Arbeits*ergebnis* und Arbeits*weise* beziehen: Kam das heraus, was wir wollten, und wie wurde der Prozeß erlebt, der zu diesem Ergebnis führte? Was können die Gruppe und ihre Mitglieder für die Verbesserung ihrer Sach- und Sozialkompetenz daraus lernen?
- Die meisten Menschen haben einen Nachholbedarf im Lernen der Sozialkompetenz und im Umgang mit Problemen auf der sozialpsychologischen Ebene, da diese Ebene in den bisherigen Lern- und Arbeitsprozessen meist an den Rand gedrängt wurde.
- Auf der sozialpsychologischen Ebene sind unsere Wertevorstellungen und zusätzlich viele gelernte Muster gespeichert, die durch das äußere Geschehen schnell und unversehens aktiviert werden können. Auch „alte Hasen" reagieren trotz aller Gruppenerfahrung und psychologischen Schulung schnell aus diesen Mustern heraus, wenn ihnen ein Thema zu „heiß" wird.

Von der Themensetzung her wird diese Ausgangslage aufgenommen, indem schon im Thema der persönliche Bezug im Beruf oder im Alltagsleben einbezogen wird. Solche Themen ermöglichen das Einbeziehen von Anwendungserfahrungen und Anwendungsproblemen, die der einzelne draußen und hier in der Gruppe gemacht hat. Ebenso wichtig sind Themen, die in regelmäßigen Abständen eine Reflexion des Gruppenprozesses und des Lernklimas zulassen, um der Gruppe das Lernen auf dieser Ebene zu ermöglichen. Die Strukturen, in denen am Sachthema gelernt wird, sollten möglichst viel Eigenaktivität zulassen und damit eigenes Erleben fördern, was dann wiederum zu beiden Ebenen in Bezug gesetzt werden kann.

e) Die Phasen einer Gruppe

Und nun zu den Phasen selbst. In Anlehnung an die Fachliteratur (vgl. z. B. C. Antons, K. Vopel, J. Schaffer/D. Galinsky, W. R. Bion) werden wir hier den Entwicklungsprozeß der Gruppe in vier Phasen unterteilen, nämlich:

Phase 1: Ankommen – Auftauen – Sich orientieren

Phase 2: Gärung und Klärung

Phase 3: Arbeitslust und Produktivität

Phase 4: Ausstieg und Transfer

Wir wollen uns dabei in Hinblick auf das Anliegen dieses Buches auf einige Fragen konzentrieren, die für die Praxis des Planens und Leitens von Gruppen besondere Relevanz haben:

- Was kennzeichnet die einzelnen Phasen, was sind ihre Merkmale?
- Welches sind die phasenspezifischen Bedürfnisse und Wünsche der Teilnehmer?

– Welche Thementypen sind der jeweiligen Phase angemessen?
– Welche Themen schwingen, häufig nicht benannt, in der jeweiligen Phase mit?
– Welche Schwierigkeiten tauchen auf?

Phase 1: Ankommen – Auftauen – Sich orientieren

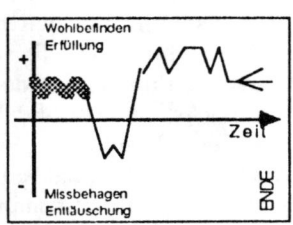

Genaugenommen geht dieser ersten Phase ein Abschnitt voraus, in dem Leiter und Teilnehmer sich schon innerlich mehr oder minder intensiv mit der zukünftigen Gruppe befassen, sei es durch die Vorbereitung, sei es durch Auswahl und Anmeldung für das Seminar.

Jetzt bei der Ankunft haben sie gerade die Phase des Abschieds von zu Hause oder des Loslösens vom Arbeitsplatz mit vielleicht unerledigten Aufgaben oder gar nicht erfreuten, weil ihre Arbeit miterledigenden Kollegen hinter sich – oder sind eben innerlich noch beschäftigt. Die Eindrücke dieses „Vorlaufes" sind präsent und schwingen mit im Anfangsprozeß der Gruppe.

Dieser ist gekennzeichnet durch Zwiespältigkeit: Die Angekommenen schwanken zwischen Polen wie

– Distanz bewahren und Nähe suchen
– anonym bleiben wollen und sich zeigen
– Anleitung brauchen und gleichzeitig Abhängigkeit vermeiden wollen
– Neues erproben und auf Bekanntes nicht verzichten können
– einzigartig und doch nicht (zu sehr) andersartig sein wollen

Die Phase ist auch gekennzeichnet durch abwartendes Verhalten: Mal sehen, was kommt. Um die neue Situation für sich selbst einfacher und übersichtlicher zu machen, werden erst einmal innerlich Etiketten verteilt, die den anderen rasch in ein gewohntes Schema einordnen: nett, unheimlich, intellektuell, Stockfisch, Charmeur, Kumpel. Mit diesen Etiketten verschafft man sich ein wenig Übersicht für den eigenen Bedarf, behindert aber gleichzeitig vorurteilsfreies Zugehen auf den anderen. Der gemeinsame Nenner hinter diesem abtastenden Verhalten heißt Unsicherheit und Wunsch nach Orientierung:

Wer sind die anderen, was wollen sie?
Was gilt hier? Wer darf hier was? Was darf ich?
Was wird hier möglich sein, welche Ziele gelten?
Werde ich auf meine Kosten kommen?

Solange die Mitglieder der Gruppe sich der Antworten und ihrer Einschätzung dazu nicht sicher sind, solange sie ihre Persönlichkeit noch nicht als eigenständig und zugleich zur Gruppe zugehörig erleben können, verhalten sie sich anders als sonst. Sie reden zuviel, zu laut – oder sagen gar nichts. Sie greifen auf „Party-Themen" zurück, die die wichtige Funktion haben, Selbstdarstellung und lockeren Kontakt zu ermöglichen.

Wenn auch mit unterschiedlichen Mitteln, so ist doch jeder auf der Suche nach seinem Platz und seiner Rolle in der Gruppe. Alle wollen in etwa das gleiche Ziel erreichen, nämlich möglichst so akzeptiert zu werden, wie man ist, ohne sich gleich verändern zu müssen. Jeder will seine Werte und Ansichten berücksichtigt sehen und zunächst ohne große Vorleistung dazugehören, manche intensiver, manche mit größerer Distanz.

Auch mit Leitern hat jeder schon seine Erfahrung gemacht, sowohl in anderen Gruppen als auch früher in der Familie oder in der Schule. Rasch und zum Teil unbewußt greift man auf seine alten Spiele zurück: Vaters oder Mutters liebstes Kind sein zu wollen oder die kleine Schwester, die bei Gefahr den großen Bruder ruft. Die Art dieser Spiele ist vielfältig. Sie werden in diesen ersten Augenblicken durch Übertragungen und Projektionen genährt.

Neben den Vorerfahrungen mit anderen Menschen, anderen Gruppen und anderen Leitern bringt jeder auch noch weitere Päckchen mit ins Seminar, von denen er sich erst trennen muß: der oben erwähnte Abschied von zu Hause, die Vorbehalte gegen dieses Seminar, die eventuell unfreiwillige Teilnahme, den Erfolgsdruck, ebenso wie ihm seine eigene Zielsetzung für diese Tage noch unklar ist.

Die eben angesprochenen Aspekte kennzeichnen den Kern vieler, oft noch unaussprechbarer Themen in dieser Phase. Sie sollten durch den Leiter und durch Themenangebote Raum erhalten, die die Information und Orientierung fördern bzw. es erleichtern, Klärung für sich selbst zu bekommen.

Mit klaren, eindeutigen Strukturen wird hier noch mehr als in den anderen Phasen den Themen ein Rahmen gegeben. Die Teilnehmer sind für jede Unterstützung dankbar, die dazu angetan ist, die Unsicherheit und die Zweifel zu klären und Selbstvertrauen zu gewinnen. Akzeptierendes Klima ist die Voraussetzung dafür. Hier wird ermuntert, ohne zu drängen, informiert, ohne auszufragen, Kontakt angeboten, ohne zu übereilen, konfrontiert, ohne zu urteilen.

Der Leiter wird in dieser Phase noch als stark und mächtig phantasiert und auch gewünscht. Er soll führen und anleiten. Er ist in den Augen der Teilnehmer sozusagen im Besitz der Schlüssel, die aus der unbequemen Situation der Unsicherheit rasch zur Arbeit führen können. Die Gruppe fühlt sich vom Leiter und seiner (zunächst ja oft nur vermuteten) Fähigkeit abhängig und ist es ja zum Teil de facto auch. Erwartet wird, daß er die Ziele setzt und zeigt, wie die Gruppe sie erreichen kann.

Ihm wird die Verantwortung für die Arbeitsfähigkeit der Gruppe zugeschoben. Seine Autorität wird nicht – noch nicht – angezweifelt, jedenfalls nicht offen. Er kann sie dosiert nutzen, um mit seinen „Steighilfen" der Gruppe über die Klippe des Anfangens hinwegzuhelfen. Sein Ziel bleibt jedoch, die Abhängigkeit der Gruppe von seiner Autorität zu reduzieren und ihre Selbststeuerungskräfte zu erhöhen.

Dadurch, daß er nicht einfach stellvertretend für die Gruppe entscheidet, sondern ihr den Ball der Verantwortung für ihr eigenes Lernen zurückspielt, fördert er diesen Prozeß und gibt ihr zugleich den Impuls, sich aus dieser Abhängigkeit zu befreien. Damit wird das Entstehen einer neuen, zweiten Phase wahrnehmbar.

Phase 2: Gärung und Klärung

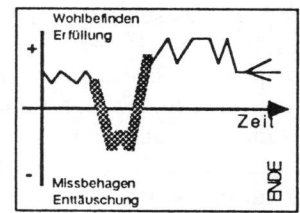

Sobald die Teilnehmer mehr Vertrauen gefaßt haben und sie sich gegenseitig deutlicher sehen, werden sie mehr von ihrem wirklichen ICH zeigen. Die neue Umgebung und die anderen Menschen sind nicht mehr so fremd. Die ganze Situation ist irgendwie „normaler" geworden und damit auch das Verhalten des einzelnen. Das vorsichtige Abtasten kann aufhören. Skeptische und konfrontative Fragen, die in der ersten Phase noch zurückgehalten wurden, werden jetzt gestellt.

Jetzt will der einzelne seine eigenen Interessen klarer ausdrücken. Damit wird auch die Unterschiedlichkeit der Interessen und Erwartungen der Teilnehmer deutlicher, ohne daß schon klar ist, wie man mit so viel Unterschiedlichkeit zu Rande kommen soll. Die Entscheidungsregeln sind noch nicht erprobt, die Brükken zueinander fehlen noch.

Das verunsichert, fördert aber zugleich den Drang zur Selbstbehauptung. Rivalität und Durchsetzungswille, Rollen- und Statusverteilung bzw. Rollen- und Statusbehauptung in der Gruppe beeinflussen das Klima und sind Themen, die aus der psychosozialen Ebene aufsteigen. Sie werden jedoch oft an den Inhalten der Sachebene abgehandelt. Damit sind z. B. Entscheidungen gemeint, bei denen sich die Gruppe länger als eigentlich nötig um ein „richtiges" Vorgehen, um die „Richtigkeit" von Informationen und Formulierungen balgt – alles ganz sachlich, aber in Wirklichkeit geht es meist um Durchsetzung, Abwehr, Statusverteidigung, Rivalität und ähnliches.

Naturgemäß sind diese Themen stärker in Gruppen, deren Mitglieder aus der gleichen Organisation kommen und die in dem Seminar gemeinsam an dort bestehenden, sie selbst tangierenden Problemen arbeiten sollen. Sie sind auch stärker in Gruppen, deren Leitthema z. B. das Erfahren gruppendynamischer Prozesse oder der Umgang mit Konflikten ist. In diesen Fällen ist die persönliche Betroffenheit und damit die Angst vor Verletzung und Infragestellung größer.

Wie dem auch sei: Die Aggression wird jetzt mehr zugelassen, auch dem Leiter gegenüber, dem besonders an Autorität gewöhnte Teilnehmer die Schuld zuschieben, daß die Gruppe nur langsam vorankommt.

Ein Teil der Aggression gegen den Leiter bzw. gegen sein Vorgehen entsteht dadurch, daß er traditionelle Vorstellungen von der Lehrerautorität enttäuscht. In dem hier zugrundegelegten Selbstverständnis des Leiters (vgl. Arbeitspapier 3) ist der Leiter eher Lernhelfer und nicht Vorturner und Anweiser. Er gibt Hilfen, damit und wie ein Problem besprochen und bearbeitet werden kann. Er entscheidet jedoch nicht über richtig oder falsch und löst das Problem nicht stellvertretend für die Gruppe oder den einzelnen.

Dies zwingt den Teilnehmer, sich selbst mit sich, den anderen und dem Problem auseinanderzusetzen. Das ist letztlich der einzig gangbare Weg, auch wenn es anfangs mühsam und unbequem ist; es verunsichert und nagt an Wertvorstellungen und gewohnten Verhaltensmustern. Der Teilnehmer muß sich auf sich selbst besinnen und weicht dem mitunter aus, indem er den Leiter dafür verantwortlich macht, daß er nichts lernt. Dieser sollte doch entscheiden und dann sagen, wo es lang geht. Aber wehe, er tut es! Sofort bekommt er es mit dem anderen Teil der Persönlichkeit zu tun, der gerade mit Nachdruck dabei ist, seine Selbständigkeit und Unabhängigkeit aufzubauen und zu verteidigen.

Die fachlichen und psychosozialen Fähigkeiten des Leiters werden kritisch betrachtet und mit dem verglichen, was man selbst in dieser Situation getan hätte. Eine Reihe von „Testfragen" steht im Raum: Was kann der Leiter wirklich? Wie setzt er sich durch? Welchen Vorsprung hat er? Wie steht es mit seiner Sicherheit? Wie paßt mir seine persönliche und fachliche Art? Kann ich ihn nicht doch dazu bringen, mir einen Teil der unbequemen Eigenarbeit zu ersparen oder abzunehmen?

Folgt der Leiter hier seinem Ziel, die Selbststeuerung der Gruppe zu fördern, dann schafft er damit Raum, in dem die Mutigen eigene Initiativen ausprobieren und eigene Vorschläge machen, denen Teile der Gruppe, wenn auch zögernd, folgen. Führung wird in dieser Phase noch nicht delegiert, sie wird genommen, allerdings nicht für lange, denn andere wollen ihre Unabhängigkeit erst recht diesen neuen Führern gegenüber verteidigen. Der Geschwisterstreit hat seine Stunde.

Der Leiter wird auch die Übernahme von Führungsaufgaben durch andere Gruppenmitglieder unterstützen, dabei jedoch einer frühzeitigen Verfestigung der Führungsstrukturen entgegenwirken. Lernziel für die Gruppe ist es, daß Führung in diesem Sinne nicht ein Privileg, sondern ein wichtiger Beitrag für die Arbeitsfähigkeit der Gruppe ist und daß sie je nach Situation und Aufgabe von unterschiedlichen Gruppenmitgliedern wahrgenommen werden kann.

Die zeitweise Konfusion und gegenseitige Blockade bringt die Gruppe in ihre ersten Krisen und dadurch an einen wichtigen Punkt: Es wächst die Einsicht und Bereitschaft, Entscheidungsregeln zu finden, Rollen und Funktionen zu verteilen, akzeptable Normen für das Gruppenleben zu schaffen und unterschiedliche Fähigkeiten zu akzeptieren. Sie beginnt, sich zu organisieren und sich als Gruppe zu verstehen.

In dieser Phase der Turbulenzen sollte nicht zu früh oder nicht zu oft in Kleingruppen ausgewichen werden. Es fehlt sonst später die Grundlage wirklich gemeinsamer Regeln und Vorstellungen über die Art des Umgangs miteinander, über die Art der Entscheidungsfindung und über die Arbeitsweise, die für die ganze Gruppe Gültigkeit haben soll. Dem Teilnehmer wird hier klar, wofür er in bezug auf sein Lernen und den Fortschritt der Gruppe Verantwortung übernehmen muß.

So belastend diese Phase für den Leiter und die Teilnehmer auch sein kann, ein Alarmzeichen wäre eher ihr Ausbleiben als ihr Heranziehen. Die Fragen dieser Phase tauchen sonst später im Prozeß immer wieder auf und können dann mehr Zeit in Anspruch nehmen, als es bei einer Bearbeitung am Anfang der Fall gewesen wäre. Die jetzt vermiedenen Auseinandersetzungen ereignen sich sonst in einer späteren Phase, oder die Gruppe muß ständig sich selbst kontrollieren, um solche Auseinandersetzungen zu vermeiden. Ein solches kontrollierendes Klima ist keine gute Basis für eine aktive Lernatmosphäre. Zudem entsteht durch Auseinandersetzungen manche Klarheit, denn die Konturen der Persönlichkeiten, mit ihrem Licht und Schatten, und die Konturen des Problems werden deutlicher.

Inhaltlich gehören in diese zweite Phase Themen, die zusätzliche Transparenz schaffen, so z. B. das Sammeln und Abklären von Zielen und Interessen („Woran will ich hier arbeiten?"), damit sich die individuellen Ausgangspunkte artikulieren können. Erste Diagnosen der mitgebrachten Probleme und Fragestellungen machen Gemeinsamkeiten und Unterschiede sichtbar.

Themenangebote, die spielerisch Rivalität und Kampf zulassen, helfen dem einzelnen zu klären, wie er in der Gruppe steht. Zusätzliche Angebote zum Kontakt und zur Beziehungsklärung helfen dem Abbau von Übertragungsbarrieren. Erste Arbeitsthemen ermöglichen das Einbringen unterschiedlicher Sichtweisen und Hintergründe, fördern Zuhören und konstruktive Auseinandersetzung und sollten von entsprechenden Auswertungs- und Feedbackgesprächen begleitet werden.

Beim Abstecken der Grenzen und Freiräume werden automatisch auch die Fragen nach Normen und Werten wach und bedürfen der Thematisierung. Besonders auf diesem Gebiet muß zu Gemeinsamkeiten gefunden werden, wenn eine Gruppe im eigentlichen Sinne entstehen soll. In dieser Phase sind die Normen der Gruppe noch nicht völlig festgelegt und noch leichter auszuhandeln. Später können Normen wie große Steine auf dem Weg der Gruppe liegen, die mühsam weggerollt werden müssen. Auf die Entstehung von Normen wird der Leiter deshalb in dieser Phase besondere Aufmerksamkeit richten.

Es mag so scheinen, als sei diese Phase nur von Kampf und Turbulenz bestimmt. Tatsächlich ist das auch ein wichtiges Merkmal dieser Phase, insbesondere bei Gruppen, die an sie gemeinsam betreffenden und betroffen machenden Themen arbeiten. Doch mit dem Kampf und der Auseinandersetzung entsteht viel Intimität. Man hat seine Kräfte aneinander gemessen und sich dabei besser kennengelernt. Nur wenige halten zudem negative Spannungen lange aus, ohne auf den anderen zuzugehen. Schneller als erwartet entsteht das Gefühl von Zusammengehörigkeit und Nähe.

So nimmt die Kurve der Gruppenbefindlichkeit noch in dieser Phase eine *Aufwärtsrichtung*. Ein Zusammengehörigkeitsgefühl wird deutlicher. Man geht Bindungen ein und macht sich damit auch wieder abhängig, jetzt aber nicht aus der Unsicherheit heraus – wie in der Anfangsphase –, sondern aus eigener Entscheidung. Jeder hat in dieser Phase Stärken und Schwächen gezeigt, hat etwas investiert. Die Gruppe hat eine gemeinsame Geschichte.

Hier dürfte sich der Leiter nicht allzusehr in den Höhenflug einbeziehen lassen. Der geheime Wunsch „So sollte es immer bleiben" fördert in der Gruppe die Norm, die neugewonnene Harmonie nicht aufs Spiel zu setzen. Damit entsteht die Gefahr, Konflikten auszuweichen und sich der Realität nicht zu stellen. Der Leiter bleibt ihr Anwalt.

In dieser Phase ist es schwierig, neue Teilnehmer in die Gruppe zu nehmen. Tut man es doch, so bewirkt das einen Rückfall in vorausgegangene Phasen, da der „Neue" ja seinen Platz in der Gruppe braucht und dadurch das mühsam erreichte Gleichgewicht aller stört.

In der Regel spürt die Gruppe selbst, daß hier ein Problem entstehen kann: Der Wunsch nach Harmonie führt zu einem Auf-der-Stelle-Treten. Die Bestrafung oder Isolation von „Abweichlern" behindert die Kreativität und Produktivität. Mit dieser Erkenntnis ist ein weiterer Schritt in die Richtung der dritten Phase getan.

Das eigentliche *Ziel* dieser zweiten Phase ist die Entwicklung einer *sozialen Organisation der Gruppe*, nicht der Konflikt. Letzterer kann als Weg angesehen werden, der zu diesem Ziel führt. Von hier aus setzt die Gruppe den Fuß in die nächste Phase.

Phase 3: Arbeitslust und Produktivität

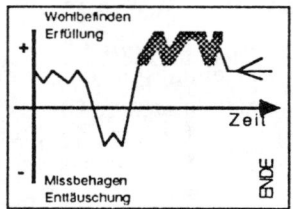

Schon zu Ende der zweiten Phase ist das Bewußtsein vorhanden, daß man voneinander lernen und so gemeinsam leichter und besser seine Ziele erreichen kann. Das kommt in der dritten Phase voll zum Tragen. Unterschiedlichkeit wird als nutzbringend anerkannt, da sie Vielfalt bedeutet, die für eine kreative Aufgabenbearbeitung benötigt wird. Aufgabenteilung und Differenzierung der Rollen kann stattfinden, ohne die Zugehörigkeit zur Gruppe zu gefährden. Die Gruppe wird offen für neue Arbeitsthemen und konstruktive Beschäftigung mit der Sache selbst.

Die Gruppe ist jetzt in einer Phase relativ stabiler Arbeitsfähigkeit. Aufgabenstellungen werden konstruktiv aufgegriffen. Die Gruppe ist in der Lage, ihre Aufgaben auch selbst aus ihren Zielsetzungen abzuleiten und die Durchführung zu organisieren. Man versteht sich mit wenigen Worten, die Kommunikation klappt ohne ernste Verzerrungen. Das Klima ist von einem gegenseitigen Geben und Nehmen gekennzeichnet. Es gibt eine gut entwickelte Gruppenstruktur mit eingespielten Umgangsformen und sicheren zwischenmenschlichen Beziehungen. Alle Aktivität kann in den Dienst des Gruppenthemas gestellt werden. Das Bedürfnis, Resultate zu erzielen, setzt Energie frei.

Der Leiter kann mit seinem Angebot und seinen Interventionen in dieser Phase relativ zurückhaltend sein. Er hilft der Gruppe bei der Planung und Organisation ihrer Aufgaben, er berät sie bei Methodenwahl und Vorgehensweisen und moderiert ggf. Prozesse der Entscheidungsfindung.

Die Themen der Sachebene können voll zum Zuge kommen und haben aus der psychosozialen Ebene eher Energie als Störung zu erwarten, sofern sie nicht über der Sacharbeit gänzlich vergessen wird. Die Gruppe ist nicht mehr so anfällig für Stimmungsschwankungen. Frustration und Konflikt können ertragen werden, ohne die Arbeitsfähigkeit der Gruppe sofort in Frage zu stellen.

Diese Phase ist natürlich nicht frei von krisenträchtigen Situationen. Jeder Teilnehmer hat seine eigenen Entwicklungswege. Es gibt keinen statischen Reifezustand. Die zunehmende Bekanntheit und die Intensität der Beziehungen sind kein Abwehrmittel für interne Konflikte, sondern erleichtern nur ihre Lösung. Jedes neu auftretende Problem auf der Sachebene ebenso wie auf der psychosozialen Ebene der Gruppe löst ein Drängen nach Veränderung aus. Die Realität des Alltags und die begrenzte Zeit, für die die Gruppe zusammengekommen ist, erzeugen einen Druck, mit dem die Gruppe fertig werden muß.

Es bleibt eine wichtige Aufgabe für den Leiter und für die Gruppe, auch in dieser Phase ihre Rollen, Führungsstrukturen, Arbeitsweisen und klimatischen Bedingungen daraufhin zu überprüfen, ob sie noch passen und noch gewollt sind, d. h., ob sie den Bedürfnissen der Sachebene *und* der psychosozialen Ebene gerecht werden.

So wiederholen sich in dieser dritten Phase im zyklischen Prozeß auch die vorangegangenen Phasen. Jeder neue Tag z. B. ist ein neuer, kleiner Anfang. Jeder weiterführende Themenansatz, jede neue Aufgabe verteilt die Rollen ein wenig neu, weckt neue Ängste und setzt neue Impulse, Macht zu gewinnen, sich zu behaupten oder Zuneigung und Unterstützung zu erhalten. Wenn wir diese „Mini"-Zyklen innerhalb der dritten Phase ignorieren würden, dann würden wir ungewollt den Absturz inszenieren.

Phase 4: Abschluß und Abschied

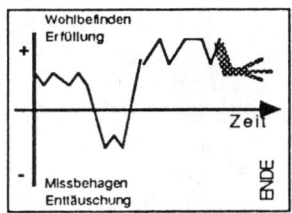

Im Prinzip kann eine Gruppe so lange weiterbestehen, wie sie gemeinsame Themen findet und solange es ihr gelingt, die Bedürfnisse der Sachebene und der psychosozialen Ebene zu befriedigen. Diese Bedürfnisse unterliegen der Veränderung, z. B. durch neue Ziele, veränderte Umweltbedingungen, neue Interessen der Mitglieder oder neue Aufgaben. Sie erfordern damit von der Gruppe die Fähigkeit und die Bereitschaft zur kontinuierlichen Überprüfung und ggf. zur Anpassung ihrer Arbeitsweisen, ihrer Rollenverteilung, Führungsstruktur und sonstiger Prozesse auf beiden Ebenen. Dort, wo das nicht mehr geschieht, lebt sich die Gruppe auseinander oder wird durch den steigenden inneren oder äußeren Druck unsanft und abrupt beendet werden.

Häufig allerdings ist das Ende der Gruppe „vorprogrammiert", entweder durch die vorgegebene Dauer oder durch die Erreichung ihrer Ziele, wie es z. B. bei Projekt- oder auch Therapiegruppen der Fall ist. Wir wollen uns hier nur mit der Endphase von zeitlich begrenzten Lerngruppen befassen.

Ihr spezifisches Problem ist, daß das Ende festgelegt ist ohne Rücksicht darauf, ob jeder seine Ziele erreicht hat, ob das Thema erledigt ist oder ob die Teilnehmer sich trennen wollen, weil die Zeit dafür reif ist. Das Ende muß also bewußt vorbereitet und angesteuert werden.

Die Planung und Prozeßbegleitung des Leiters beziehen das bevorstehende Ende von Anfang an mit ein. Die Gruppe dagegen geht speziell in ihrer produktiven dritten Phase innerlich von der beinah unbegrenzten Dauer der Gruppenexistenz aus. Entstehung und Wachstum werden als positiv erlebt, ihre Auflösung und Beendigung dagegen eher als unangenehm und schmerzlich. Die Gruppe schiebt diesen Schmerz vor sich her und will sich möglichst spät damit auseinandersetzen.

Das Unangenehme entsteht dabei nicht nur durch die Trennung von den anderen Gruppenmitgliedern, sondern auch durch das zunehmende Bewußtsein der Tatsache, morgen wieder an den Ausgangspunkt zurückkehren zu müssen, an dem sich die anderen (Familie, Freunde, Kollegen, Vorgesetzte) noch befinden und wo der Teilnehmer sie bei der Abreise zum Seminar verlassen hat. Vieles von dem, was sich in der Gruppe ereignen konnte, ist dort fremd und läßt sich nicht ohne weiteres verwirklichen. Vieles, was der Teilnehmer als wichtig eingesehen und erlebt hat, muß erst übersetzt werden, damit es dort verständlich und anwendbar wird.

Abschluß, Transfer und Abschied sind die drei beherrschenden Themen der Schlußphase. *Abschluß* heißt, die bisherigen Themen zu einem Ende zu führen, und zwar auf der Sachebene ebenso wie auf der psychosozialen Ebene. Wenn z. B. die Lösung eines Sachproblems von den eigenen Vorstellungen von einer „besten" Lösung abweicht und der Teilnehmer deshalb innerlich nicht versöhnt weggeht, dann wird seine Energie zur Umsetzung reduziert sein.

Mit *Transfer* ist gemeint, daß sich der Teilnehmer noch stärker als in den zurückliegenden Tagen mit der Frage konfrontiert, was er mit dem bisher Gelernten zu Hause und im Beruf anfangen wird. Er wird sich insbesondere mit den Hindernissen auseinandersetzen, die den neuen Verhaltensweisen oder der Anwendung neuer Kenntnisse entgegenstehen. Diese Hindernisse sind nicht nur technischer Natur.

Die Realisierung kann auf emotionale und soziale Barrieren bei denen stoßen, die von den Neuerungen und Veränderungen betroffen sein werden. Die Schlußphase gibt dem Gruppenmitglied die Möglichkeit, sich gewissermaßen präventiv mit diesen Problemen auseinanderzusetzen. An die Stelle von Illusionen treten realistischere Einschätzungen und Schritte.

Der *Abschied* braucht um so mehr Energie, je länger die Gruppe zusammen war und je persönlicher die Themen und Beziehungen wurden. Emotionale Bande müssen zu einem (vorläufigen) Abschluß gebracht werden.

Je nach Stand der Gruppe und Persönlichkeit der Teilnehmer kann es zu unterschiedlichen Störungen kommen. Einige Mitglieder geraten vielleicht in Torschlußpanik: Sie wollen möglichst noch nachholen, was sie bisher versäumt haben. Andere werden mit den Transferschwierigkeiten nicht fertig und verdrängen diese Schwierigkeiten, indem sie das ganze Seminar als sinnlos und wenig praxisrelevant abwerten: Es hat ja nichts gebracht.

In beiden Fällen kann die Antwort des Leiters in der Regel nicht in einem Nachholen des Versäumten liegen, sondern in einem Angebot, sich mit dem persönlichen Umgang mit Zeit, mit Realität oder mit dem Anmelden eigener Interessen auseinanderzusetzen.

Generell ist die Schlußphase ähnlich wie die Anfangsphase von relativ großer Ungleichzeitigkeit bei den einzelnen Teilnehmern gekennzeichnet. Der eine sitzt

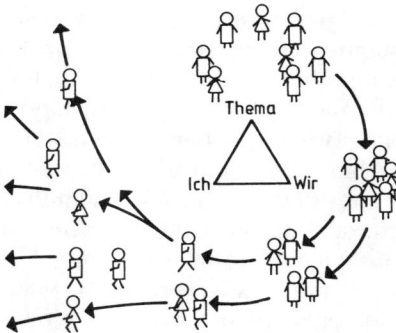

Abbildung 9: Der Weg aus der Gruppe

schon einige Sitzungen vor dem eigentlichen Ende im Zug nach Hause, andere mögen das Wort Trennung noch gar nicht hören und überspielen das durch emsige Tätigkeit. Andere wieder wollen noch Zeit für sich, um in Ruhe das Gelernte und Erlebte aufzuarbeiten und Schlüsse daraus für sich zu ziehen. So, wie jeder seinen eigenen Einstieg in die Gruppe hatte, so hat jeder auch seine persönliche Art, etwas zu beenden. Die Themen und die Leitung sollten das zulassen, denn sie helfen dem einzelnen, auf seinem eigenen Weg fortzugehen.

Inhaltlich bestimmt werden die Themen, wie gesagt, durch

– das Abschließen unerledigter Arbeiten oder durch den Entscheid, wo und wie sie weiterbearbeitet werden sollen,
– Transfer und Vorbereitung des Wiedersehens zu Hause oder am Arbeitsplatz,
– den Abschied voneinander.

Die Strukturen und Themen werden so angelegt sein, daß eher etwas Distanz entstehen kann. Auswertungsthemen in bezug auf Inhalte und Prozeß helfen, diesen Abstand zu gewinnen. Sie sind ein wichtiger Baustein der Brücke nach Hause. Nicht zuletzt sind sie auch ein wichtiges letztes Lernangebot, den Gesamtprozeß und die ihn beeinflussenden Faktoren im Zusammenhang zu studieren.

Die Schlußphase verlangt ein gutes Gespür für die noch vorhandene Zeit (timing): Sie soll weder hektisch auseinanderlaufen noch zu früh zur Landung ansetzen, denn niemand sitzt gern im Wartesaal.

In der Endphase gehen wir im Vergleich zur Anfangsphase den Weg im TZI-Balancedreieck (vgl. Abb. 7) gewissermaßen in umgekehrter Richtung wieder zurück: Wir schließen die Themen ab, lösen das WIR auf, vereinbaren vielleicht noch Kontakte mit einzelnen aus der Gruppe und gehen als einzelne wieder aus der Gruppe hinaus, jeder auf seinem eigenen Weg.

f) Jeden Dienstag nachmittag... – Besonderheiten bei fortlaufenden Seminaren

In diesem Buch, und besonders im vorangehenden Arbeitspapier, haben wir uns bisher schwerpunktmäßig dem Leiten von Blockseminaren gewidmet, die mindestens für ein Wochenende, meist aber für drei bis fünf volle Tage konzipiert sind.

Einen mindestens ebenso großen Raum nehmen aber auch jene Gruppen ein, die in regelmäßigen Abständen an einzelnen Tagen als Halbtags- oder Abendveranstaltungen stattfinden, und das oft über einen langen Zeitraum.

Natürlich lassen sich die meisten Überlegungen dieses Buches auch in diesen Fällen anwenden. Auf einen wichtigen Unterschied weisen jedoch die folgenden, häufiger gestellten Fragen hin: „Wie steht's bei solchen „Intervall-Seminaren" mit der Dynamik? Wodurch unterscheidet sie sich von längeren Blockseminaren? Wie wirkt sie sich auf die Steuerung des Gruppengeschehens aus?"

Auch bei Intervallseminaren entwickelt sich Dynamik. Da der Prozeß durch die mehr oder minder langen Intervalle zwischen den einzelnen Treffen sozusagen sich in „Parkposition" befindet, entsteht so etwas wie eine durchlöcherte Dynamik: Aus diesen „Löchern" – oder genauer: aus den Pausen – dringen Erfahrungen aus dem aktuellen Alltagsgeschehen der Teilnehmer direkter und unmittelbarer und vor allem häufiger in die Arbeit der Gruppe ein, als es bei Blockseminaren der Fall ist.

In diesem Sinne wird die Dynamik der Gruppe nicht nur durch das „Hier-und-Jetzt" bestimmt, sondern stärker als bei Blockseminaren durch die Impulse von draußen, die das einzelne Mitglied immer wieder aufs neue betreffen und eventuell betroffen gemacht haben. Das ist zugleich eine Chance, da sich damit neues Material aus den Alltagspausen zur Weiterentwicklung des Seminarthemas und für die Reflexion seiner Umsetzung anbietet. Die in den Zwischenzeiten erprobten Lernschritte, die gemachten Erfahrungen und andere wöchentliche „Störfälle" sind oft wichtiger als das vom Leiter vorbereitete Thema. Idealerweise sollte sich aus dem Wechsel von Alltagsgeschehen und Arbeit in der Gruppe ein permanent sich gegenseitig anregender Prozeß ergeben. Es ist freilich nicht einfach, in diesem Prozeß die Balance zwischen den verabredeten Inhalten und den sich aufdrängenden Aktualitäten zu finden.

Bremsend für die Dynamik kann die Alltagspause in dem Sinne wirken, daß sie dem Teilnehmer den Rückzug aus der Gruppe bzw. aus einer als schwierig empfundenen Situation bietet: Das Zusammensein in der Gruppe ist jeweils relativ kurz – ein Nachmittag, ein Abend – und ermöglicht dadurch eher, die Sitzungen ohne eigenes, persönliches Engagement hinter sich zu bringen.

Wenn wir davon ausgehen, daß jeder Arbeitsprozeß eine abgerundete Gestalt haben sollte, die kontinuierlich an Konturen gewinnt und die sich zum Ende des Arbeitsprozesses schließt, dann heißt das für Intervallseminare, daß hier sowohl die einzelnen Teile (z. B. Nachmittage) wie auch die ganze Reihe unter diesem Aspekt gestaltet und gesteuert werden müssen. Jeder Nachmittag ist für sich eine Einheit mit Anfangsphase, der eigentlichen Arbeit und einer Transferphase, die die Brücke zur nächsten Sitzung schlägt.

An anderer Stelle haben wir als Lernvorteil hervorgehoben, daß im „Übungsfeld Seminar" nicht gleich die Kasse des Ernstfalls klingelt, daß man sich zunächst auf einer Art Probebühne tummeln kann, um neue Situationen und neues Verhalten ins „Unreine" durchzuspielen. Bei zeitlich getrennten Sitzungen ist die Probierbühne begrenzter und die Anlaufstrecke deutlich kürzer! Morgen schon drängt sich der Alltag auf und verlockt zur Überprüfung oder fordert sie gar. Aber die Tatsache, daß ich schon nach wenigen Tagen meine Erfolge und meine Mißerfolge zurückbringen kann in die Vertrautheit der Gruppe, macht mich auch mutig.

Die Dynamik des Anfangs schwankt zwischen den gleichen Polen wie bei Block-seminaren, möglichst bald dazugehören wollen und sich doch lieber erstmal zu-rückhalten. Im gewissen Sinne findet man sich bei jedem Treffen in einer Anfangs-situation, wenn auch in schon bekannten Räumen mit schon bekannten Menschen. Man muß aufs neue vertraut werden. Und weil die Zeit meist nicht allzu reichlich bemessen ist, sollte jedesmal eine rasche Anlaufbahn konzipiert werden, die ins gemeinsame Thema wieder hereinführt, ohne die aktuelle Situation auszublenden. Das gelingt am leichtesten, indem

- wichtige Ereignisse aus den Zwischenzeiten aufgegriffen werden, je nach Ziel des Intervallseminars ausführlicher (z. B. Supervisionsgruppen) oder auch nur mitteilend und entlastend, um Raum für das verabredete Thema zu lassen;
- gezielt an „Hausaufgaben" für die Zwischenzeiten gearbeitet wird, die den erneuten Einstieg erleichtern;
- auf Vertrautes zurückgegriffen wird, da Gemeinsamkeiten den „Wir-Prozeß" stärken;
- immer wieder die Einordnung der Arbeitsschritte im Gesamtprozeß transparent gemacht wird.

Die Phase der Turbulenzen, in der sich die Rollen verteilen, in der Rivalität und Konkurrenz in verstärktem Maß ausgetragen wird, in der der Leiter zeigen soll, was er kann und wer er ist, kann sich in dieser Art Seminare leicht verschleiern, eben wegen der wiederkehrenden Anfangssituationen. Das „Wir" der Gruppe bildet sich nicht so kontinuierlich, Aussteigen ist leichter möglich und wird hier leichter genützt. Der Teilnehmer muß sich sowieso für jede Sitzung neu entschei-den, hinzugehen. Andere Alternativen locken, Entschuldigungen sind schnell zur Hand, insbesondere wenn's schwierig wird und der Gruppe noch das klare Profil fehlt. Cliquen bilden sich, die es beim letzten Mal so noch nicht gab. Aus Satzfet-zen erfährt man, daß informelle Treffen stattfinden. Hier ist es wichtig, den Prozeß seismographisch zu beobachten, um Ereignisse, die Widerstand anzeigen oder Absprünge signalisieren, frühzeitiger anzusprechen als in Blockseminaren, wo ruhig mal was gären kann im Vertrauen darauf, daß es ein wenig später aus der Gruppe heraus angesprochen wird.

Um auch die nicht so angenehmen Phasen durchzuhalten und auszutragen, anstatt davonzulaufen, sollte jedes Treffen der langen gemeinsamen Wegstrecke

- mit kleinen, aber spannenden Anfangs-Übungen oder Spielen beginnen,
- neue Inhalte bereithalten, ein Stück Theorie vermitteln, das Diskussionsstoff bietet,
- Erfolgserlebnisse ermöglichen,
- Interesse an den anderen und am Zusammensein in dieser Gruppe verstärken,
- die Grundbedürfnisse nach Beachtung, Zugehörigkeit und Einflußnahme be-rücksichtigen.

Mit jedem Nachhausegehen findet ein kleiner Abschied statt. Die Gruppe endet für diesmal und nicht für immer. Während wir bei Blockseminaren einen deutli-chen Schlußpunkt setzen, der so wenig wie möglich offenläßt, setzen wir in diesem Fall eher ein Komma, das einen Teilbereich abschließt und den weiteren Roten Faden sichtbar läßt.

2. Das Thema im Zentrum der Gruppe: Hinweise zum Finden, Formulieren, Einführen und Leiten des Themas (Arbeitspapier 2)

a) Einleitung

Das Thema ist der wichtige Schlüssel zur *inhaltlichen* Arbeit der Gruppe und zu ihrem Prozeß. Es bedarf daher besonderer Zuwendung beim Entwickeln, Formulieren und Einführen in die Gruppe. Adäquat fomuliert setzt es wichtige Impulse, da es der Gruppe hilft, ihre Ideen und Energien zu erschließen und zu bündeln.

Das Thema drückt all das aus, wozu die Gruppe zusammengekommen ist oder was ihr bei ihrem Arbeitsprozeß weiterhilft: die Lösung von Sachaufgaben ebenso wie die Bearbeitung von Kommunikationsschwierigkeiten, die Klärung von Beziehungen ebenso wie die Durcharbeitung von Lernstoffen. Es ist das Thema, welches die einzelnen Personen miteinander ins Gespräch kommen und handeln läßt.

Berthold Brecht nennt es „die dritte Sache", die den einen und den anderen sich zusammensetzen läßt. Die „dritte Sache" – das gemeinsame Anliegen, das gemeinsame Thema – ist ein bindendes Glied unter den Menschen überhaupt.

> LOB DER DRITTEN SACHE
> von Bertolt Brecht*
>
> Immerfort hört man, wie schnell
> Die Mütter ihre Söhne verlieren, aber ich
> Behielt meinen Sohn. Wie behielt ich ihn? Durch
> Die dritte Sache.
> Er und ich waren zwei, aber die dritte
> Gemeinsame Sache, gemeinsam betrieben, war es, die
> Uns einte.
> Oftmals hörte ich Söhne
> Mit ihren Eltern sprechen.
> Wieviel besser war doch unser Gespräch
> Über die dritte Sache, die uns gemeinsam war
> Vieler Menschen große, gemeinsame Sache!
> Wie nahe waren wir uns, dieser Sache
> Nahe! Wie gut waren wir uns dieser
> Guten Sache nahe!

Auch im Alltagsleben bestimmt das Thema zwischen uns, wie und wofür wir miteinander in Beziehung treten. Fehlt das Thema oder ist es beendet, dann wird auch die Begegnung zähflüssig und unsinnig, weil inhaltslos.

Damit das Thema in der Gruppe seine Wirkung entfalten kann, braucht es die Unterstützung durch die *Einführung* des Leiters. In der Einführung wird er das Thema erläutern, es in Beziehung setzen zu eigenem Erleben hier oder draußen, er

---

* Aus: „Die Mutter" Bühnenstück 1930

wird transparent machen, wie es mit dem zusammenhängt, was bisher in der Gruppe gemeinsam getan wurde. Sich die Einführung zu überlegen ist so etwas wie die Planung einer Anfangsphase im kleinen, denn jede Sitzung braucht auch ihren eigenen Start.

Wenn das Thema dem Prozeß entspricht und in einer gut gewählten Struktur angeboten wird, dann gleicht es einem bald anfahrenden Zug, in den ich einsteigen will, wenn auch vielleicht mit Herzklopfen, weil mich die Fahrt und auch das Reiseziel zum Mitfahren reizt. Themen, die erst wie ein blockierter Zug angeschoben werden müssen, stimmen aus irgendeinem Grunde nicht, sei es, daß sie zu einem ungeeigneten Zeitpunkt angesprochen werden, sei es, daß sie in einer ungeeigneten Struktur bearbeitet werden.

Ein Leiter, der selber Fragen an das Thema des Seminars hat, der auf eigene Erfahrungen zurückgreifen kann, der selbst nach Antworten sucht und einige gefunden hat, der wird es verständlicherweise leichter haben, Themen für die einzelnen Sitzungen zu finden, zu formulieren und zu leiten.

Wir wollen im folgenden einige Grundsätze zusammenstellen, die allgemein für das *Entwickeln, Formulieren, Einführen und Leiten* von Themen gelten, ganz gleich, in welcher Phase des Seminars wir stehen. Spezielle, prozeß- und phasenbezogene Aspekte haben wir zusätzlich im Arbeitspapier 1 aufgegriffen. Sie werden sich dort im wesentlichen auf das Auswählen von Thementypen für die jeweilige Phase konzentrieren.

Themen formulieren ist eine kreative Tätigkeit, die in Intervallen geschieht. Einfälle kommen nicht auf Befehl. Ihre Entwicklung braucht Zeit. Manchmal wollen Themenfragmente über Nacht gären, bis sich aus der Fülle der zunächst gesammelten Einfälle *das* Thema herauskristallisiert, bis Worte und Bilder entstanden sind, die für eine stimmige Formulierung gebraucht werden können. Ein Wort anders gesetzt oder ausgetauscht und das Thema hat ein anderes Gesicht.

So wichtig dieser *kreative* Teil im Prozeß der Themenentwicklung auch ist, er braucht einen Zwilling, ohne den wir nicht zur geeigneten Arbeitsformulierung kommen: *systematisches Überlegen und Vorbereiten.*

Bevor wir in die systematische Seite der Themenentwicklung einsteigen, möchten wir zu einem „Gespräch des Leiters mit dem Thema" anregen. Das Thema, die Struktur, in der es angeboten wird, und die Teilnehmer berühren den Leiter in vielfältiger Weise. Bestimmte Aspekte des Themas sind ihm vertraut, er freut sich auf sie. Andere Aspekte des Themas würde er lieber weglassen, weil sie ihn stören oder weil er zu wenig informiert ist. In der Gruppe gibt es Menschen, die er mag oder innerlich ablehnt bzw. fürchtet. In einem „Gespräch mit dem Thema" kann er sich mit diesen Bezügen auseinandersetzen, statt ihnen auszuweichen und erst in der Leitungssituation auf ihre Schatten zu treffen. „Was verbindet mich mit dir, Thema, was stört mich an dir? Wie wird es uns beiden in der Gruppe und mit einzelnen Teilnehmern gehen? Was werden sie von dir und mir wollen, was ablehnen? Welche Struktur würde mir, dir und den Teilnehmern helfen, aus dir und mit dir zu lernen?"

Die folgenden sechs Schritte skizzieren den *Entwicklungsprozeß* von Themen und der dazu passenden Einführung.

b) Der Weg zum Thema

Was ist mein eigener Bezug zum Thema? Was bedeutet es für mich?

In der Regel wird das Thema auch mich selber berühren und interessieren. Nur wenn ich persönlich am Thema interessiert bin und mich von ihm angezogen fühle, werde ich auch bei der Gruppe Interesse wecken können. Gleichzeitig muß ich freilich mich und die Teilnehmer davor schützen, ihre Arbeit an dem Thema durch meine Betroffenheit zu blockieren oder durch mein Eigeninteresse einzuschränken.

Was möchte ich vermitteln? Was will ich als Erfahrung zum Thema ermöglichen?

Auch im zweiten Schritt gehe ich noch von mir aus. Ich lege für mich dar, was mir wichtig ist, daß es geschieht, besprochen und getan werden kann.

Bevor ich mir diese Frage beantworten kann, werde ich Informationen zum Thema sammeln und mich inhaltlich vorbereiten. Ich werde mir diese Frage zunächst ohne Blick auf die Teilnehmer beantworten. Es hat keinen Sinn, das Thema schon zu formulieren, wenn *ich mir selbst* noch nicht im klaren bin über Inhalt, Spannweite und Ziel des Themas sowie über die Ausgangslage und Situation, in der das Thema sich entfalten soll.

Wie setze ich das Thema und seine Bearbeitung mit dem bisherigen und dem künftigen Prozeß der Gruppe in Beziehung?

– Welche Voraussetzungen und Ausgangsbedingungen ergeben sich für die Themenwahl aus dem bisherigen Prozeß?
  Wo steht der Prozeß der Gruppe zur Zeit in bezug auf das Thema?
– An welche Erfahrungen und Erlebnisse in der Gruppe von früher bzw. von draußen kann ich anknüpfen?
– Welche schon genannten Interessen kann ich aufnehmen?
– Wo steht die Gruppe im Moment emotional?

Das Thema und die Struktur für seine Bearbeitung sollten auch den *bisherigen Gruppenprozeß* reflektieren: Haben wir viel mit dem Kopf gearbeitet, und kam dabei das ICH oder WIR ein wenig zu kurz? Oder war im Gegenteil bisher die Entwicklung des WIR im Vordergrund, und es wird jetzt Zeit, das eigentliche Arbeitsthema ins Zentrum zu rücken? Haben wir vorher Übungen gemacht, für die wir jetzt eine verstehende Nacharbeit brauchen?

Das Thema sollte auch anknüpfen *an das Umfeld* des einzelnen zu Hause und/oder an seinem *Arbeitsplatz*. Zumindest sollte der Teilnehmer es mit seinem Alltag zusammenbringen können, es aus seinem Alltag heraus verstehen.

Die bisherigen Erfahrungen und Beobachtungen im Seminar werden auch Hinweise darauf geben, wie belastbar und erfahren die Teilnehmer sind. Das Thema kann durchaus dem Bewußtsein der Teilnehmer um einen (nicht zu großen) Schritt voraus sein. „Ist das Thema zu weitab formuliert, so zerreißt der Spannungsbogen, und die Teilnehmer kommen nicht mehr mit." (M. Kroeger, Themenzentrierte Seelsorge). Ist es zu bekannt, dann erlahmt das Interesse.

Welches sind die Möglichkeiten und Grenzen, die zur Bearbeitung des Themas zur Verfügung stehen?

Thema, Struktur, Tageszeit und Zeitbedarf müssen in Einklang miteinander stehen.

Das gewählte Thema muß der vorgesehenen Zeitdauer angemessen sein. Es muß auf die Versprechungen hin überprüft werden, die in ihm liegen: Versprechungen z. B. in bezug auf Tiefe und auf Breite der Aspekte, auf praktische Erarbeitung oder auf praktisches Üben. Können diese Versprechungen in der gegebenen Zeit realisiert werden?

So hat beispielsweise das Thema:

„Unsere Zusammenarbeit im letzten Jahr:
– Wie habe ich sie erlebt, und über welche Probleme und Verbesserungsideen will ich hier mit euch sprechen?"

andere zeitliche Anforderungen als das Thema:

„Unsere Zusammenarbeit im letzten Jahr:
– Welche Maßnahmen zur Verbesserung sind notwendig, und wie packen wir sie an?"

Das erste ist ein Sammelthema, zu dem jeder zunächst einmal seine Erfahrungen und Ideen nennt, ohne daß darüber groß diskutiert werden muß. Es liefert Material für die Arbeit der nächsten Sitzungen. Das zweite Thema dagegen ist ein Aktionsthema, das zu konkreten Entscheidungen auffordert. Das braucht mehr Zeit, weil damit in der Regel auch Werte und Einstellungen geklärt, Konflikte über Notwendigkeiten und Prioritäten gelöst und Handlungsschritte besprochen werden müssen.

Wenn wir zuwenig Zeit haben und ein zu großes Thema, dann bleibt alles oberflächlich und angerissen und damit unbefriedigend. Zeitdruck wirkt selten positiv auf das Lernen, er verhindert im Gegenteil oft auch das eventuell noch Mögliche. Ist zuviel Zeit angesetzt, dann langweilt sich die Gruppe, und die Dynamik geht verloren. Zuviel Zeit kann auch dazu führen, daß die Gruppe tiefer einsteigt, als es für die Bearbeitung des Themas sinnvoll ist. Zwischen Zeitdruck und dem sorglosen Umgang mit Zeit muß die Balance gefunden werden.

Wie kann das Thema so eingeführt werden, daß es einen lebendigen Prozeß starten hilft?

Die Einführung soll es den Teilnehmern erleichtern, persönliche Anknüpfungspunkte zu erkennen, an denen sie einsteigen können. Mit der Einführung stellt der Leiter das Thema in den Zusammenhang des bisherigen Prozesses und macht deutlich, warum er gerade dieses Thema jetzt gewählt hat.

Transparenz ermöglicht Mitgehen und Reagieren, sollte das Thema wichtige Aspekte nicht enthalten. Auch hier nehmen Abhängigkeitsgefühle ab, je mehr Zusammenhänge sichtbar werden.

c) Überlegungen und Hinweise zur Entwicklung und Formulierung des Themas

– Das Thema muß *persönliches Erleben ermöglichen oder an solches anknüpfen und es besprechbar* und verständlich machen, denn nur die Verbindung von Erleben und Verstehen bewirkt im sachlichen wie im persönlichen Bereich bleibende Veränderungen.
– Auch bei *„trockenen" Sachthemen möglichst den persönlichen Bezug* herstellen, damit der Teilnehmer sich mit seinen Erfahrungen einbringen kann und nicht nur bestenfalls mit intellektuellem Interesse. Solche Bezüge lassen sich bei fast allen Sachthemen entweder zu aktuellen Problemen, Anforderungen und Geschehnissen im Lebens- bzw. Arbeitsfeld des Teilnehmers herstellen oder zu seinen Bedürfnissen und Wünschen, die er realisieren will, und schließlich auch zu seiner Zukunft und seinen Hoffnungen.
– Jedes Thema sollte etwas Bekanntes enthalten, an dem der Teilnehmer seinen eigenen Anknüpfungspunkt findet und dem er sich relativ angstfrei nähern kann. Jedes Thema muß gleichzeitig auch etwas Neues, Herausforderndes ansprechen, was Neugier weckt. Das Thema zieht gewissermaßen an durch eine *„angstfreie Verlockung".*
– Jeder sieht das Thema, das der Leiter setzt, aus seiner Sicht so, wie er es gerade sehen will oder kann oder vielleicht sehen muß. Das heißt, daß es in der Gruppe viele unterschiedliche Zugänge zum Thema gibt, die weitgehend zugelassen werden sollten. Jeder kann zwar dem anderen seine Sichtweise mitteilen, aber sie ihm nicht aufzwängen. Das Thema ist deshalb so *persönlich wie möglich und so generell wie nötig* zu formulieren.
– Persönliche Formulierungen sind ICH-bezogene Formulierungen, mit denen der einzelne *angeregt wird, Aussagen über sich selbst zu machen und seine eigenen Gedanken einzubringen.* In Gruppen, in denen noch wenig Vertrauen herrscht, sollte man allerdings darauf achten, die Themen nicht so ICH-nah zu formulieren, daß sie angstauslösend und damit blockierend wirken.
– Das Thema soll nicht schon *das Resultat vorwegnehmen.* Wortwahl und Ausdrucksweise können unter der Hand Wertungen in das Thema schmuggeln, die die Arbeit in eine bestimmte Richtung drängen. Ganz ist das nie zu vermeiden, dennoch sollte die Richtung, in die das Thema führen soll, offen angesprochen sein und nicht verdeckt durch versteckte Anspielungen. Angepaßte Teilnehmer

übernehmen diese „Wegweiser" unreflektiert und hindern sich damit an eigenen Einsichten und Versuchen. Andere fühlen sich manipuliert und nehmen das Thema nur widerstrebend an.

So läßt das Thema:

> „Auch ein Weg von tausend Meilen beginnt mit einem ersten Schritt – will ich ihn tun, und was brauche ich noch dazu?"

mehr eigene Möglichkeiten und Entscheidungen offen als die ähnliche Formulierung:

> „Auch ein Weg von tausend Meilen beginnt mit einem ersten Schritt – und dieser ist immer der schwerste – wie kann ich ihn schaffen?"

Die Aussage in dieser Themenformulierung, daß der erste Schritt auch der schwerste sei, kann bereits zu Widerspruch führen, denn wer entscheidet, daß dem so sei, wenn ich als Teilnehmer ganz andere Erfahrungen habe.

Das heißt nicht, daß ich meine Werte als Leiter hintanstellen oder verstecken muß. Im Arbeitsprozeß gibt es genug Raum, sie zu nennen und damit als „teilnehmender Leiter" persönlichen Einfluß zu nehmen – aber als Person und nicht verdeckt über die Themenformulierung.

– *Mit der Themenformulierung und der Wortwahl wird auch die Interventionstiefe vorbestimmt,* wobei die Einführung noch verstärkend wirken kann. Grundsätzlich muß in den Hintergrund eines Themas nur so tief eingestiegen werden, wie es nötig ist, um das Problem zu lösen. Nicht alle Probleme sind tief in uns

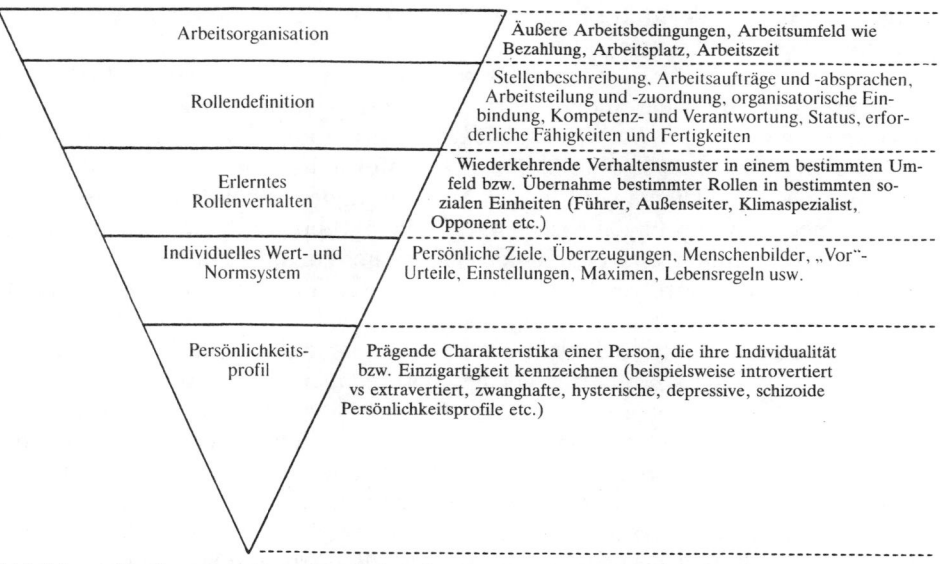

Abbildung 10: Interventionsebenen bei der Bearbeitung von Problemen

(Quelle: Th. Sattelberger (in Anlehnung an E. R. Schmidt, Umgang mit Zeit, Gelnhausen 1978) in Zeitschrift für Organisationsentwicklung 4/83, S. 16)

verwurzelt. Manches Problem bedarf nur einer kleinen praktischen Tat oder organisatorischen Änderung, um es zu lösen. Nicht jeder Konflikt liegt in der Person begründet. Oft genug sind es im Alltag unklare Rollen oder Aufgaben, die die Probleme erzeugen, und weniger die Unverträglichkeit der Charaktere.

Eine Hilfe für das Erfassen der unterschiedlichen Ebenen, die zu einer Problemlösung angesteuert werden müssen, ist das kleine Schema in Abbildung 10.

– *Zu schwergewichtig formulierte Themen beschwören Phantasien herauf, oft auch Abwehr,* weil die Gruppe dann ihr eigenes Maß an Tiefe der Themenbearbeitung sozusagen gegen die Formulierung des Themas behaupten muß. Thema und Teilnehmer sind dann mühsam zusammenzubringen.

– *Eine kleine Provokation im Thema* weckt die Neugier oder regt zu konstruktiver Auseinandersetzung damit an. Das Thema kann der Gruppe um einen Schritt voraus sein – wir sehen es dann klarer, als wenn es unter unseren Füßen liegt.

– Das Thema soll *zum Experimentieren anregen,* zum Probehandeln oder Probedenken und damit auch ein wenig Mut vom einzelnen verlangen. Wir brauchen ja nicht gleich fertige Lösungen abzuliefern. Das gilt auch für die Gefühlsebene. Gefühle hat man zwar nicht zur Probe, die hat man ganz real. Probehandeln heißt hier, sie erst einmal aussprechen zu können, um dabei zu erleben, was geschieht. In jedem Fall: Das Thema muß so offen formuliert sein, daß es *nicht Perfektionsdruck auslöst,* der den Mund verschließt.

– Besonders bei Anfangsthemen ist es wichtig, daß diese *niemanden unter Druck setzen,* jetzt etwas sagen zu müssen, was er noch nicht sagen will. Auch hier gibt es die schwierige Balance zwischen der Ermutigung zum selbstbestimmten Risiko und dem Druck zu letztlich unfreiwilligem Handeln.

– Als Gruppen kommen wir zusammen, um etwas zu lernen, und das heißt doch, etwas neu oder anders tun zu können. Mit der Themenformulierung wird dieser Schritt unterstützt:

Thementeile wie „. . . wofür will ich sorgen?" oder „. . . was will ich tun?" sind stellvertretend für viele andere Formulierungsmöglichkeiten Zusätze, die *das eigene Tätigwerden ins Bewußtsein rücken.* Der in die Zukunft weisende, handlungsorientierte Anstoß sollte in der Themenformulierung nicht fehlen.

– Ein und das selbe Thema wird *je nach Struktur,* in der es bearbeitet werden soll, unterschiedliche Wirkungen auslösen. Die Kleingruppe bringt in der Regel mehr Dichte und Intimität und eignet sich daher eher für persönliche Themen, bei denen sich jeder einbringen können soll. Ihre rascher als im Plenum entstehende Vertrautheit fördert Tiefe und Engagement.

Das Plenum muß dennoch nicht unbedingt unpersönlich sein, nur bietet es auf Grund der für den einzelnen zur Verfügung stehenden Zeit weniger Chancen für eine aktive Mitwirkung jedes einzelnen. Es führt dadurch zu weniger Interaktionen. Es läßt dem einzelnen dafür mehr Zeit zum Nachdenken über Anstöße, die er von den anderen Teilnehmern in der Plenumsrunde erhält. Aktivität als solche ist noch keine Garantie dafür, daß beim einzelnen etwas bewegt wird.

– Das Thema ist *leicht verständlich und einfach* auszudrücken. Verschlüsselungen, Symbole und komplizierte Sätze erschweren die Arbeit. Das Thema ist dann auch durch eine gute Einführung nicht mehr zu retten. Symbolische Begriffe im Thema bringen das Gespräch leicht auf eine symbolische und abstrakte Ebene, passive Begriffe bringen es auf eine handlungsarme, neutrale Ebene.

Der Leiter hat es dann sehr schwer, auf die reale Ebene zu kommen. Er muß sich doppelt anstrengen, den Klartext aus den Symbolen herauszuhören. Was kann z. B. ein Satz wie „Mein Partner ist wie ein Baum" bedeuten: Stärke? Standfestigkeit? Verwurzeltsein? Alles überschattend? Machen wir es uns also nicht unnötig schwer, indem wir durch die Themenformulierung zu solchen Verschlüsselungen anregen, es sei denn, wir wollen sie nutzen.

– Die Teilnehmer sollen mit dem Thema dort abgeholt werden, wo sie stehen. Es soll inhaltlich an Bekanntes anknüpfen. Zugleich soll es auch in der Sprache der Teilnehmer formuliert sein.

– Wenn ein Thema *nur* als Frage formuliert ist, dann läuft man Gefahr, daß auch nur Antworten abgeliefert werden, aber keine oder nur spärliche Interaktion entsteht. Das kann beim Sammeln von Arbeitsanliegen durchaus angebracht sein, über die noch nicht diskutiert werden soll, weil man sich erst einen Überblick verschaffen will. Ansonsten sind für den Austausch entweder *Fragen günstig, die Interaktion für ihre Beantwortung benötigen* (z. B. „Was brauche ich von Dir, um hier gut arbeiten zu können"), oder Fragen, die einen kurzen thematischen Vorspann haben (z. B. „Ein Weg von tausend Meilen beginnt...").

– Themen sind *positiv zu formulieren*, z. B. „Wege, um uns besser zuzuhören..." öffnet eher als „Wir hören uns nie zu – was sollten wir vermeiden...".

– *Verben im Thema beleben* mehr als zu viele Substantive. Die Benutzung von „will" ist dichter als „sollte": „Was will ich verändern?" aktiviert zu realistischeren Überlegungen als die Formulierung „Was sollte ich verändern?".

– Zum Formulieren des Themas gehört auch das *Konzipieren der Übungen*, mit denen man das Thema erschließen will. Immer jedoch dient die Übung dem Thema und nicht umgekehrt. Die Übung hilft, Erfahrungen zu sammeln oder auf blinde Flecke aufmerksam zu werden. Nicht das Thema ergibt sich aus der Übung, sondern das Thema beeinflußt meinen Entscheid, eine Übung einzusetzen.

– Wenn man sich das Thema aufschreiben muß, um es in der Sitzung richtig wiederzugeben, dann ist es sicher zu lang geraten. Alles Abgelesene hat einen Hauch „von gestern" an sich, wirkt gefiltert und distanziert.

Es mag Fälle geben, in denen man das Thema trotzdem auf ein Plakat aufschreiben will oder muß. Dann sollte man beachten, daß die Graphik (Schreibweise, Schriftgröße, Farbe des Filzstiftes etc.) dem Thema mitunter Akzente und Betonungen unterschiebt, die man als Leiter gar nicht beabsichtigt hat. Durch das Aufschreiben entsteht ein visuelles Bild des Themas, das zu dem akustisch angesagten Bild passen muß. Wenn wichtige Punkte fixiert werden müssen, dann kann man ein Plakat vorbereiten, von dem die Teilnehmer diese Punkte sich rasch notieren können, ehe sie z. B. in die Gruppe gehen.

– Ein wichtiger Merksatz ist der folgende:
„Leite nur Themen, die Du selbst formuliert hast!" Fremde Themen zu leiten ist problematisch, weil man selbst den Weg der Schöpfung dieses Themas nicht mitgegangen ist.

– Wenn das Thema „steht", dann sollte man es sich noch einmal laut vorsprechen: Spürt man an sich selbst, daß es attraktiv, herausfordernd, einprägsam und präzise ist und zur Auseinandersetzung anregt?

d) Die Einführung – eine Brücke zwischen Thema, Leiter und Gruppe

Der Leiter steht, wenn er die Sitzung beginnt, durch seine Vorbereitung bereits im Thema. Die Teilnehmer noch nicht. Seine ersten Sätze, die er zur Eröffnung des Arbeitsprozesses am Thema sagt, sind besonders wichtig, denn sie sollen das Thema den Teilnehmern nahebringen. Damit führt er in das Thema ein, erklärt, was es ermöglichen soll, zeigt das Ziel auf und leistet einen ersten persönlichen Beitrag.

Die Einführung, die der Leiter vorbereitet hat, soll zum einen verständlich machen, warum der Leiter dieses Thema gewählt hat und wie es dazu gekommen ist. Sie muß den Zusammenhang mit der bisherigen Arbeit und den folgenden Schritten deutlich machen.

Zum andern gibt die Einführung Aufschluß über das „wie" der Themenbearbeitung, während das Thema selbst auf das „was" hinweist. Die Einführung erläutert u. a. die Strukturen, in denen gearbeitet werden soll (z. B. Kleingruppen), und den zeitlichen Rahmen dafür.

Obwohl Thema und Einführung immer zusammengehören, sind sie doch deutlich voneinander zu trennen. Ob man zuerst das Thema nennt und es dann einführt oder ob man erst mit ein paar Sätzen zum Thema hinführt, ist letztlich egal. Das Thema darf jedoch nicht im Schwall der Worte untergehen, es muß deutlich abgegrenzt angesagt werden.

Natürlich soll die Einführung nicht so ausführlich geraten, daß sie den Teilnehmern die eigenen Denk- und Gefühlsanstöße nimmt. Sie ist kein Referat zum Thema. Die Einführung soll gewissermaßen das Thema dem Kopf verständlich machen, es mit der Gefühls- und Erfahrungsebene verbinden und zur Aktivität ermutigen.

Der Weg ins Thema kann auf mancherlei Art erfolgen:

- durch Übungen, um über das Erleben einzusteigen,
- durch Berichte oder Kurzvorträge (kurz!) zu dem Problem, zu einem Buch oder einem Geschehen, was immer Anstoß für das Thema war,
- durch einige Minuten Schweigen, damit jeder sich in Ruhe dem Thema zuwenden kann, um z. B. an eigenes, früheres Erleben anknüpfen zu können. Anfänglichem Schweigen wird das Belastende genommen, wenn es als Teil der Einführung sozusagen offiziell zugelassen wird. Jeder, der will, kann dann in Ruhe seinen Gedanken nachgehen, wissend, daß er nicht gleich gestört wird und daß man noch nicht gleich etwas von ihm erwartet.
- durch ein kurzes Gespräch zwischen den Mitgliedern der Vorbereitungsgruppe im Plenum darüber, wie es zu dem Thema kam.
- durch Einbeziehen von vorab geleisteten Arbeiten der Teilnehmer.

e) Der Prozeß der Bearbeitung des Themas

Das Arbeiten am Thema kann und wird sich auf drei zeit- und ortsbestimmten Ebenen bewegen, die immer aufeinander einwirken, auch wenn sich die Arbeit vornehmlich auf einer der drei Ebenen abspielt:

– auf der Ebene des *„Dort und Damals"* der Vergangenheit
– auf der Ebene des *„Hier und Jetzt"* der Gegenwart
– auf der Ebene des *„Da und Später"* der Zukunft

Was ist damit gemeint?
   Unterstützt durch die Themenformulierung und die Einführung durch den Leiter wird den Teilnehmern folgendes ermöglicht:

1. Auf der Ebene des *„Dort und Damals"* werden sie Anteile finden und in die Arbeit einbeziehen, die in der Vergangenheit begründet liegen. Dazu gehört alles, was sich persönlich und im Zusammenhang mit anderen ereignet hat, sei es gestern oder vor zehn Jahren. Bezogen auf die Lernsituation in der Gruppe umfaßt das *„Dort und Damals"* alles das, was außerhalb dieser Sitzung und zeitlich zurückliegt. Es ist das ganze Gepäck an Vorerfahrungen und Erinnerungen, Ereignissen und Vereinbarungen, die von außen und von früher mit in dieses Thema gebracht werden. Das aktuelle Lebensumfeld des einzelnen gehört auch dazu.
2. Zweitens können Aspekte verdeutlicht und bearbeitet werden, die sich aus der aktuellen Situation in der Gruppe, im gegenwärtigen *„Hier und Jetzt"*, ergeben. Leben, Handeln und Zusammenwirken ereignen sich immer im Augenblick der Gegenwart. Alle Gedanken und Gefühle sind im „Hier und Jetzt" aktuell, freilich immer beeinflußt vom *„Dort und Damals"* – sowie von der dritten Ebene, nämlich
3. dem Vorausplanen und Vorausschauen auf Fragen, die der Teilnehmer für seine künftige Lebens- und Arbeitswelt (dem *„Da und Später"*) entscheiden und gestalten will. Es ist die Zukunft, für die wir letztlich im Seminar kreativ sind, denken und planen und neue Verhaltensweisen oder Handlungsmöglichkeiten ausprobieren.

Alle drei Ebenen stehen miteinander im Zusammenhang. Im Prozeß der Themenbearbeitung sollte dieser Zusammenhang sichtbar werden. Zumindest sollte ihn der Leiter im Auge behalten, um in den folgenden Einheiten die eventuell unterbelichtet gebliebenen Ebenen wieder anzusprechen.
   Das Thema bzw. eine bestimmte Themenfolge für mehrere Sitzungen hintereinander und seine Leitung des Themas sollen deshalb

1. Erfahrungen wecken und wiederbeleben (. . . Was löst das bei mir aus? . . . Welche Erfahrungen verbinde ich damit?),
2. den Bezug zum aktuellen Geschehen und Erleben herstellen (. . . Wie geht es mir mit diesem Thema jetzt zur Zeit? . . . Welche Muster von damals passieren mir hier?),
3. Veränderung und das Anders-machen-Können-und-Wollen unterstützen (. . . Welche Möglichkeiten habe ich? . . . Was will ich tun?).

Der *Weg der Themenbearbeitung* läuft über einige Stationen, die im folgenden im Sinne einer Arbeitsgrundlage dargestellt werden, auf der eigene, individuelle Varianten aufgebaut werden können. Der Weg läuft über die *Eröffnungsphase,* die *Phase des Erkennens und Benennens,* die *Phase der Entscheidung* und mündet in einen abschließenden Schritt, durch den eine *Integration des Neugelernten* und sein *Transfer* gefördert werden sollen.

A) Eröffnungsphase

Hier nennt der Leiter das Thema und führt es ein (vgl. S. 90). Hier werden auch sein Interesse und seine Beziehung zum Thema sichtbar.

B) Erkennen und Benennen

Schon aus der Themenformulierung ist ersichtlich, auf welcher Zeit- und Orts-ebene die Arbeit in dieser Einheit beginnen soll. Dazu ein Beispiel:

1. Das Thema knüpft im „Hier und Jetzt" an:

> „Wir wollen die Aufgabenverteilung in unserer Abteilung überprüfen: Wo sehe ich Probleme, wo drückt mich jetzt der Schuh, welche Fragen stellen sich mir?"
> Anliegen dieser Themenformulierung ist die Erarbeitung einer Bestandsauf-nahme und IST-Analyse. Es geht darum zu klären, über welche Probleme und Fragen gesprochen werden muß, wenn Verbesserungen erreicht werden sollen. Es wird das aktuelle Geschehen und die augenblickliche Erlebnisebene ange-sprochen.

2. Das Thema knüpft am „Dort und Damals" an:

> „Wir wollen die Aufgabenverteilung in unserer Abteilung überprüfen. Wie war es eigentlich ursprünglich geplant? Welche Erfahrungen habe ich damit ge-macht? Was hat sich überlebt?"
> Dieser Ansatz weckt Erinnerungen und belebt sie neu. Das Anliegen des Themas ist es, sich auch mit der Geschichte auseinanderzusetzen und festzustel-len, was sich verändert hat.

3. Das Thema knüpft im „Da und Später" an:

> „Wir wollen die Aufgabenverteilung in unserer Abteilung überprüfen und Veränderungen ermöglichen. Was sind aus der Sicht eines jeden von uns Elemente und Ziele für eine optimale künftige Lösung?"
> Bei dieser Themenstellung wird der Blick in die Zukunft gerichtet und dazu angeregt, sich Gedanken zu machen, was zu einer optimalen Lösung alles dazugehören würde. Anliegen des Themas ist es, durch die Arbeit zu Zielvor-stellungen zu kommen, aufgrund derer die Gruppe dann Lösungsvorschläge erarbeiten und entscheiden kann.
> In der Regel eignet sich dieser Ausgangspunkt erst, wenn vorher einiges Ver-trauen aufgebaut werden konnte, damit wirklich jeder seine Ideen und Wün-sche für die künftige Lösung offen auszusprechen gewillt ist.
> In allen drei Fällen geht es um das *Erkennen und das Benennen,* d. h. das Darübersprechen. Es sind eigentlich zwei Aspekte, die dabei schwierig sein können: zunächst einmal die Augen aufzumachen und zu dem zu stehen, was

man sieht, statt es rasch wieder zu verdrängen. Der zweite Schritt erfordert den Mut, diese Einsichten auch auszusprechen und sich dadurch ggf. in eine Konfliktsituation zu begeben, weil damit Unbequemes ausgesprochen wird, das bisher sorgfältig unter dem Teppich lag.

An welcher Ebene man anknüpfen will, hängt u. a. davon ab, was vor der Sitzung getan wurde und geschah, von dem Klima in der Gruppe, von der Zielsetzung der gesamten Veranstaltung.

C) Neuentscheidung und Probehandeln

Während der vorausgegangene Schritt nach dem IST-Zustand, nach seiner Entstehung oder nach unseren Vorstellungen für die Zukunft fragt und diese zu klären versucht, steht hier die Frage im Vordergrund, was die Gruppe als Ganzes oder das einzelne Mitglied tun will: wovon Abschied nehmen, was verändern, was neu ausprobieren? Es ist die Phase der „Neuentscheidung". Neuentscheidung deshalb, weil wir uns ganz bewußt fragen, was wir in Zukunft tun wollen, und das kann auch heißen, daß wir den bisherigen Zustand beibehalten wollen.

In der Regel folgt der Neuentscheidung die Unsicherheit: Kann ich das, werde ich es durchhalten, was sagen die anderen dazu. Die Chance in dieser Phase ist die des Ausprobierens, des Probehandelns. Ich kann die Entscheidung mit anderen zusammen durchspielen. Dabei kann ich meinen Mut zur Veränderung überprüfen und kleinere oder größere Schritte ausprobieren.

D) Integration und Transfer

Die getroffenen Entscheidungen müssen in die Realität des Alltags eingebaut werden und hier sind oft auch Dritte beteiligt oder werden, gewollt oder ungewollt, von meiner Entscheidung betroffen. Eine wirkliche Integration der Neuentscheidung in den Alltag kann also erst dort geschehen. Hier in der Gruppe können wir den Transfer unterstützen, indem wir uns mit den Problemen auseinandersetzen, die im Alltag auf uns zukommen und unsere Entscheidung umstoßen könnten. Was kann schief gehen? Mit welchen Widerständen und Hindernissen muß ich rechnen? Habe ich die Realität meines Alltages genügend berücksichtigt, so daß ich mich nicht zu stark überfordere? Mit dieser Art Fragen (unterstützt z. B. durch Rollenspiele) werden auch Möglichkeiten entdeckt, was ich für mich und die Realisierung meiner Entscheidung tun kann.

f) Weitere Hinweise für das Leiten des Arbeitsprozesses am Thema

– Das Thema *erst zu Beginn der Sitzung nennen,* also nicht schon vorher in der Pause. Es verliert an Neuigkeit und reizt nicht mehr zum gemeinsamen Beginn und zur gemeinsamen Arbeit. Kopf und Gefühl haben sich längst vor der Zeit an die Arbeit gemacht.

– In der Regel sollte der Leiter für jede Sitzung nur ein Thema und eine Struktur anbieten, sofern nicht ohnehin an unterschiedlichen Themen in mehreren Untergruppen parallel gearbeitet werden soll.

Ein Auswahlangebot braucht in der Regel Zeit und Energie für die Entscheidungsfindung. Es wandelt sich zudem schnell in Themen, die unterschwellig im Gruppenprozeß schwelen und bis jetzt wenig Gelegenheit hatten, sich zu Wort zu melden. Solche Themen können z. B. lauten: „Wer bestimmt denn hier über wen und was?" und gehören zum Stichpunkt Rivalität und Machtanspruch.

Freilich können Sitzungen zur Planung des weiteren Vorgehens oder zur Entscheidungsfindung über die zu bearbeitenden Themen durchaus sinnvoll sein. Zum einen in dem Fall, wo sich der Leiter selbst nicht sicher ist, wie es weitergehen soll und wohin die Energien der Gruppe tendieren. Hier wäre eine Kopplung mit einer Prozeßanalyse und einem „Blitzlicht" (kurze Benennung des eigenen Standorts bzw. der eigenen Wünsche und Absichten) oft zweckmäßig. Zum anderen kann es z. B. bei Problemlösegruppen wichtig sein, daß die Gruppe entscheidet, an welchen Themen aus einer Problemlandkarte sie jetzt weiterarbeiten will. An einem solchen Entscheidungsprozeß kann dann die Prioritätensetzung geübt und die Bereitschaft getestet werden, an wichtige und schwierige Fragen wirklich heranzugehen.

Auch in diesen Fällen werden schnell einmal unerledigte Themen aus dem Untergrund aktiviert. Dementsprechend ist genügend Zeit einzuplanen, um nicht nur die Entscheidung zu treffen, sondern auch den Entscheidungsprozeß und seine Dynamik reflektieren zu können.

- Wenn man für die folgende Arbeit in Untergruppen mehrere Themen im Plenum anbietet, die jeweils von einer Gruppe bearbeitet werden sollen, dann im Plenum nur die Themen ansagen und Verständnisfragen klären, aber nicht in eine inhaltliche Diskussion eintreten, da sonst das Plenum nur schwer auseinandergeht und die Gruppenarbeit vorweggenommen wird.
- Ich-Aussagen führen in der Regel zu einem neuen Impuls und zu neuen Interaktionen. Dagegen helfen Deutungen, Interpretationen und Verallgemeinerungen nicht wirklich weiter, sondern setzen unerwünschte Schlußpunkte, besonders wenn sie vom Leiter gegeben werden.
- Die Teilnehmer bekommen mehr Mut, über ihre eigene Problematik zu sprechen, wenn *der Leiter nicht völlig abstinent* bleibt, sondern sich mit einem eigenen Anteil am Thema beteiligt, als Anstoß für die Gruppe.
- Je sicherer sich die Teilnehmer in der Gruppe fühlen, desto eher kann sich auch der *Leiter an der Themenbearbeitung beteiligen.* Schaltet er sich jedoch zu intensiv in den Gesprächs- und Arbeitsprozeß ein, dann wirken seine Voten bei unsicheren, abhängigen Menschen oft viel schwergewichtiger, als er es beabsichtigt hat. Sie wirken dann wie ein Schlußpunkt, auf den erst einmal das Schweigen folgt – „Hough, ich habe gesprochen". Bei anderen Teilnehmern wird ein zu starkes Engagement des Leiters in der frühen Phase des Seminars Widerspruch auslösen, der nicht inhaltlich motiviert ist, sondern eher aus Rivalität, um ihm z. B. einmal zu zeigen, daß auch andere gut Bescheid wissen.
- Ein nicht beendetes Thema wird durch die Pause abgeschnitten und kann in der Regel *nicht unverändert weitergeleitet* werden, so als hätte es die Pause nicht gegeben. Der Spannungsbogen ist unterbrochen, auch wenn die Arbeit noch so engagiert war. Eine Änderung braucht das Thema meist auch deshalb, weil der unerledigte Rest nicht für die ganze Einheit reicht und somit zuviel Zeit dafür zur Verfügung stände.

- Wenn das Thema als Ganzes zu umfangreich für die Bearbeitung in einer Zeiteinheit ist, dann sollte man es lieber teilen und in mehreren Sitzungen nacheinander als Themenkette behandeln, es vorher aber auch so ankündigen, damit das Vorgehen für alle transparent bleibt.
- *„Pausenthemen"* haben einen wichtigen Zusammenhang mit den offiziellen Sitzungen. Was sich während der Sitzung keine Stimme verschaffen konnte oder wollte, sucht sich hier sein Ventil, auch beim Leiter selbst. Der Prozeß macht vor der Pause nicht halt, überspringt sie nicht. Beobachtungen in der Pause sind eine Informationsquelle für die weitere Planung. Auch Atmosphäre und Stimmung in der Pause sind ein wichtiger Indikator.
- Wenn die Gruppe das Thema nicht annimmt, dann sollte der *Widerstand zum Thema* gemacht werden, statt lange für das Thema zu kämpfen oder zu werben. Der Widerstand zeigt sich oft in übermäßigem Nachfragen, an sogenannten Verständnisfragen.

Die Frage lautet dann: „Wovon ist die Energie einzelner oder mehrerer Teilnehmer so blockiert, daß sie sich erst damit befassen müssen, ehe sie mit dem angebotenen Thema selbst Kontakt aufnehmen können?" Vielleicht steht das Thema tatsächlich quer zum Prozeß. Vielleicht sind aber noch Reste von vorher da, die stören. Vielleicht ist das Thema aber auch so nah an einem empfindlichen Punkt der Gruppe, daß sie darauf noch nicht eingehen mag, weil es z. B. an Vertrauen untereinander fehlt. Auf keinen Fall sollte man auf Grund des Widerstandes gegen das vorgeschlagene Thema ein anderes aus dem Hut ziehen, sondern Gelegenheit geben, den Widerstand zu artikulieren. Oft lösen schon das Aussprechen der Störung und eine kurze Reaktion darauf die Spannung auf und geben dem Thema Raum.

Manchmal ist es aber nicht damit getan, weil sich mit dem Widerstand ein Problem verbindet, das für einen größeren Teil der Gruppe zunächst gelöst werden muß. Beispielsweise kann der Wunsch auftreten, den Prozeß, der bisher gelaufen ist, besser zu verstehen. Dann kann man eine Möglichkeit verabreden, wann dieser Aspekt zum Mittelpunkt einer Sitzung gemacht werden kann. So wird das augenblickliche Vorhaben nicht behindert, und jeder weiß, wann „es" drankommt. Das ist insbesondere dann zweckmäßig, wenn die Störung nicht alle gleichermaßen betrifft und eher auf der Sachebene angesiedelt ist.

Schließlich gibt es Störungen, die jetzt sofort bearbeitet werden müssen. Ihre intensive Präsenz drängt jedes andere Thema in den Hintergrund. Es hätte keinen Sinn, auf der Vorgabe zu bestehen, weil doch niemand aufmerksam dabei sein würde. Das gilt bei Beziehungskonflikten oder Vertrauensproblemen ganz besonders.

Wichtig ist zu spüren, ob und wie intensiv *Störungen und Widerstände* jetzt besprochen werden müssen, damit möglichst alle wieder dabeisein können. Ein zu tiefes Eingehen auf einzelne Störungen würde nur neue Störungen bei anderen auslösen, die eigentlich sich dem Thema zuwenden möchten.

- Ein Plenum zur Aussprache über eine vorausgegangene Kleingruppenarbeit ist meist etwas schwieriger, da die Gruppen nur zögernd aus ihrer Arbeit berichten und andere meist wenig damit anfangen können, weil sie den Prozeß nicht mitgemacht haben. Das gilt vor allem für persönlichkeitsorientierte Themen in Kleingruppen, weniger für „reine" Arbeitsgruppen, die an einem Sachthema

gearbeitet haben. Dennoch ist es in beiden Fällen sinnvoll, das Thema so zu variieren, daß es zur Interaktion zwischen den Gruppen ermutigt und nicht nur zur Berichterstattung und Ablieferung der Arbeitsergebnisse der Gruppen.
– Bei Arbeitsgruppen sollte man vereinbaren, in welcher Weise sie im Plenum ihre Ergebnisse vorstellen sollen (z. B. auf Flipchart mit Aussagen zu bestimmten Punkten).

g) Nach der Sitzung – ein Blick zurück auf den Themenprozeß

Nach der Sitzung ist es auch in Hinblick auf die weitere Planung nützlich, sich noch einmal als Leiter im Sinne der Nacharbeit mit dem Thema zu befassen:

– Ich wiederhole mir noch einmal den Text von Thema und Einführung und höre mir an, wie er jetzt klingt. Was fällt mir auf? Habe ich das Thema so genannt und eingeführt, wie ich es geplant hatte?

– Was hatte ich mir als Einleitung vorgenommen, und wie war es dann tatsächlich?

– Wie stiegen die Teilnehmer auf Thema und Einführung ein?

– Welche Unter- oder Nebenthemen habe ich durch meine Wortwahl herausgelockt, über deren Auftauchen ich mich während der Sitzung gewundert habe?

– Welche der von mir beabsichtigten Themenaspekte blieben unberücksichtigt?

  Wo hielt sich die Gruppe heraus?
  Wo hielt ich mich heraus?
  Wo hielten sich einzelne heraus?

– Welcher neue, ungeahnte und unvermutete Themenaspekt hat sich für die Gruppe bzw. für mich ergeben?

– Wie ermöglichte oder verhinderte die Themenformulierung meine Zielsetzung? Wodurch entstand eine Differenz zwischen dem, was ich eigentlich erwartet hatte, und dem, was wirklich geschah?

Einige Stichworte zu diesen Fragen für sich selber festzuhalten kann die Planung des weiteren Prozesses unterstützen, die Übersicht erleichtern und ist nicht zuletzt Teil des ganz persönlichen Lernprozesses des Leiters.

3. Themenzentrierte Interaktion – ihr methodischer Hintergrund und ihre Grundregeln (Arbeitspapier 3)

a) Grundlagen, Arbeitsweisen, Spielregeln

Das theoretische und praktische Konzept der TZI verdanken wir der Psychoanalytikerin Ruth Cohn. Ihr gedanklicher Ansatz war die Frage, wie die Ich-stärkenden Faktoren therapeutischer Arbeitsmethoden auch im alltäglichen Umgang miteinander wirksam werden könnten, um zu ganzheitlichen, die ganze Persönlichkeit ansprechenden Lern- und Arbeitssituationen zu gelangen. Das Resultat dieser Gedankengänge hat sich in den letzten zwölf Jahren u. a. als Konzept für die Arbeit mit Gruppen in der Erwachsenenbildung immer mehr etabliert.

Wie bei allen Systemen der *Humanistischen Psychologie* sind Sinn- und Wertfragen von entscheidender Bedeutung: Das Bild des Menschen ist charakterisiert durch persönliches Wachstum während des ganzen Lebens, durch Selbstaktivie-

---

1. Das anthropologische Axiom: *

Der Mensch ist eine psycho-biologische Einheit. Er hat physische, emotionale, intellektuelle und spirituelle Bedürfnisse, Erfahrungen und Antriebe.

Sie alle repräsentieren Facetten derselben Persönlichkeit und können nicht separiert werden.

Es ist wie ein Mobile, das ich im Zimmer hängen habe: Berühre ich einen Teil, so reagiert das ganze Mobile, und doch wird nicht immer wieder gleich das nächsthängende Teil in eine ähnlich starke Schwingung versetzt, häufig sind es die unbeachteten Teile an der Peripherie, die ungewöhnlich stark in Mitleidenschaft gezogen werden. Nicht viel anders ist es beim Menschen.

2. Das pragmatisch-politische Axiom:

Der Mensch ist autonom und interdependent, eigenständig und allverbunden. Er ist Teil des Universums. Freie Entscheidung geschieht innerhalb bestehender innerer und äußerer Grenzen, deren Grenzerweiterung möglich ist.

Der Mensch ist immer im Prozeß mit anderen. Er ist weder völlig auf sich selbst gestellt noch völlig abhängig. Es ist ein Lernanliegen der TZI, den Raum innerhalb bestehender Grenzen, die eine Realität jeden Lebens und Zusammenlebens sind, auch wirklich als Freiraum zu nutzen. Bei genauem Hinschauen begehren wir häufig schon gegen Grenzen auf, ohne sie genau angesehen zu haben und den Raum, der bis zur Grenze zur Verfügung steht, je konsequent ausgelotet und genutzt zu haben. Je gesünder, geistig und zwischenmenschlich interessierter, um so politisch-konstruktiver können wir diesen Raum auch füllen.

3. Das ethisch-religiöse Axiom:

Ehrfurcht gebührt allem Lebendigen und seinem Wachstum.

Dieses 3. Axiom beinhaltet den Respekt vor allem Geschaffenen und Geborenen, den Respekt vor allem Wachstum, das dem Leben dient und Humanität fördert und bewahrt. Alles Inhumane ist wertbedrohend, wobei der Begriff des Tötens auch das Abtöten von seelischen, geistigen und zwischenmenschlichen Fähigkeiten meint.

---

* Die Axiome werden von den Autoren verschieden zugeordnet und sind in der Wortwahl selbst bei Ruth Cohn unterschiedlich. Von Inhalt und Aussage her sollten sie jedoch gleich sein. Unserer Darstellung hier liegt der Text aus Farau/Cohn „Gelebte Geschichte der Psychotherapie" zugrunde.

rung und Selbstverantwortung. Der Glaube an die Fähigkeit des Menschen, aus eigener Kraft sein Leben zu gestalten, ist ein wichtiger Grundsatz der Humanistischen Psychologie.

Auch die TZI basiert auf wertbetonenden Voraussetzungen: Es handelt sich dabei um eine Ganzheitstheorie, die eine Einheit von Psyche und Körper zu denken versucht.

Drei Axiome, die als wertbetonende Voraussetzungen hinter dem Menschenbild von TZI, wie auch anderen Methoden der Humanistischen Psychologie, stehen, bilden den philosophischen und ethischen Hintergrund allen methodischen Handelns und Lernens mit Menschen in Gruppen und mit einzelnen.

Zusammenfassend soll hier noch einmal betont werden: Die Humanistische Psychologie kreiert keinen neuen Menschen, wohl aber fördert sie das, was den Menschen ausmacht, seine Fähigkeit zu schöpferischer Formgebung und zu abstraktem Denken ebenso wie sein Gewissensbewußtsein und sein Urbedürfnis nach Religiosität; sie fordert ihn auf und weist ihn hin auf seine Mitverantwortung und Beteiligung an der Weltgestaltung.

In der Praxis der Gruppenarbeit finden diese Axiome ihren Ausdruck

– im Suchen nach *Balance* zwischen der Arbeit am jeweiligen Thema, der Interaktion in der Gruppe und dem Beteiligtsein jedes einzelnen,
– im Beachten und Einbeziehen des *Umfeldes* der Gruppe und des Umfeldes ihrer Mitglieder,
– in einer *deutlich wahrnehmbaren Leitung,* die auf Förderung der Autonomie des einzelnen ausgerichtet ist sowie auf die Entwicklung der Sensibilität sich selbst und anderen gegenüber – in der Schaffung eines möglichst angstfreien Gruppenklimas,
– im konsequent durchgehaltenen *Themenprinzip:* Jede Einheit steht unter einem ausdrücklichen Thema, an dem die Gruppe arbeiten will. Damit unterscheidet sich die TZI von einigen anderen Methoden der Gruppenarbeit, in denen eher der Prozeß selbst Quelle des Lernens ist und zum Thema wird.
– in den *Postulaten* und ergänzenden *Spielregeln* für Kommunikation und Zusammenarbeit.

Mit diesem Ansatz verbindet TZI die individuellen, zwischenmenschlichen und sachlichen Aspekte des Lernens zu einem pädagogischen System, das alle Chancen bietet, Lerninhalte und Arbeitsprobleme nicht nur vordergründig auf der intellektuellen Ebene abzuhandeln – Kopf, Herz und Hand sind aktiv einbezogen.

Wenden wir uns zunächst den bereits erwähnten *Postulaten* zu.

1. „Sei dein eigener Chairman!"

„Chairman" (oder neutraler: „Chairperson") ist schwer zu übersetzen. Sinngemäß sagt es aus:

„Übernimm die Verantwortung für Dich selbst. Bestimme Dein eigenes Vorgehen im Blick auf die Arbeit und auf die Gruppe und auf alles, was für Dich wichtig ist. Bestimme, wann Du reden willst und was Du sagen willst, und bedenke, daß alle anderen, einschließlich des Leiters, es auch tun werden!"

Dieses zentrale Postulat fordert auf, nach innen und nach außen zu sehen. Nach innen, um sich selbst bewußt wahrzunehmen, seine Ideen, Gedanken, Phantasien, Wünsche und Gefühle mit gleichem Stellenwert zu akzeptieren und wichtig zu nehmen. Nach außen, um die anderen und die gemeinsame Aufgabe im Blick zu haben und dann auszuwählen, was ich anbiete und um was ich bitten möchte. Nur das zweifache Hinschauen – nach innen und nach außen – verhindert Egoismus, der den anderen vergißt, oder eine Helferhaltung, die sich selbst vergißt.

2. „Störungen angemessenen Raum geben"

Es hängt inhaltlich eng mit dem ersten zusammen. Es regt dazu an, den noch unbeteiligten Teil der Person in das Gruppengeschehen hereinzuholen. Schmerzen, starke Abneigung oder unaufgeräumte Vorurteile können unter Umständen der aktuellen Mitarbeit in der Gruppe ebenso im Wege stehen wie große Heiterkeit oder freudige Ereignisse. Unterschwellig schwächen sie die Konzentration auf das eigentliche Vorhaben und binden Energie, die der Arbeit fehlt.

Daher folgende Auslegung: *„Unterbrich das Gespräch, wenn Du nicht wirklich teilnehmen kannst, wenn Du gelangweilt, ärgerlich oder aus einem anderen Grunde unkonzentriert bist."* Wenn dieses beachtet wird, so hilft sich der einzelne meist aus seiner derzeitigen Position heraus, und die Gruppe weiß, was in ihm vorgeht und welchen Anteil sie daran hat.

Wo soll das hinführen, mag manch einer denken! Gewiß, der Umgang mit dieser Art von Störungsbearbeitung bedarf der Einübung. Manchmal hält dieses Vorgehen im Moment den Arbeitsablauf auf. Oft genug fördert es ihn auch, da die Störung, die der einzelne ausspricht, oft mit Problemen in der Gruppe zusammenhängt, die auch andere empfinden, ohne sie im Moment aussprechen zu können. Einer ist hier der Mund für einen Teil der Gruppe.

Die Folgen der Nichtbeachtung von Störungen sind schwerwiegend, weil sie das Lernen und die Arbeit behindern oder gar verhindern. Die Gruppe kann Störungen zwar ignorieren, wirksam sind sie trotzdem. Störungen nehmen sich den Vorrang. Sie zu ignorieren ist wie fliegen wollen, ohne das Gesetz der Schwerkraft zu beachten.

Eine Gruppe, die Störungen ihrer Mitglieder offen und akzeptierend bearbeiten kann, gewinnt die scheinbar verlorene Zeit durch konzentriertere und intensivere Arbeit zurück.

Eins muß allerdings klargestellt sein: Störungen werden nur so weit bearbeitet, wie sie den momentanen Fortgang hemmen. Sind sie damit nicht genügend aufzulösen, so sollten sie ihre „Stunde der Bearbeitung" finden und ggf. zum Thema gemacht werden.

Weitere *Spielregeln* sollen helfen, die Kommunikation untereinander offener und klarer werden zu lassen, Denken und Fühlen in Einklang zu bringen, Wahrnehmungsfähigkeit zu fördern und Reifeprozesse zu erleichtern. Sie sind keine Gesetze, sie sollen nicht reglementieren, sondern erleichtern. Zudem hängen sie wie in einem Netzwerk miteinander zusammen und sollten als Ganzes gesehen werden.

Es geht also darum, diese Regeln in ihrer eigentlichen und nicht in ihrer buchstäblichen Bedeutung zu begreifen. Im Prinzip sind sie für die meisten Arten von

Gruppen anwendbar und darüber hinaus in Zwiegesprächen ebenso wie als Haltung im täglichen Umgang sinnvoll.

3. „Vertritt Dich selbst in Deinen Aussagen: Sprich per ‚ich‘ und nicht per ‚wir‘ oder per ‚man‘!“

Die verallgemeinernden Wendungen von „wir“, wie z.B. in „wir glauben“, „man tut“, „jedermann denkt“, „niemand sollte“, sind fast immer persönliche Versteckspiele. Der Sprechende übernimmt nicht die volle Verantwortung für das, was er sagt.

Er versteckt sich hinter der öffentlichen Meinung oder einer behaupteten Mehrheit, um sich selbst und seine Zuhörer zu überzeugen. Wenn ich Bestätigung brauche oder wünsche, muß ich überprüfen, ob die anderen mir wirklich zustimmen. Aussagen einzelner Gruppenmitglieder, wie „Die Gruppe denkt“, „Wir langweilen uns alle“, „Alle sind anderer Meinung als Du“, „Wir wollen eine Kaffeepause“, sind oft nicht wahr. Das pauschale „wir“ oder „man“ zwingt die, die anderer Meinung sind, in die Abwehr, oder es beginnt das große Rätselraten, wer wohl wirklich gemeint ist.

4. „Stelle möglichst keine Fragen, es sei denn, Du erläuterst ihren Hintergrund!“

Informationsfragen sind nötig und sind in Ordnung, um etwas zu verstehen. Fragen hingegen, die kein wirkliches Verlangen nach Information ausdrücken, sind unecht. Sie können Vermeidungsspiele sein oder inquisitorische Machtkämpfe. Ausweichende Antworten oder Gegenfragen sind die Folge. Das Interview ersetzt den Dialog. Fragen können suggestiv sein und bedrängen. Wenn anstelle von Fragen Aussagen treten, inspiriert das zu weiteren Interaktionen. Immer wenn eigene Erfahrungen und Gedanken angesprochen werden, werden andere mit größter Wahrscheinlichkeit auch ihrerseits zu persönlichen Aussagen bereit sein. Der Befragte kann besser auswählen, welche Information helfen wird, wenn er den Grund der Frage kennt.

„Haben Sie schon mal mit Ihrem Mann darüber gesprochen?“ „Wieso? Den geht das doch gar nichts an!“

anstatt: „Für mich ist in solchen Situationen besonders schwierig, daß ich nicht mit meinem Mann darüber sprechen kann.“ „Ach so, daran habe ich noch gar nicht gedacht. Doch, ich glaube, das würde bei uns gehen. Das wäre ein Weg.“

5. „Seitengespräche haben Vorrang.“ Sie stören und sind zugleich meist wichtig. Sie würden nicht geschehen, wenn sie nicht wichtig wären

Wenn Teilnehmer Seitengespräche führen, so sind sie mit großer Wahrscheinlichkeit stark beteiligt – oder gar nicht! Es kann sein, daß ein Teilnehmer etwas sagen will, was ihm wichtig ist, sich aber scheut, es zu tun; oder er kommt nicht gegen schnellere Sprecher auf und braucht Hilfe, sich in der Gruppe zu exponieren.

Er kann auch aus dem Gruppenprozeß herausgefallen sein, signalisiert Langeweile, die andere auch schon plagt, und versucht nun, auf einem Privatweg die Langeweile zu beenden.

6. „Nur einer zur gleichen Zeit bitte!"

Niemand kann mehr als einer Äußerung zur gleichen Zeit zuhören. Damit man sich auf verbale Interaktionen konzentrieren kann, müssen sie nacheinander erfolgen. Der Gruppenzusammenhalt ergibt sich aus dem konzentrierten Interesse füreinander. Sofern mehr als einer gleichzeitig sprechen will, verständigt man sich in Stichworten über das, was gesagt werden soll, und über die Reihenfolge.

Die rasche Stichwortkommunikation zwischen den Sprechenden vermittelt der ganzen Gruppe einen Überblick über die Vielfalt der Gesprächsfäden, die auch später wieder aufgenommen werden können. So fühlt sich niemand übergangen. Diese Regel gibt jedem Teilnehmer die Chance, wirklich gehört zu werden.

7. „Sei authentisch und selektiv in Deiner Kommunikation. Mache Dir bewußt, was Du denkst und fühlst, und wähle aus, was Du sagst und tust!"

Authentisch sein heißt, Kontakt zu seinen eigenen Gedanken und Gefühlen zu haben. Sie geben mir Auskunft darüber, was ich jetzt brauche, wünsche oder tun sollte. Jedoch nicht alles von dem, was ich denke und fühle, werde ich sagen, nicht um alles bitten. Ich werde den anderen, die Tragfähigkeit der Beziehung, die Sache, um die es geht, die äußeren Umstände und meinen eigenen Mut dabei im Auge haben. Das bedeutet verantwortbare Selektion. Selektiv authentisch sein ist ein Weg zwischen undifferenzierter Offenheit und ängstlicher Anpassung.

8. „Beachte Signale aus Deinem Körper und achte auf solche Signale auch bei den anderen!"

Wer die Sprache seines Körpers beachten lernt, wird genauer verstehen, wie Gedanken und Aussagen von ganz bestimmten Körpergefühlen begleitet werden und wie diese ihrerseits eine Aussage machen. Auf die Sprache des Körpers zu achten, bei mir und bei anderen, verschafft wichtige zusätzliche Informationen und Austausch über das Gesprochene und Gehörte hinaus. Körpersprache mit ihren vielfältigen Ausdrucksweisen signalisiert Zutrauen oder Ablehnung, Freude oder Ärger sehr deutlich und in der Regel eher, als es ausgesprochen wird. Häufig sagt die Stimme etwas anderes als die Worte – zusätzliche Information, die aufgegriffen werden sollte.

9. „Sprich Deine persönlichen Reaktionen aus und stell Interpretationen so lange wie möglich zurück!"

Interpretationen sind manchmal an der Zeit und werden gelegentlich auch sehr korrekt und konkret ausgedrückt. Bestenfalls schaden sie nicht, meist zementieren sie aber das Gesagte. Sind Interpretationen inadäquat ausgedrückt, so erregen sie Abwehr und verlangsamen oder unterbrechen gar den Prozeß. Direkte persönliche Reaktionen hingegen, Gedanken und Gefühle, die das Gehörte bei mir auslösen, führen immer zu weiteren Aktivitäten und fördern die spontane Interaktion.

Diese Spielregeln sollen Interaktion erleichtern und lebendiger machen. Wir bieten sie als Hilfe an, nicht als zusätzlichen Streß, auch wenn sie zunächst ins Bewußtsein gehoben und neu eingeübt werden müssen.

b) Die Balance zwischen dem Ich, dem Wir und dem Thema

In TZI-Gruppen werden drei Faktoren gleichwertig behandelt: die *Person* (das „Ich"), die *Gruppe* als Ganzes (das „Wir"), *das Thema als Aufgabe der Gruppe.* Solange ein dynamisches Gleichgewicht dieser drei Faktoren immer wieder erarbeitet wird, existieren optimale Bedingungen für die Teilnehmer als Personen, für die Interaktion der Gruppe und für die Erfüllung der zu leistenden Aufgabe. Selbstverwirklichung, Kooperation und Aufgabenlösung gehen Hand in Hand.

Ein vereinfachtes Modell der Gruppenarbeit ist das Dreieck mit den Ecken *Ich – Wir – Thema,* eingebunden in die Umwelt des Teilnehmers und der Gruppe *(Globe).*

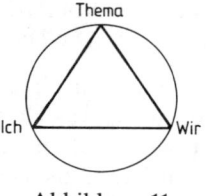

Abbildung 11

Dieses Modell ist für den Gruppenleiter eine ständig begleitende Hintergrundfigur, die ihm während der Sitzung hilft, einen Teil der Dynamik zu verstehen und Ansatzpunkte zur Balance wahrzunehmen. Das Dreieck in diesem Modell ist umgeben von einer transparenten, vielschichtigen Kugel (Globe), die die Umwelt symbolisiert, die Umwelt von Zeit, Raum, Natur, Menschen und allem, was ist, war und sein wird.

Abbildung 12: A. Dürer: „Benedikt in der Klause" (Ausschnitt)

Der Prozeß einer Gruppe ist um so erfolgreicher, je deutlicher die Funktion des dynamischen Gleichgewichts der Ich – Wir – Thema-Faktoren innerhalb der Einwirkungen dieses Globes berücksichtigt wird. Es gehört zur Kunst des Gruppenleiters, innerhalb des Lern- und Arbeitsprozesses die Ansprüche und Bedürfnisse dieser drei Faktoren miteinander auszugleichen und den Bezug zum Umfeld dabei nicht aus dem Auge zu verlieren.

Das gelingt nicht immer in jeder Sitzung. Es gibt durchaus Ich-, Wir- oder Sach- bzw. Theorie-„lastige" Sitzungen oder gar Phasen. Grundsätzlich soll aber die Aufmerksamkeit so rasch wie möglich auf den im Moment am stärksten vernachlässigten Faktor gelenkt werden. Das ist nicht im Sinne statischer Gleichheit gemeint, etwa so, daß jede Ecke gleich viel Zeitanteile eingeräumt bekommen sollte. Es trägt der Tatsache Rechnung, daß wir am Thema nicht mit voller Energie arbeiten können, wenn der einzelne keinen Bezug dazu findet oder wenn die Gruppe mit internen Problemen belastet ist. Die Aufgabe des Ausbalancierens kann nach einigem Training von den Gruppenmitgliedern mit übernommen werden. Auf diese Weise wird die Verantwortung und Selbstentfaltung der Gruppe gefördert.

Kurze Situationsanalysen werden uns Hinweise darauf geben, was zur Erreichung dieser Balance als nächstes angeboten werden sollte. Wenn morgens vornehmlich Theorie und anschließend individuelles Aufarbeiten ‚dran' war, dagegen wenig Raum gegeben wurde für Aktivität, Austausch, Umsetzung, dann ist ein Ansatzpunkt zum Weiterplanen schon ermittelt: Er liegt auf der Wir-Ebene, z. B. in Form der Arbeit in kleineren Gruppen.

Ein besonderes Augenmerk gebührt immer dem Umfeld. Soziale Systeme – so auch jede Gruppe – sind in irgendeiner Weise immer auf ihr Umfeld bezogen. Umfeld und Gruppe stehen im Austausch und damit in enger Verbindung. Eine Änderung in meinem Verhalten, Denken und Handeln – durch die Arbeit in der Gruppe erreicht – wird für die Umwelt spürbar. Sie wird darauf reagieren, stützend oder abweisend. Umgekehrt wird der Impuls zur Veränderung einzelner – oder auch ganzer Systeme – einem Anstoß aus der Umwelt entspringen.

Themenzentrierte Interaktion findet also immer dann ein fruchtbares Anwendungsfeld, wenn zwischen Menschen sich ein Prozeß entwickeln soll, der persönlich ist und zugleich zu den anderen und zum Inhalt Bezug hat. Wir haben TZI als theoretischen Hintergrund für unsere Auffassung vom Arbeiten und Lernen mit Menschen dargestellt. In der Erwachsenenbildungsarbeit bildet TZI ein gutes didaktisches Grundkonzept, das auch mit anderen methodischen Elementen wie Rollenspiel, Gestalttechniken oder Transaktions-Analyse verbunden werden kann.

4. „Ich sehe was, was Du nicht siehst" – Materialien zur Wahrnehmung (Arbeitspapier 4)

Möglicherweise wird der Leser an der einen oder anderen Stelle dieses Buches sagen: „Das sehe ich aber anders!", und unsere Antwort wäre vielleicht: „So haben wir das auch gar nicht gemeint." Wahrnehmung ist keine objektive Sache, sondern etwas, an dem wir als Person beteiligt sind. Unsere Wahrnehmung steht gewissermaßen zwischen uns und der Realität. In Gruppen ist das nicht anders. Entscheidungen im Rahmen meiner Leitungsfunktion treffe ich auf Grund meiner Wahrnehmung von dem, was geschieht. Manchmal stehe ich deshalb „daneben", weil ich die Realität nur ungenügend erfaßt habe.

Wir haben hier Materialien zusammengestellt zu:

a: Wahrnehmung allgemein
b: den verschiedenen Seiten einer Botschaft
c: Feedback-Regeln
d: Selbstbild/Fremdbild
e: Übertragungen

Alle fünf Aspekte prägen und steuern Wahrnehmung.

a) „Glauben wir, was wir sehen, oder sehen wir, was wir glauben?"

Wenn zwei Parteien z. B. in einem Konfliktfall den gleichen Sachverhalt schildern, dann scheinen diese Schilderungen manchmal „Welten" auseinander zu liegen. Wahrnehmung ist offensichtlich mehr als nur ein „objektives" Registrieren und Verarbeiten dessen, was um uns herum geschieht. Es ist ein Vorgang *im Menschen*, bei dem manche der angebotenen Daten und Fakten ausgeblendet werden und anderes hinzugefügt wird, was wir schon von früher her in uns gespeichert haben.

Damit ist angedeutet, daß sich jeder Mensch *seine eigene „Realität" konstruiert*, sich sein eigenes Bild vom „realen" Geschehen schafft. Man nennt diesen Vorgang *„selektive Wahrnehmung"*: Wir können ein Geschehen in uns und um uns herum immer nur durch unsere Filter hindurch wahrnehmen, die ähnlich wie beim Fotografieren Bildteile ausblenden, erweitern, verkleinern und farblich verändern.

Selektive Wahrnehmung ist einerseits wichtig und notwendig für den Menschen. Angesichts der Unzahl an Informationen um uns herum und angesichts der Komplexität der Umwelt ist Auswahl notwendig, um handlungsfähig zu bleiben. Selektive Wahrnehmung reduziert die Komplexität und gibt uns ein Gefühl von Sicherheit, „richtig" zu handeln. Ohne die Fähigkeit zur selektiven Wahrnehmung würden wir in Informationen ertrinken.

Andererseits bedeutet die Tatsache der selektiven Wahrnehmung, daß sich jeder der begrenzten Gültigkeit seines Bildes von der Realität bewußt sein muß. Niemand sieht die Wirklichkeit objektiv. Er muß sich mit den Bildern anderer auseinandersetzen, wenn er mit diesen zu einem gemeinsamen Handeln kommen will. Er muß sich bewußt sein, daß die andere Sichtweise in der Regel auch Wahrheiten beinhaltet. Ohne Bereitschaft zu diesem Sich-in-Frage-stellen-Lassen und ohne Toleranz führt selektive Wahrnehmung zum Dogmatismus und zur Borniertheit.

Der Mensch kommt zu seinem Bild von der Realität, indem er Information *aufnimmt, auswählt und interpretiert.* Auf diese drei Aspekte wollen wir im folgenden etwas näher eingehen. Dabei meinen wir mit Informationen alles, was der Mensch verbal oder nonverbal über seine Sinnesorgane empfangen kann.

Wahrnehmung ist, wie gesagt, mehr als nur das quasi fotografische Registrieren. Das ist nur der erste Teil davon, wobei wir schon bei dieser Analogie im Auge behalten sollten, daß auch ein Kamerafilm nur das deutlich aufzeichnen kann, was u. a. in den Grenzen des Bildausschnittes, der Qualität des Objektivs, der Verschlußzeit der Kamera, der Körnung und Empfindlichkeit des Films und in der ruhigen Hand des Bedieners liegt.

Die Analogie zur menschlichen Aufnahmefähigkeit liegt auf der Hand: Der Qualität des Objektivs könnten Beobachtungsfähigkeit, körperliche und geistige Fähigkeiten entsprechen. Die Lichtwellen repräsentieren die Sprache, in der uns eine Information angeboten wird und deren Vokabeln und Symbole wir kennen müssen. Die ruhige Hand des Kameramannes symbolisiert die Bedeutung der eigenen Ruhe und psychischen Befindlichkeit für unsere Fähigkeit, Information aufzunehmen. Was übersehen wir nicht alles in hektischen oder bedrohlichen Situationen?

Unsere bewußte Wahrnehmung bezieht jedoch selbst bei optimalen Aufnahmebedingungen nur einen Bruchteil der angebotenen Informationen mit ein. „Zum einen Ohr rein, zum anderen raus" ist die volkstümliche Umschreibung dafür. Innere Filter verursachen, daß die meisten von außen angebotenen Informationen die Stufe der bewußten Wahrnehmung nicht erreichen.

Diese Wahrnehmungsfilter bestehen zum einen in den konkreten körperlichen und geistigen (Un-)Fähigkeiten, wie sie uns angeboren oder angelernt wurden. Wir können nur bestimmte Frequenzen sehen oder hören. Wir können uns nur in bestimmten Sprachen verständigen. Wir können nur eine bestimmte Zahl von Informationen pro Zeiteinheit aufnehmen. Wir nehmen Dinge rascher wahr, die im Schwerpunkt unserer Aktivitäten liegen. Hier sehen wir mit dem geschulten Blick und besonders wacher Aufmerksamkeit Dinge, die anderen entgehen.

Eine andere Gruppe von wirksamen Filtern bilden unsere *Werte, Normen, Sitten,* die wir im Laufe unseres Lebens gelernt und akzeptiert haben. Man hat gelernt, was „einen angeht" und wo man seine Nase reinsteckt und wo nicht. Man hat seine Regeln für gut und schlecht, richtig und falsch. Vieles davon ist so verinnerlicht, daß wir kaum mehr bemerken, wie stark es unsere Wahrnehmung beeinflußt.

Werte, Normen und Sitten sind im Menschen stark emotional geerdet. Sie sprechen *Gefühle* an und damit eine dritte und gewichtige Gruppe von Wahrnehmungsfiltern: Gefühle wie Angst und Freude, Sympathie und Antipathie, Mut und Verzweiflung, Liebe oder Haß bilden eine wirksame Brille mit einer eigenen Optik und Farbgebung (von rosarot bis tiefschwarz . . .).

Wenn man jemanden mag, dann sieht man sein Tun in einem positiven Licht oder findet jedenfalls rascher Gründe dafür, warum das alles nicht so tragisch sei. Freude über einen Auftrag läßt einen leicht Probleme ungünstiger Vertragsbedingungen „übersehen". Angst kann wach machen oder starr. Häufig führt sie zur Verdrängung, zum Wegschieben oder Verniedlichen der angstauslösenden Information.

Das, was diese Wahrnehmungshürden übersprungen hat, wird weiter verändert: es wird *interpretiert.* „Ich weiß nicht, was soll es bedeuten . . .": Je nach Bedeutung, die ich einer Information gebe, wird meine Handlung anders aussehen.

Zunächst versuchen wir, Informationen in die uns vertrauten *Muster (Erfahrungen, Wertvorstellungen, Regeln und Theorien) einzuordnen.* Es wird gewissermaßen nachgeschaut, ob die Information in ein bekanntes Raster paßt. Häufig wird sie so ergänzt oder so beschnitten, daß sie „passend" wird. Selbst Bruchstücke einer Beschreibung werden rasch zu einem Ganzen aufgebaut. Jemand mit schwarzen Haaren und Schnurrbart ist – natürlich ein Südländer. Wie schnell ist jemand auf Grund der ersten Eindrücke eingeordnet und wird dann relativ lange darin festgehalten, auch wenn er sich in der Zwischenzeit geändert hat?

Erst wenn offensichtlich die Information von außen nicht mehr mit diesen Mustern der Erfahrung in Übereinstimmung zu bringen ist, beginnt ein – mitunter langer – Lernprozeß, um neue Erklärungen und neue Handlungsmuster zu entwikkeln.

Unser Vorrat an Mustern hilft uns, Informationen schnell inhaltliche und gefühlsbezogene *Bedeutung und Priorität* zu geben. Die Muster helfen uns, rasch zu erkennen, worum es sich handeln könnte, lang bevor wir alle Informationen haben. Das ist eine Überlebenschance (rasches, entschlossenes Handeln) und eine Gefahr (Fehlreaktion, unangemessene Fortschreibung überholter Erfahrungen) zugleich.

Die inneren Muster verbinden zudem Information mit *Empfindungen:* Etwas wird als schön, gefährlich, gut, häßlich etc. empfunden. Diese Empfindungen haben viel mit unserer Lebensgeschichte zu tun. Sie verbinden die aktuelle Information mit unseren früheren Erfahrungen, Vorstellungen und Urteilen und verändern sie damit. Es erinnert uns (vielleicht sogar unbewußt) jemand an eine Person, die wir von früher her kennen, und schon übertragen wir ähnliche Gefühle und Einschätzungen auf die neue Person.

Schließlich werden den Informationen *Prioritäten* verliehen: Etwas wird als wichtig oder unwichtig, sinnvoll oder unsinnig eingeordnet. Auch hier werden Werte und Normen eine wichtige Rolle spielen. Prioritäten sind jedoch auch stark von unseren *eigenen Interessen und Bedürfnissen geprägt, die wir in bezug auf eine Situation haben.*

In diesem Sinne ist jeder eingebunden in Gemeinschaften, in Rollen, in Beziehungsgeflechte, aus denen heraus ein gewisser Druck in Richtung gleichgerichteter Wahrnehmung entsteht: Man nimmt wahr, was man wahrnehmen soll und gewohnt ist, wahrzunehmen.

Die hier skizzierten Faktoren und Zusammenhänge, die auf die individuelle „Konstruktion von Realität" einwirken, erinnern uns zunächst daran, daß hinter der Wahrnehmung immer komplizierte psychologische Vorgänge stehen. Ihre Veränderung ist heikel und übersteigt rasch einmal die Fachkompetenz des Laien. Die Tatsache, daß wir immer nur selektiv wahrnehmen, hat eine wichtige Schutzfunktion für den einzelnen. Er läßt dadurch auch Dinge zugedeckt, die ihn zu sehr ängstigen oder mit denen er nicht recht fertig wird.

Wahrnehmung ist immer ein Prozeß, an dem die eigene Person mit ihrer Lebensgeschichte beteiligt ist. In diesem Sinne reagiert der Mensch nicht auf „die Realität", sondern auf sein Bild davon. Dieses Bild ist der entscheidende Anstoß für unsere Reaktionen. Auf dieses Bild hin handeln wir, treten in Kontakt, urteilen und entscheiden. Wir reagieren auf Menschen so, wie wir sie sehen, und nicht darauf, wie sie wirklich sind.

Wahrnehmung beeinflußt unser Verhalten anderen gegenüber. Daraus entsteht ein Kreislauf wechselseitiger Verhaltensbeeinflussung: Mein Verhalten wird vom anderen (wie verzerrt auch immer) wahrgenommen und beeinflußt dadurch sein

Verhalten mir gegenüber. Darauf reagiere ich wieder, usw. – ein ständiger Prozeß der gegenseitigen Steuerung und Beeinflussung. Die Qualität dieses Prozesses bestimmt jeder zu einem guten Teil selbst: Wie gut kennt er sich selbst, seine Muster und Werte, seine Vorurteile und Vorerfahrungen, seine Ängste und Schutzwälle? Wie bewußt ist er sich seiner Wirkung auf andere?

Dieses Wechselspiel betont auch die *Verantwortung für das eigene Tun.* Was trage ich bei, um meine Wahrnehmungen zu überprüfen? Was unternehme ich, um zu einem gemeinsamen Bild mit den anderen zu kommen?

Nur diese gemeinsame Bildgestaltung ermöglicht es, von der Wahrnehmung von unterschiedlichen Standpunkten aus zu gemeinsamem Handeln zu kommen.

Wenn Sie Ihre eigene Brille überprüfen wollen, mit der Sie z. B. in Gruppen Menschen wahrnehmen, dann schlagen wir Ihnen (in Anlehnung an M. Kroeger*) ein Vorgehen zur Selbstsupervision vor, zu dem Sie sich hin und wieder Zeit und Ruhe nehmen sollten, um sich für eine oder mehrere Personen aus der Gruppe die folgenden Fragen zu beantworten. Wählen Sie sich mal eine Person aus, die Ihnen sympathisch ist, mal eine, die Sie irritiert, und mal eine aus dem Mittelfeld, das man so leicht übersieht. Und nun die Fragen:

– Was tat sie (die Person) bei der letzten Sitzung, wie verhielt sie sich?
  (Versuchen Sie, möglichst nur zu beschreiben und nicht zu deuten. Jemand war vielleicht ruhig, passiv, sagte wenig, blieb in sich gekehrt – aber ob sie deshalb traurig war, kann ich nur vermuten, solange sie es nicht selbst gesagt hat.)
– Was war im Verhalten und sonst anders als die vorigen Male?
– Wie kam sie mit der angebotenen Struktur zurecht? Ist Plenum, Kleingruppe oder Einzelarbeit mehr ihre Sache? Woraus schließe ich das?
– Worüber fällt es ihr schwer zu sprechen und wie könnte ich an diesen Stellen ihr Anwalt sein? Woraus schließe ich beides?
– Wer sind in der Gruppe Personen ihres Vertrauens?
– Wer in der Gruppe ist ihr fremd, ängstigt sie, macht sie wütend? Was kann ich tun, um ihr zu konstruktiven Auseinandersetzungen mit diesen Personen zu helfen?
– An wen oder was erinnert sie mich? Was löst das bei mir aus?

b) Hören mit vier Ohren: die verschiedenen Seiten einer Botschaft

Jede Botschaft, die man jemand anderem übermittelt, wird vom Sender auf vier „Frequenzen" gesendet und vom Empfänger entsprechend empfangen und abgehört. Schulz von Thun hat das in seinem Buch „Miteinander reden: Störungen und Klärungen" sehr übersichtlich dargestellt, so daß wir hier nur kurz daran erinnern wollen.

---

* vgl. M. Kroeger, Themenzentrierte Seelsorge, S. 241

Diese *Sendung auf vier Frequenzen* kann am folgenden kleinen Beispiel verdeutlicht werden:

Angenommen, der Ehemann sagt abends:

„Liebling, es ist kein Bier mehr im Kühlschrank."

Für seine Frau hört sich das vielleicht so an:

– *auf der Sachebene:*	Es ist kein Bier mehr im Kühlschrank.
– *als Appell zum Tun oder zum Sichfühlen*	Bring bitte morgen welches mit!
– *als Mitteilung des Senders über sich selbst*	Schade, ich hätte jetzt gerne etwas getrunken, ich habe Durst.
– *als Aussage über die Beziehung zum oder die Wertschätzung für den Empfänger*	Immer wieder vergißt du, rechtzeitig Bier mitzubringen. Typisch!

Was auf den vier Frequenzen empfangen wird und wie auf welche „Sendung" reagiert wird, das hängt natürlich auch von der Sprechweise, der Mimik und Gestik etc. des Senders ab. „Der Ton macht die Musik." Verbales und Nonverbales reisen zusammen. Auf der nonverbalen Ebene liegen die Quellen für die Mißverständnisse und Doppelbotschaften. Der Satz „Liebling, es ist kein Bier mehr im Kühlschrank" ist als solcher ja zunächst eine Sachinformation und nicht unfreundlich. Zusammen mit dem Tonfall, dem schrägen Blick und der deutlich zugeschlagenen Kühlschranktür wird daraus eine ganze Story, und Liebling weiß, daß sie in diesem Moment keiner ist.

Schulz von Thun hat diesen Sachverhalt in dem schönen Bild vom „Hören mit den vier Ohren" ausgedrückt, das wir hier mit freundlicher Genehmigung des Verfassers wiedergeben (aus: Miteinander reden – Störungen und Klärungen, S. 45):

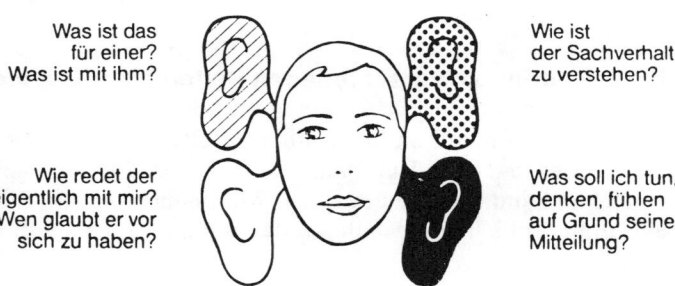

Abb. 13: Der „vierohrige Empfänger"

Aus den obigen Anmerkungen zur Wahrnehmung wissen wir, daß der Empfänger auch einiges in den Sendekanal hineinhört, was gar nicht gesendet wurde. Es gibt Beziehungen, in denen Sachinformationen praktisch nicht mehr übermittelt werden können, ohne daß sofort ein Clinch entsteht, weil der andere auf der Beziehungsfrequenz schon das leiseste Rauschen zu einem ganzen Gewitter verstärkt.

Die Tatsache, daß jede Nachricht die obigen vier Seiten hat, macht es für Sender wie Empfänger erforderlich zu überprüfen, was der andere als Botschaft empfangen hat bzw. was nun eigentlich die Botschaft sein sollte.

c) Feedback

„Ich weiß nicht, was ich gesagt habe, solange ich nicht die Antwort darauf gehört habe."

Dieser Ausspruch des Kybernetikers Norbert Wiener weist uns auf die Bedeutung der Rückkopplung für unser Lernen und unsere persönliche Entwicklung hin: Angemessenes Verhalten gegenüber Personen und Situationen lernen wir in hohem Maße dadurch, daß wir die Auswirkungen des eigenen Verhaltens auf andere beobachten und die entsprechenden Signale nutzen.

Diese Signale kommen natürlich nicht nur verbal herüber, d. h. mit Worten. Weitaus häufiger sind die nonverbalen Signale: Körpersprache, Mimik, Stimmlage, Blicke, Schweigen, Unterlassungen etc. Meistens erfahren wir Zustimmung oder Ablehnung indirekt, ungesagt – ein Lächeln, ein eisiges Schweigen, ein Gähnen, eine Einladung oder auch durch das Übergangenwerden bei der nächsten Beförderungsrunde.

Nonverbales Feedback hat freilich den Nachteil der Mehrdeutigkeit. Was ist wirklich gemeint, wenn der andere während des Gespräches auf die Uhr schaut? Langweilt er sich? Hat er einen dringenden Termin? Will er nur sicher sein, noch genügend Zeit für das Gespräch zu haben?

Feedback zu geben verbindet sich in der Regel mit drei Zielsetzungen:

- Ich will den anderen darauf aufmerksam machen, wie ich sein Verhalten erlebe und was es für mich im positiven wie im negativen Sinne bedeutet. Damit kann ich die „Produktivität" unserer Beziehung fördern: es gibt weniger unausgesprochene Stolpersteine und Reibungsverluste.
- Ich will den anderen in diesem Zusammenhang über meine Bedürfnisse und Gefühle informieren, damit er besser übersieht, auf was er Rücksicht nehmen kann. Damit muß er sich in seinem Verhalten weniger auf Vermutungen und Phantasien über mich abstützen.
- Ich will dem anderen deutlich machen, welche Veränderungen in seinem Verhalten mir (oder anderen) gegenüber die Zusammenarbeit oder den Umgang mit ihm erleichtern würden.

Sinngemäß gelten diese drei Zielsetzungen auch, wenn ich mir selbst Feedback hole.

Die *positiven Wirkungen von Feedback* liegen darin, in der Zusammenarbeit störende Verhaltensweisen zu korrigieren und hilfreiche zu verstärken. Dennoch ist es *keine leichte Angelegenheit,* Feedback zu geben oder Feedback zu nehmen.

Es kann weh tun, es kann peinlich sein, Abwehr auslösen, neue Schwierigkeiten provozieren.

Es gehört zudem nicht unbedingt zu den Normen unserer Gesellschaft und unserer Unternehmen bzw. Institutionen, offen über Gefühle zu sprechen. Es gehört auch nicht unbedingt zu den Normen, angstfrei auch den Mächtigeren zu kritisieren – mit dem Erfolg, daß z. B. viele, die Führungspositionen einnehmen, wichtige Informationen nicht mehr erhalten.

Es gibt jedoch eine Reihe von *hilfreichen Regeln und Verhaltensweisen* für beide Seiten, durch deren Beachtung Menschen zu Feedback ermutigt werden und die zu einer wichtigen Quelle des Lernens auch im Alltag werden können.

Zunächst einmal gilt, daß der Empfänger von Feedback wenig aufnehmen wird, wenn er sofort beginnt, dagegen zu argumentieren und sich zu verteidigen, so nach dem Motto: „Sie haben ja durchaus Recht in gewissen Punkten, aber..., und außerdem sollten Sie mal lieber vor der eigenen Türe kehren...".

Auch vorschnelle Zweifel an der Gültigkeit der Feedback-Information oder das Unterstellen von unlauteren Motiven bringen den Feedbackgeber rasch zum Schweigen: „Sie greifen jetzt einen Fall heraus, der aber keineswegs repräsentativ ist, und außerdem wollen Sie ja nur davon ablenken, daß...".

Im Klartext sagt der andere in allen diesen Fällen nur: „Ich will das Feedback nicht hören!" Zunächst muß man das akzeptieren. Der andere entscheidet, ob er Feedback aufnehmen und für Veränderungen nutzen will. Feedback sollte willkommen sein und nicht aufgedrängt werden.

Freilich: Wenn jemand weder ein störendes Verhalten abstellen noch sich das Feedback anhören will, dann ist Konfrontation nötig, sonst tragen die falschen Leute die Kosten.

Feedback ist am wirksamsten, wenn die folgenden Hinweise beachtet werden:

- Es sollte das Geschehen und die eigene Reaktion darauf beschreiben und dabei Verurteilungen oder Anklagen vermeiden.
- Es sollte sich auf konkrete Geschehnisse beziehen und Verallgemeinerungen vermeiden (also nicht: Sie unterbrechen ständig und hören nie zu...).
- Das Feedback muß in eigenem Namen erfolgen, da es die Beziehung zwischen dem Empfänger und dem Sender klären soll. Der Feedback-Geber handelt nicht stellvertretend für andere und versteckt sich nicht hinter dem „Wir alle..." oder „Man handelt nicht so wie Sie...".
- Feedback ist nur sinnvoll, wenn es sich auf Verhaltensweisen bezieht, die der andere auch verändern kann.
- Feedback ist keine Aufforderung zur Selbstkritik.
- Die Entscheidung, Feedback zu geben oder nicht, bezieht auch die Bedürfnisse und den Zustand des Empfängers mit ein.
- Auch die Menge der Information, die mit dem Feedback verbunden ist, muß angemessen sein. Weniger ist eher mehr.
- Ein Feedback ist kein Gang durch die Ahnengalerie. Es sollte möglichst bald nach dem aktuellen Geschehen erfolgen und sich darauf konzentrieren und nicht noch alle früheren Vorfälle mit hineinpacken.
- Feedback bezieht sich auf *Handlungen* des anderen und nicht auf seine persönli-

chen Eigenschaften. Der Feedback-Geber kann jemandem mitteilen, daß er viel geredet hat, nicht dagegen, daß er ein Vielredner sei.
– Feedback bezieht sich auf hilfreiche Verhaltensweisen ebenso wie auf störende. Es ist oft leichter und schneller realisierbar, hilfreiche Verhaltensweisen bei sich selbst zu verstärken, als störende abzubauen.

d) Selbstbild und Fremdbild oder „Gibt's mich gar dreimal?"

Feedback dient, wie gesagt, der Weitergabe unserer Wahrnehmungen vom anderen an ihn selbst – und zwar als Angebot zur Überprüfung, nicht als Wahrheit, denn wie wir als Menschen wirklich sind, bleibt schon uns selbst ein Geheimnis, erst recht einem Dritten. Eigentlich existieren wir, etwas salopp formuliert, als drei Personen (vgl. Abb. 14):

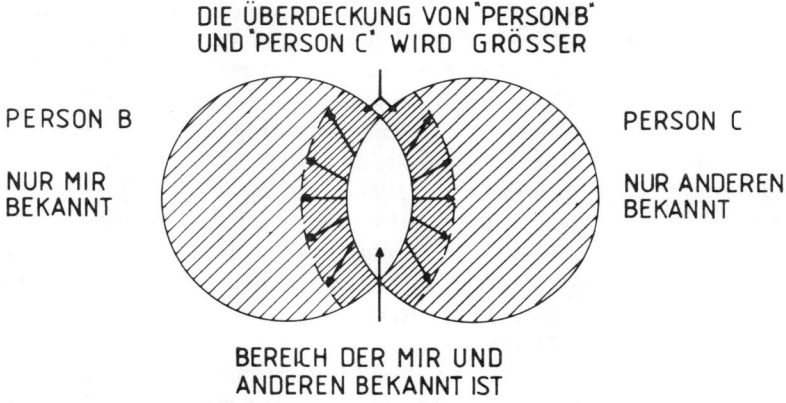

Abb. 14: Wirkung von Feedback und Zusammenarbeit

Da ist zunächst die Person, die wir wirklich sind, ohne daß wir sie je vollständig kennenlernen werden *(Person A)*.
Dann gibt es uns als Person so, wie wir uns selbst sehen *(Person B)*. Dieses Selbstbild ist immer nur ein Teil der wirklichen Person, überlagert durch Wünsche und Vorstellungen, wie wir uns gern sehen würden. Anderes verdrängen wir, nehmen es nicht in unser Selbstbild auf, weil wir es nicht als einen Teil von uns akzeptieren können.
Und schließlich gibt es noch die Person von uns, die in der Wahrnehmung der anderen modelliert wird *(Person C)*. Auch dieses Bild ist eine Mischung aus Realität und Anteilen, die der andere hinzufügt, so z. B. seine Phantasien und Vermutungen über uns.
Entscheidend dafür, wie wir bei anderen ankommen und wie andere auf uns reagieren, ist allein „Person C". Feedback, vor allem aber auch die konkrete Zusammenarbeit in der Gruppe, bewirkt, daß sich Fremdbild und Selbstbild stärker angleichen. Damit entspricht automatisch auch das, was ich bei anderen bewirke, vermehrt meinen Absichten. Fremdbild und Selbstbild wird nie dek-

kungsgleich werden. Sie werden sich, wie in der obigen Graphik gezeigt, zunehmend stärker überlappen:

Wirkung von Feedback und Zusammenarbeit: Die Überdeckung von „Person B" und „Person C" wird größer.

e) „Du erinnerst mich an...": Übertragungen und ihre Wirkungsweise

In jeder Situation, die wir durchleben, treffen wir auf Menschen, die uns in irgendeiner Weise an Personen erinnern, die uns im guten wie im schlechten in *früheren Zeiten* geprägt haben: Eltern, Geschwister, Lehrer, Freunde, Freundinnen, Chefs usw. Je früher das geschah, desto nachhaltiger ist die Prägung durch sie. Diese Erinnerungen werden ausgelöst durch innerliche oder äußerliche Ähnlichkeiten z. B. in der Gestik, der Sprache, der beruflichen Position. Wir sehen plötzlich im anderen auch die entsprechende frühere Person und *verhalten* uns ihm gegenüber so, wie wir uns jener Person gegenüber verhalten haben.

Subjektive Erfahrungen werden in das aktuelle, objektive Geschehen hineingesehen, ohne daß es bewußt wäre. Diesen Vorgang nennen wir *Übertragung*.

Dabei werden nicht nur negative Erinnerungen, Gefühle und Handlungsmuster aus der Vergangenheit in die momentane Situation hineingenommen, sondern auch positive. Beides ist gleich störend. Eine Übertragung ist immer ein „Irrtum" in Zeit, Ort und Person! Ehe diese falsche Einschätzung nicht aufgedeckt und, so gut es geht, aufgelöst wird, können die gegenwärtige Situation und der gegenwärtige Mensch nur verzerrt wahrgenommen werden. Es wird dann dementsprechend unangemessen gehandelt. Viele Enttäuschungen entstehen in dem Moment, in dem wir erkennen, daß der andere nicht der ist, den wir in ihn hineingesehen haben. Durch unsere unbewußte Selbsttäuschung haben wir den anderen nicht in seiner Realität erkennen können.

Wir leiten aus der Übertragung auch Verhaltenserwartungen an den anderen ab. Unser Gegenüber „soll" (Anforderung) oder „wird" (Prognose) sich so verhalten, wie Vater, Mutter, der große Bruder, die Lehrerin... sich damals uns gegenüber verhalten haben.

In der therapeutischen Arbeit ist die Übertragung einer der wichtigsten Gegenstände für den Klärungsprozeß der unbewußten psychischen Dynamik und der daraus resultierenden Konflikte. In Lern- und Arbeitsgruppen äußert sich die Übertragung in positiven und negativen Affekten, in zärtlichen oder feindseligen Einstellungen. So haben Übertragungen für den Empfänger oft etwas Verführerisches, manchmal jedoch auch Kränkendes, an sich. In der Regel werden sie in den hier diskutierten Gruppen nur so weit aufgegriffen, wie sie den Lern- und Kommunikationsprozeß behindern.

Im Verlauf des Gruppenprozesses sollten wir überlegen, wann es sinnvoll ist, Übertragungen anzusprechen und zu thematisieren. Das kann in einer der Sitzungen der Anfangsphase geschehen, unterstützt durch Themen wie „Wer erinnert mich hier an jemanden, den ich kenne? Welche Unterscheidung ist nötig?"

Nicht bei jedem Ärger oder bei jedem anziehenden Gefühl handelt es sich gleich um eine Übertragung. Anzeichen dafür liegen vor, wenn ein Teilnehmer mit übertriebener Hartnäckigkeit und Intensität oder sehr plötzlich und unangemessen stark z. B. mit Enttäuschungsgefühlen reagiert.

Als kleines Beispiel für Übertragungen mag das Verhalten eines Teilnehmers dienen, der sich einem anderen Teilnehmer, einem Juristen, gegenüber auffällig ablehnend, aggressiv und reserviert verhielt. Er erinnerte sich daran, daß sein Vater als Handwerker einige Erfindungen gemacht hatte, um deren Ertrag er durch einen Juristen gebracht wurde. „Ich glaube, ich habe schon mit der Muttermilch die Überzeugung aufgesogen, daß alle Juristen Lügner sind, denen man mit Vorsicht begegnen muß."

Der Leiter selbst löst unvermeidlich Übertragungen aus, vor allem im Hinblick auf Personen, deren Autorität die Teilnehmer früher erlebt haben. An diese Übertragungen knüpfen sich, wie gesagt, Erwartungen, die der Leiter enttäuschen muß, da er ein anderer ist. Er wird einen Teil dieser Übertragungen abbauen können durch Auskünfte über seine Wirklichkeit, durch Konsequenz im Verhalten und ggf. durch das Thematisieren von Übertragungen in der Gruppe. Natürlich ist auch der Leiter nicht frei von Gegenübertragungen in bezug auf die Teilnehmer. Von Gegenübertragungen spricht man, wenn Gefühlseinstellungen und Verhalten des Leiters als Gegenreaktion auf den Teilnehmer entstehen, die auch nicht der momentanen Situation entsprechen, sondern die in seiner eigenen Biographie begründet liegen und nun wiedererlebt werden. Für ihn wird es ein Teil seiner Aus- und Weiterbildung sein, daran zu arbeiten, damit sie ihm nicht bei der Arbeit mit den Teilnehmern im Wege stehen und irreführen.

5. Wenn's für den einzelnen kritisch wird: Ursachen, vorbeugende Interventionen und Vorsorge (Arbeitspapier 5)

a) Einleitung

Die Teilnahme an einer Gruppe, in der berufliche und persönliche Fortbildung angeboten wird, ist für jeden eine Art „Ausnahmesituation", in die er sich aus seinem normalen Alltag begibt und die ihm andere Freiheiten bietet und andere Anforderungen stellt. Lernen und Arbeiten an Veränderungen gehen kaum ohne Widerstand und ohne Krisen vor sich. Abschied vom Gewohnten, das Sicherheit gibt, die Konfrontation mit den eigenen Schwachstellen, unerwartete Kritik und vieles andere mehr sind Anstöße dafür. Solche Krisen sind wichtige Phasen im individuellen Lernprozeß und bei der Entwicklung von tragfähigem Zusammenspiel. Ein vertrauensvolles Klima und eine sichere Leitung helfen normalerweise darüber hinweg.

Krisen sind Chancen – schon im alten China setzte sich das Schriftzeichen für Krise aus den beiden Zeichen „Gefahr" und „Chance" zusammen.

Krisen können sich zu Gefährdungen zuspitzen, wenn sie zu spät wahrgenommen werden oder mit ihnen leichtfertig umgegangen wird. Doch auch bei hoher Aufmerksamkeit und umsichtig geplanter Leitung können im Prozeßverlauf oder durch eine an sich „harmlose" Intervention Reaktionen hervorgerufen werden, die sich zu Krisen zuspitzen oder die zu Belastungen führen, bei denen der Körper Protest anmeldet.

Um das möglichst zu vermeiden, geben wir in diesem Kapitel eine knappe Einführung in typische Grundstrukturen menschlichen Verhaltens und Reagierens. Solche Kenntnis hilft auch, um unterschiedliches Verhalten einzelner besser zu verstehen und ggf. bei der Planung und Leitung zu berücksichtigen. Dabei geben wir auch Hinweise auf präventives Leiterverhalten. Seine Interventionen können helfen, erste persönliche Krisen aufzufangen. Jede Krise bei Teilnehmern löst natürlich auch bei ihm, dem Leiter, Reaktionen aus, die mit seiner eigenen Grundstruktur zu tun haben. Es können Erinnerungen und damit alte Ängste mobilisiert werden, die seine Reaktion stärker sein lassen, als die Krise es erfordert. Zu schnelles oder auch zu langsames Reagieren kann Ausdruck solcher eigener innerer Gründe sein. Auch deshalb sollten sich jeder Leiter und jede Leiterin im Rahmen ihrer Qualifikation besonders intensiv mit ihrer Person und ihren Krisenthemen befaßt haben. Nur so kann einigermaßen sichergestellt werden, daß sich ihre Interventionen an der Krise des Teilnehmers orientieren und nicht von ihnen selbst gespeist werden.

Eine Gruppe ist nicht immer als Ganzes in einer Krisensituation. Diese baut sich anfangs aus der Desorientierung einzelner auf und läßt sich oft nur schwer zurückverfolgen, fast unterschwellig bahnt sie sich ihren Weg.

Das Verständnis der typenbezogenen Eigenarten läßt auch solche typischen Wege in die Krise besser verstehen.

b) Grundmuster menschlichen Verhaltens

Wir werden die Grundstrukturen in Anlehnung an Fritz Riemanns „Grundformen der Angst" darstellen. Es kann an dieser Stelle nicht der Ort sein, umfassende Kenntnisse zu vermitteln. Dazu verweisen wir auf Fritz Riemanns eigene Veröffentlichungen und auf praktische Weiterbildungsangebote, in denen die eigene Person und die des anderen besser kennengelernt werden können und Krisenprävention sowie Intervention und das Erkennen von neurotischen und psychotischen Krankheitsbildern gelehrt werden.

Eine gewisse Problematik in der Verwendung der Riemannschen Begriffe für unsere Zwecke liegt darin, daß die in der Tiefenpsychologie verwendeten Begriffe vor allem für die Kennzeichnung von Krankheitserscheinungen dienen und dort Bedeutung gewonnen haben. Es scheint uns aber wichtig, diese vier Anteile im „Normalbereich" kennenzulernen, gerade auch, um Zuspitzungen und ihre Konsequenzen besser zu erkennen.

Die vier Anteile (Grundstrebungen), von denen Riemann spricht und die die Gesamtpersönlichkeit darstellen, lassen sich in zwei polaren Spannungsverhältnissen ausdrücken:

Dem Grundstreben nach *Distanz* steht das nach *Nähe* gegenüber, dem Grundstreben nach *ordnenden, dauerhaften Strukturen* das nach *Wandel und Veränderung*.

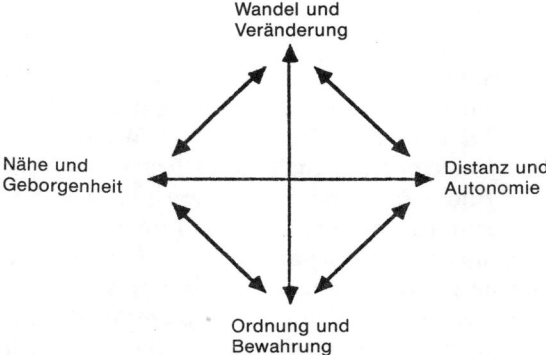

Abb. 15: Grundelemente der menschlichen Persönlichkeit

Jede Persönlichkeit gewinnt ihr Profil dadurch, daß eine dieser Grundstrebungen besonders ausgeprägt ist und die anderen demgegenüber mehr im Hintergrund stehen bzw. angstbesetzter sind. Die so entstehenden spezifischen Stärken und Schwächen, Kanten und Ecken machen die Einzigartigkeit jedes Menschen aus.

Ideal wäre es, wenn der einzelne sich flexibel zwischen den Polen bewegen könnte und je nach den Erfordernissen der Situation eine angemessene Mischung aus Nähe und Distanz, Bewahrung und Veränderung finden könnte, sowohl für sich selbst als auch für das Eingehen auf andere.

Hat sich ein Profil allerdings extrem verschoben, so erlangt es Züge, die Probleme machen, zumindest die Kommunikation erschweren. Ist eine der erwähnten Grundstrukturen bei jemandem besonders ausgeprägt, so neigt er dazu, in bestimmten Situationen leichter in Krisen zu geraten als jemand, bei dem die Durchmischung der Grundelemente für einen besseren inneren Ausgleich sorgt. Insofern hilft eine Kenntnis dieser Grundelemente auch Krisenanfälligkeit frühzeitig zu erkennen.

1. Der distanzierte Typ

In der ersten Begegnung wirkt er auf andere eher kühl und zurückhaltend, er verbreitet eine gewisse Distanz, die es dem anderen schwer macht, ihm näherzukommen. Er führt ein relativ intensives Eigendasein, möchte über längere Strekken allein sein und kann das gut, wenn auch der Wunsch, dazuzugehören, ebenso da ist. Eine Beziehung aufzunehmen und auch zu halten gelingt ihm eigentlich nur durch Sachinhalte, über die er sich mit anderen trifft und über die er dann auch seine Kontaktscheu aufgeben und Gefühle zeigen kann, wenn auch in verkleideter Form und sehr verhalten.

Seine Eigenständigkeit und Unabhängigkeit geht ihm über alles. Sie zu bewahren ist die Schutzhaltung, mit der er die Nähe, die ihn so verletzbar macht, vermeiden kann.

Der Distanzierte ist ein kritischer und scharfer Beobachter, der in seiner klaren und unsentimentalen Haltung dem ordnend-bewahrenden Typ ähnlich ist. Er kann dabei soweit gehen, daß er verletzend wirkt, besonders, wenn ihm der Rückzug aus zuviel Beziehung verwehrt wird.

Das Leben im Kollektiv der Gruppe kostet den Distanzierten viel Kraft. Während des Gruppengeschehens erlebt man ihn häufig mit einem Bein draußenstehend, was sich in Zurückziehen in den Pausen und im Wahrnehmen von Außenbeziehungen äußern kann, im sehr zurückhaltenden Einlassen am Anfang und in fast blitzartiger Abreise am Ende. Während man andere zum Abreisen ermuntern und sehr deutlich auf die Realität des Endes hinweisen muß, ist er längst weg!

Einen anderen Mechanismus, als Schutz vor allzu verbindlicher Nähe, setzt er ein, indem er persönliche Inhalte in Sachinhalte ummünzt.

Läßt man ihm nicht den Raum, den er zu seinem Wohlbefinden braucht, so droht er von Eigenständigkeit in Eigensinnigkeit und Verbohrtheit überzuwechseln und damit auch aus der Gruppe herauszufallen.

Ein konstantes Kontaktangebot dagegen, das ihm gleichzeitig die Möglichkeit zur Distanz läßt, macht ihn offen für sehr konstruktive Mitarbeit, in der er dann auch sein meist differenziertes Wesen gern zur Verfügung stellt und Witz und Spontaneität zeigt.

2. Der Nähe
  brauchende Typ

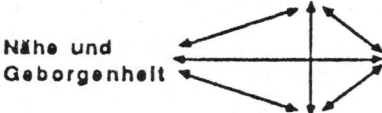

Er bildet den Gegenpol zum Distanzierten. Er kommt uns als herzlicher, offener Mensch entgegen, der vertrauensvoll auf die Angebote des Leiters eingeht und für den Zugehörigkeit und Beziehung zunächst einmal oberstes Ziel sind. Während sich beim Distanzierten die Beziehung über Sachthemen langsam anbahnt, ist für ihn zunächst der Wunsch nach Beziehung stärker als das Interesse an Sacharbeit.

Der Mensch mit dieser Grundhaltung ist ohne großes Fragen bereit mitzumachen, was angeboten wird. Er sagt eher zu spät als zu früh „nein" und trägt, wo er kann, zu einem guten Gruppenklima bei. Diese Menschen übernehmen problemlos und heiter Aufgaben für die Gruppe, selbst außerhalb der offiziellen Zeiten, und befriedigen damit auch ihren eigenen Wunsch nach Nähe und Dazugehören.

Diese relativ hohe Hilfsbereitschaft und Bevorzugung von Wärme und Akzeptanz kann allerdings auch zur Falle werden. Hat er nämlich sein Potential an Hingabe und an Hinnahme einmal unbemerkt zu weit ausgeschöpft, hat er andere zu lange umsorgt und ist zu bereitwillig auf die Angebote des Leiters eingegangen, so wird er die angestaute Spannung zwar noch über einige Zeit nach innen ableiten, wobei auch körperliche Symptome auftreten können, ehe er sich dann nach außen Luft macht, vorwurfsvoll klagend und überzogen, für Außenstehende unerwartet und für ihn selbst angstbesetzt. Ist er zu lange Konflikten aus dem Wege gegangen und will sie letztendlich doch loswerden, so mündet das häufig in eine Flut von Beschwerden auf dem Boden zu großer Erwartungen ein, oder es zeigen sich depressive und resignative Einstellungen.

Diese offene Bereitschaft mitzumachen macht's dem Leiter zunächst leichter als mit dem Distanzierten. Der Leiter sollte darauf achten, daß dieser Teilnehmer nicht klammernd und überanspruchsvoll wird, und für notwendige Grenzen sorgt. Hier kann der Leiter ein Wachstum an Autonomie fördern, indem er hilft „nein" zu sagen und Konfliktlösung einüben läßt. Der Wunsch nach Beziehung darf nicht den Sachinhalt verschlingen.

Eins fällt dem Nähe suchenden Typ auch in der Gruppe besonders schwer: das Abschiednehmen!

3. Der ordnend-bewahrende Typ

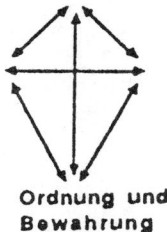

Ordnung und Bewahrung

Wir finden hier die Menschen, die uns sachlich und nüchtern entgegentreten, die gern von Anfang an wissen wollen, wo es längs geht, wie das Programm sein wird, worauf sie sich einstellen können und was sie selbst dazu beitragen können. Affekte und emotionale Impulse sind nicht ihre Sache. Der Verstand und ein gutes Gedächtnis für Tatsachen herrschen vor. Mit ihnen kann man Pläne machen und von Anfang an klare Verabredungen treffen, die sie dann allerdings auch einzuhalten wünschen. Gegen spontane Ideen und risikoreiche Veränderungsvorschläge stehen ihnen ihre Wünsche nach Dauer, Abwägbarkeit und Überschaubarkeit im Weg. Aus diesem Grund machen sie es den anderen in der Gruppe oft schwer, die länger experimentieren möchten, ehe sie sich entscheiden.

Wie der Distanzierte auf seine Weise nach Eigenständigkeit und Freiraum sucht, so ist der Ordnend-Bewahrende darüber hinaus auch noch interessiert daran, möglichst als Sieger aus einem Konflikt hervorzugehen.

Die Tüchtigkeit dieses Typs, auf Gruppen bezogen, liegt in der Fähigkeit, planend und ordnend einzugreifen und den Überblick auch dort zu behalten, wo der Rote Faden verlorenzugehen droht und Sacharbeit von Emotionen verschlungen wird. Er wird dafür sorgen, daß notwendiges Material vorhanden ist. Er scheut die Auseinandersetzung nicht. Arbeiten wie Protokolle übernimmt er zwar nicht mit fliegenden Fahnen, aber doch leichter als andere und gewinnt eine gewisse Freude daran.

Für den Leiter ist es wichtig zu wissen, daß Veränderungsschritte diesem Typ gegenüber nur in kleinen Dosen angeboten werden dürfen. Das Prinzip des geordneten Ablaufs muß für ihn nachvollziehbar bleiben. Einblick in die Planung schafft ihm beruhigende Transparenz.

4. Der überschwenglich-schwungvolle Typ

Wandel und Veränderung

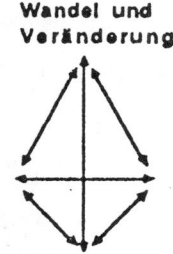

Sein Verhalten ist von einer unerschöpflichen Suche nach neuen Reizen geprägt. Jede neue Gruppe ist für ihn ein reiches Feld an Möglichkeiten, auf die er sich gern einläßt, wenn er sich auch das Zugeständnis der Unverbindlichkeit am liebsten bis zuletzt erhält.

Mit seiner liebenswerten, anregenden Art zieht er schnell die Aufmerksamkeit auf sich. Er löst sowohl positive als auch negative Reaktionen aus, von Faszination bis Aggression. Je ausgeprägter seine Art ist, um so schwieriger ist es für ihn, sich einer Gruppennorm anzupassen und Abmachungen einzuhalten. Das mögen andere nicht immer gern, aber ehe sie es ihm deutlich gesagt haben, hat er sie mit seinem Charme aufs neue verführt. Er braucht eher Zuschauer als Mitarbeiter.

Ähnlich wie der Distanzierte liebt er sein eigenes Aktionsfeld, möchte aber, anders als jener, mit dem „Publikum Gruppe" um sich herum agieren. Kontakte werden leicht geschlossen, Sach- und Arbeitsbeziehungen werden schnell aufgenommen, sind oft aber nicht von langer Dauer. Für die kurzfristige Übernahme von Rollen, auch in Rollenspielen, und für die Mitwirkung bei Übungen mit kreativer Darstellung finden wir in ihm einen willigen Partner.

Es sieht so aus, als ob hier für den Leiter sich ein unkompliziertes Gegenüber anbietet. Das starke Nach-außen-Gehen und die selten müde werdende Betriebsamkeit verlangen aber eine Standfestigkeit auf der anderen Seite. Das manchmal überschwengliche Temperament bedarf einer konsequenten Konfrontation mit der Realität, den anderen Teilnehmern und den gegebenen Rahmenbedingungen. Wenn ich mich als Leiter von ihm überfluten lasse, laufe ich Gefahr, mattgesetzt oder mitgerissen zu werden.

5. *Fazit*

Diese Kurzdarstellung der Typen soll nicht zur Schematisierung verführen. Wie schon erwähnt, hat jeder Mensch alle vier Elemente potentiell zur Verfügung, mehr oder wenig deutlich nutzbar.

Das heißt, daß er letztlich auch auf den anderen Grundstrebungen ansprechbar ist, die nicht so deutlich hervortreten. Krisen entstehen für ihn, wenn er zu schnell und zu einseitig auf den Grundstrebungen gefordert wird, auf denen er sich unerfahren fühlt und die von daher eher angstbesetzt sind. Meist kennt jeder seine „Defizite" und „Übersteigerungen" selbst ganz gut. Oft sind sie ja auch Anstoß, um sich in Lernsituationen zu begeben.

Für die Intervention des Leiters bei persönlichen Krisen in nicht-therapeutischen Situationen heißt das, ihm Angebote machen, bei denen er mit einem Fuß bei seiner Stärke (z. B. seiner Ordnungsliebe) bleiben kann, um Neues (z. B. spontanes Entscheiden) relativ angstfrei anzustreben.

c) Weitere Wege zum Verständnis der Entstehung von Krisen

Die Typenkenntnis ist nur *eine* Fährte zum Verstehen krisenträchtiger Situationen und zum Einsetzen effektiver und gezielter Interventionen. Sie hilft mir auf der persönlichen Ebene, den anderen wirklich als anders zu begreifen und mich von seiner Andersartigkeit weder einfangen („So möchte ich aber auch sein!") noch abstoßen zu lassen („Wie kann man nur so sein!").

Als zweite Fährte erinnern wir an die aufeinanderfolgenden Teilabschnitte der Gruppenphasen, wie wir sie im Arbeitspapier 1 beschrieben und durch die Kurvenabläufe verdeutlicht haben. Jede Phase und besonders die Umbruchstellen von der einen in die anderen Phase haben ihre kritischen Situationen und ihre heiklen, oft unterschwelligen Themen. Bei jedem Umbruch geht es um ein Stück neue Identitätsfindung im laufenden Prozeß. Die Anforderungen sind hoch:

Es muß sich in der Ankunftsphase der neuen Realität „Gruppe" gestellt werden, es muß ein Platz gesucht werden, es muß Kontakt aufgenommen und Vertrauen entwickelt werden, Regeln müssen erst entstehen. Während der Zugewandte endlich aus seinem Fremdheitsgefühl erlöst werden möchte, geht's dem Distanzierten viel zu schnell, so daß er schon eine rasche Abreise erwägt. Läßt man den Schwungvollen zunächst einen längeren Vortrag hören, so fällt es ihm meist schwer zu folgen, es sei denn, er ist zunächst selbst zu Wort gekommen. Ordnungsliebende Menschen dagegen schätzen es gar nicht, wenn sie mehrere Stunden auf die klare Übersicht des Seminarablaufs warten müssen und obendrein noch verwehrt bekommen, sich einige Notizen zu machen.

Eilt der Prozeß in die „Niederungen" der Kampf- und Auseinandersetzungsphase, so wird wieder jeder anders davon betroffen sein und mit anderen Ängsten reagieren. Da die Auseinandersetzungen in dieser Phase mehr noch die emotionalen Kräfte mobilisieren, wird es dem Ordnenden schnell zu chaotisch und dem Distanzierten zu dicht, sowohl äußerlich als auch innerlich. Während dieser mit seinem eigenen Bedürfnis nach Abstand in der Phase der allzu großen Nähe auch als Gegenpol für die Gruppe dient, fällt er dann häufig selbst ein wenig später in sein eigenes Loch des Alleingebliebenseins. Die Nähe und Geborgenheit Suchenden haben selten selbst den Kampf geübt und fühlen sich höchst unwohl, wenn sie in Auseinandersetzungen hineingeraten oder gar hineingestoßen werden. Dem Schwungvollen geht es gut, solange noch alles offen ist. Kritisch wird es für ihn bei Beginn der dritten Phase, wenn es um konkrete Sachinhalte, Einhalten von Verabredungen und auch mal trockene Arbeitsstrecken geht. Bei zu starker Detailarbeit und Festlegung wird man sich mit ihm etwas Entsprechendes ausdenken müssen, um die Krise des Durchhaltens zu vermeiden.

Das Ende und die Rückkehr in den Alltag erwischt jeden auf einem anderen Bein:

– den Distanzierten darf ich nicht mehr lange halten,
– der Zugewandte kann sich mit Abwenden und Abschied nehmen schlecht abfinden,
– der Ordnende muß genügend Zeit zum Aufräumen haben und alle Daten in der Tasche,
– der Überschwengliche will nicht einfach so gehen, ein rechtes Abschiedsfest muß es schon sein.

d) Wie stimmt die Balance von Thema, Ich und Wir?

Der Krisenanfälligkeit können wir auch noch auf einem dritten Weg auf die Spur kommen, nämlich anhand des Ich-Wir-Themen-Dreiecks der TZI. Schauen wir uns die Grundstrukturen noch einmal an, so sind sie in sehr spezifischer Weise auf die Eckpunkte des Dreiecks und auf die Interaktionen zwischen diesen bezogen (vgl. Abb. 11):

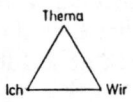

Der Distanzierte pendelt hauptsächlich zwischen dem Ich und dem Thema.
Er ist derjenige, der durch zu starke Betonung des Wir am ehesten in Bedrängnis kommt.

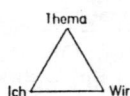

Für den Nähe und Geborgenheit Suchenden ist die Ich-Wir-Achse die tragende Komponente. In Gruppen, in denen hauptsächlich Sach- und Theorievermittlung stattfindet, gerät er leicht ins Hintertreffen, zumal wenn er es in der arbeitsfreien Zeit nicht genügend ausbalancieren kann.

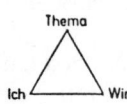

Der Ordnende und der Überschwengliche machen alle drei Ebenen zu ihrer Arbeitsbühne. Der Ordnende neigt auch als Teilnehmer dazu, das Thema präzise zu benennen und die Vorgehensweise zu organisieren, etwa so: „Wir wollen doch zunächst einmal diesen Aspekt...". Er lehrt und vermittelt weitaus lieber, als daß er sich belehren läßt.

Der Überschwengliche setzt gern seine eigene Person in die Szene des Themas, etwa so: „Stellt Euch nur vor, was mir damit passiert ist..." und versetzt dabei die anderen leicht in die Zuschauerrolle.

Verwehrt man den beiden letztgenannten Typen dieses Anliegen, wollen die anderen nicht so recht mitmachen oder erwarten persönliche Aussagen, so geraten beide auf ihre Art arg in Bedrängnis.

Wir haben nun das Zustandekommen von Konfliktfeldern, aus denen sich Krisen entwickeln können, aus drei Richtungen zusammengetragen. Daraus leiten sich zunächst – wie wir sehen – eine Reihe von Präventionsmöglichkeiten ab. Der flexible Umgang mit Arbeitsmethoden, die Abstimmung der Themenformulierung auf die unterschiedlichen Anfragen der Teilnehmer und die wiederholte Kontrolle des Balance-Dreiecks sind u. a. die Schwerpunkte präventiver Arbeit. Sie setzen im Prinzip immer beim einzelnen an. So auch die Interventionen, die notwendig werden, wenn kritische Situationen eintreten.

e) ... und wenn wir drinstecken

Akute Krisen können Teilnehmer psychisch oder körperlich so belasten, daß ihre Weiterarbeit oder gar ihre Gesundheit ernsthaft in Frage gestellt ist. Eine solche Situation ist nicht die Zeit zum Deuten oder Diagnostizieren, zu Kritik und Vorwürfen, sondern der Augenblick des Anhaltens, Wahrnehmens und Aussprechens der Situation. Eine gewisse Direktheit bringt hier eher weiter als generelle Aussagen, etwa: „Ich sehe, daß... und nehme an... Stimmt das?"

Wo eben möglich, sollte an die Eigenbestimmung des Teilnehmers appelliert werden. Solange jemand nicht völlig hilflos und desorientiert ist, weiß er meist selbst am besten, was er jetzt möchte und braucht. Vielleicht kann er zunächst auch nur das ausdrücken, was ihm jetzt auf keinen Fall hilft. Er allein weiß, was er sich zumuten möchte und was nicht. Er braucht allerdings dabei die stützende und erlaubende Zusicherung, auch ungewöhnlichen Wünschen nachgehen zu dürfen, natürlich solange sie nicht andere in Mitleidenschaft ziehen. Dazu gehört auch, daß Widerstände akzeptiert werden. Der Leiter darf nicht zulassen, daß andere Teilnehmer durch Fragen, Drängeln, Deuten u. a. den in einer Krise befindlichen Teilnehmer noch mehr in die Enge treiben.

Ein positiver emotionaler Kontakt ist die sicherste Hilfe, aus schwierigen Situationen herauszukommen. Nicht immer besteht dieser zum Leiter. Ich muß mich fragen, zu wem dieser Mensch hier in der Gruppe im Moment die beste Beziehung hat und wie ich helfen kann, diese zu stabilisieren und zu stützen, um sie als tragendes Vehikel für die notwendigen Schritte zu nutzen. Ich werde dabei positive Impulse diesem Teilnehmer gegenüber mobilisieren.

Der in einer Krise Befindliche soll mit seinen Gefühlen und Aussagen sehr ernst genommen und so akzeptiert werden, wie er im Moment ist. Er muß geschützt und gestützt werden. Für Konfrontation ist später Zeit.

Seine Aggressionen sollten, abgesehen von tätlichen Angriffen, zugelassen, ja eventuell unterstützt werden. Ebenso seine Tränen. Beides dient als notwendiges Ventil. Im übrigen gilt für die Krisenintervention der gleiche Ansatz wie für die Krisenprävention. Was dem einzelnen hilft, sich in der Gruppe zurechtzufinden, seine Eigenständigkeit zu bewahren und in der Gemeinschaft zu leben, und was wir hinlänglich im einführenden Teil dieses Kapitels skizziert haben, hilft ihm erst recht in Krisensituationen. Mehr noch als in normalen Situationen stelle ich mir jetzt die Frage: „Was braucht der einzelne, was stützt ihn?"

Beim Distanzierten werde ich vermehrt Sorge tragen, daß er seinen Freiraum findet. Der Helfend-Zugewandte braucht jetzt selbst Wärme und Zuwendung. Für denjenigen, der eher Ordnung um sich braucht, ist jetzt vermehrt ein ordnendes Element nötig, das ihm die Richtung weist und auf das er sich absolut verlassen kann. Und wenn der Überschwengliche für sich selbst die Übersicht verloren hat, so ist eine an der Realität haltende Begleitung nötig.

Neben der Arbeit an der Krise bleibt die schwierige Aufgabe, auch den anderen Teil der Gruppe nicht aus dem Auge zu verlieren. Diese doppelte Anforderung an den Kräftehaushalt des Leiters ist ein Faktor, der mitbestimmt, wie lange er mit dem Eingreifen wartet und ob er sich auf eine Krisenbearbeitung in der Gruppe einlassen kann.

Wenn durch eine Krisensituation oder andere unvorhergesehene Zwischenfälle der geplante Verlauf unterbrochen ist, so hat dadurch auch der Prozeß eine besondere Wendung genommen. Wir können nicht einfach dort anknüpfen, wo wir vor dem Einschnitt abgebrochen haben. Manchmal ist es hilfreich, mit der Gruppe, soweit es geht, eine Prozeßanalyse durchzuführen. Wenigstens nachträglich sollten die Vorgänge verstanden werden. Das mindert Angst und führt aus der Verwirrung. In jedem Fall ist aber ein Neuansatz nötig, den wir ad hoc planen müssen, wenn nicht eine Pause zunächst am geeignetsten erscheint.

f) Rund um die Sicherheit und wenn's schnell gehen muß – Vorsorge für Ausnahmesituationen

Wir können nie genau einschätzen, wie belastbar Menschen in Gruppen sind. Wir sprechen von nichts Neuem, wenn wir an mögliche zusätzliche Streßfaktoren erinnern, die bei intensiver Arbeit in Gruppen durch ungewohnte Umstände und durch Beteiligt- und Betroffensein anfallen, auch durch unerwartete Attacken anderer und durch ungewohnte Veränderungsprozesse und ungeübte Verhaltensweisen. Hiermit meinen wir psychischen Streß ebenso wie Folgen krankheitsbedingter Labilität. Während der eine sich mit Tabletteneinnahme beruhigt, läßt der andere für ihn notwendige Medikamente versehentlich weg bzw. meint, hier keine nehmen zu müssen. Und schließlich gibt es auch ohne diese Ursachen Unfälle und Erkrankungen, die rasches Handeln erfordern, z. B. ein Wespenstich.

Auch chronische Anfälligkeiten bei Teilnehmern, im normalen Alltag durchaus nicht besonders belastend und in ihren Reaktionen bekannt, können sich in Streßsituationen plötzlich anders bemerkbar machen (z. B. Asthma, Diabetes, Krampfneigung und Anfallsleiden, Tabletten- und Alkoholgebrauch, Nierenerkrankungen und Herz- und Kreislaufunregelmäßigkeiten). Dieses Buch ist jedoch nicht der richtige Ort, um die Darstellung einzelner Krankheitsbilder zu zeigen. Es könnte nur dilettantisch und wenig hilfreich ausfallen.

Es ist wichtiger, als Nicht-Mediziner und Nicht-Therapeut einen „naiven", unbefangenen Blick für Abweichungen vom „Normalen" zu behalten, als mit medizinisch-therapeutischem Halbwissen in die Falle schneller Zuordnung zu geraten. „Lieber einmal mehr als zu spät eingreifen" und „Nicht lange herumexperimentieren" ist die Devise.

Als gute Faustregel für die Entscheidung zum Eingreifen könnte hier folgendes gelten:

Spätestens wenn mir ein Teilnehmer etwas über seine Belastungen sagt oder wenn mich selbst das Verhalten eines anderen so beunruhigt, daß ich nicht mehr ruhig dabei bleiben kann, tue ich gut daran, ihn im Auge zu behalten.

Zeigt jemand z. B. eine ungewöhnlich starre Körperhaltung, schweigt jemand sehr lange und ist auch durch Ansprechen kaum zu aktivieren oder spricht unverständlich (formal oder inhaltlich), ist jemand auffallend unruhig, läuft mehrmals aus dem Raum, kann kaum stillsitzen, zieht sich Jacke oder Schuhe auffällig oft an und aus, schwitzt auffällig, nimmt jemand über längere Zeit nicht an den Mahlzeiten teil, versäumt jemand Sitzungen, ohne Nachricht zu geben, dann sind das Signale für vermehrte Aufmerksamkeit.

Als erste Aktivität werde ich ihn ansprechen. Oft braucht er meine Hilfe nicht, kann sein Verhalten erklären, und ich bin entlastet. Ein anderes Mal kann das gezielte Ansprechen schon der kleine Anstoß sein, der gefehlt hat, damit der Teilnehmer sich selbst äußern konnte. Ein gutes Beziehungsgeflecht spielt hier oft die Hauptrolle. Ich sollte mich als Leiter fragen, wie meine Beziehung zu ihm aussieht, was ich in seinem Verhalten zu mir wahrnehme und wen er sonst hier zum Vertrauten hat.

Hilfreich für gezielte Maßnahmen ist es, zu Beginn des Seminars nach eventuellen Krankheiten o. ä. zu fragen, wobei auch gesagt werden sollte, warum ich frage. Ich biete an, daß die Rückmeldungen mir einzeln gegeben werden können und daß absolute Diskretion von meiner Seite gewahrt wird. Etwa so: „Gibt es etwas, von dem Sie möchten, daß ich davon Kenntnis habe? Gibt es etwas, worauf ich für Sie mit achten sollte und wie?" Besser man hat sich vorher informiert, statt nachher lange suchen zu müssen.

Die Notwendigkeit für diese Fragen ist sicher dem Thema entsprechend unterschiedlich groß, und das „Wie" der Nachfrage erfordert das Fingerspitzengefühl des Leiters in besonderer Weise, da es hier ja nicht um alltägliche technische Absprachen geht, sondern um sehr persönliche Nachfragen, die die Balance zwischen Verantwortlichkeit und Zudringlichkeit suchen müssen.

Um im Falle eines Falles rasch reagieren zu können, helfen mir folgende *Vorabklärungen*:

– Wo gibt es einen Erste-Hilfe-Kasten (Zugang und Inhalt)?
– Gibt es einen Sanitätsraum?
– Wer wohnt in welchem Zimmer?
– Wo wohnt der nächste diensthabende Arzt (Tel.-Nr./Weg dorthin/Sonntagsdienst – steht alles im Lokalblatt!)?
– Wo ist ein Krankenhaus, wie bekommt man einen Krankentransport/ein Taxi (Tel.-Nr.)?
– Brauche ich Kleingeld, z. B. zum Telefonieren?
– Wo gibt es eine Polizeidienststelle (Tel.-Nr.)?
– Habe ich alle Schlüssel, um ggf. auch nachts Türen öffnen zu können?
– Teilnehmerliste mit Adressen.
– Wer hat mich über seine besonderen Belastungen oder Erkrankungen in Kenntnis gesetzt, evtl. meine Hilfe erbeten?
– Wer fiel mir unter dem Aspekt psychischer Anspannung auf?
– Welche Verhaltensweisen fielen mir sonst auf?
– Wer in der Gruppe könnte mir behilflich sein, z. B. mit seinem Wesen, mit Körperkraft, mit medizinischer/psychologischer/therapeutischer Ausbildung u. a.?

Übrigens: Wenn jemand ins Krankenhaus oder zum Arzt gebracht werden muß, dann in der Regel zu zweit (Fahrer + Begleiter) mitgehen.

124

VII. Leinen los...
Planung, Gestaltung und Leitung
der Anfangsphase

1. Einleitung

„Niemand steigt zweimal in den gleichen Fluß"
(Herodot, Geschichtsschreiber, 400 v. Chr.)

Dieser Satz stimmt auch für den Anfang der Arbeit mit einer Gruppe. Es ist vielleicht die gleiche Stelle am Ufer, an der ich einsteige, das gleiche Wasser ist es nie, für den Leiter nicht und nicht für die Teilnehmer. Zwei Seminare, kurz hintereinander gehalten, mit dem gleichen Thema, der gleichen Teilnehmerzahl aus einem vergleichbaren Teilnehmerkreis und mit vergleichbaren Rahmenbedingungen: Das „Ufer" stimmte durchaus überein, das Benutzen der gleichen Planung für das zweite Seminar lag auf der Hand. Es lief anders, weil es eben andere Menschen waren. Als Leiter war ich eingestiegen an der gleichen Uferstelle, aber in ein anderes Wasser.

Trotz aller „Gesetzmäßigkeit", die in der Entwicklung von Gruppen zu beobachten ist, ist es jedes Mal erneut notwendig, daß ich mich auf die ankommenden Menschen einstelle, die später das unverwechselbare Gesicht der Gruppe bilden werden.

Das spricht nicht gegen eine konkrete Vorplanung, solange ich nicht ihr Gefangener werde. Mit dem Durchschreiten der Eingangstür in den Gruppenraum (im tatsächlichen wie im übertragenen Sinne) wird sie ergänzt und verändert durch die Dynamik der jetzt entstehenden Gruppe und ihres beginnenden Prozesses.

Für keinen der Teilnehmer ist es die erste Gruppe, höchstens die erste Gruppe in dieser Art. Jeder bringt seinen Sack von Erfahrungen in Gruppen mit, den er nicht einfach zur Seite stellen kann, schon gar nicht am Anfang der Gruppe. Denken wir doch selbst einmal zurück, wie wir Anfangssituationen in Gruppen erlebt haben, in der neuen Klasse, der Jugendgruppe oder am Arbeitsplatz.

Wie sind wir damals „eingestiegen" – zurückhaltend, beobachtend oder forsch und angriffslustig? Woran erinnern wir uns spontan? Was war hilfreich, hinderlich, unerfreulich? Woran erkannten wir, daß wir „drin" waren? Diese individuellen Erfahrungen prägen das Einstiegsverhalten jedes einzelnen in der Gruppe, ob als Teilnehmer oder als Leiter.

Hinzu kommen unsere Erfahrungen im Umgang mit Menschen, besonders mit denen, die uns relativ früh als Kind geprägt haben und deren Spuren noch heute unser Verhalten mitbestimmen, wenn wir mit anderen Menschen in Kontakt treten – oder ihn vermeiden. Gerade die Anfangsphase ist besonders „geeignet", solche Kindheitserfahrungen auf der subjektiven Ebene zu aktivieren: Wir kennen uns

noch wenig und setzen deshalb an die Stelle der Kenntnis zunächst unsere Vermutungen, Phantasien und Erfahrungen.

Da der Leiter von den Teilnehmern zu Beginn in einer Art Elternrolle erlebt
wird, als eine Person mit viel Autorität, löst er auch eine Reihe solcher Übertragungen aus. Wichtig für den Leiter ist, sich bewußt zu sein, daß nicht jeder finstere
Blick, nicht jede spontane Zuneigung ihm als Person gilt, sondern dem, was auf ihn
übertragen wurde.

Das Anfangen wird das erste Viertel eines Seminars beherrschen. Was wollen
wir am Ende dieser Phase ermöglicht und erreicht haben? Im wesentlichen wird es
sich wohl um folgendes handeln:

- Ruhe finden sowie Streß und Ängste reduzieren.
- Beziehungen aufnehmen zu den anderen Teilnehmern und zum Thema.
- Orientierung geben über Ort, Ablauf und über das, was hier inhaltlich und sonst
  noch möglich sein wird.
- Ziele und Erwartungen für Inhalt und Zusammenarbeit klären.
- Abmachungen miteinander treffen: Wie und woran werden wir hier arbeiten,
  womit beginnen wir?
- Die persönliche Verantwortung für das eigene Lernen übernehmen.

Für die Vorbereitung der Anfangsphase wollen wir eines nicht aus den Augen
verlieren: das Ende. Wo wollen wir stehen, bevor wir auseinandergehen? Wenn
das Ende nicht Zufall sein soll, dann ist der Anfang um so wichtiger. „Was Du
beginnst, beginne es klug und bedenke das Ende".

Der folgende Leitfragen-Katalog konfrontiert zunächst mit der aktuellen Hier-
und-jetzt-Situation des Ankommens, dann mit dem Umfeld, aus dem die Teilnehmer gekommen sind, und schließlich mit dem Prozeß des Anfangens selbst.

2. Leitfragen zur Planung, Gestaltung und Leitung der Anfangsphase

■ Ich nehme meine Aufzeichnungen aus den *Kontrakt- und Vorbereitungsgesprächen*, meine *Grobplanung* und meine Notizen zum *Roten Faden* noch einmal auf:
  – Welche Informationen enthalten sie in bezug auf Aspekte, die für die Gestaltung der Anfangsphase wichtig sein können?
  – Welche Änderung oder Bestärkung im Verhalten, Wissen und in den praktischen Fähigkeiten soll am Ende des Seminars ermöglicht worden sein?
  – Was ergibt sich aus den Zeitstrukturen, dem zeitlichen Ende und den Zielen für das, was schon am Anfang geschehen sollte?

■ Die Teilnehmer sind angereist, und ich überlege mir, wie das sein wird:
  – Wie, wann und woher sind sie gekommen?
  – Hat jeder bereits sein Zimmer und sein „Zuhause auf Zeit" gefunden, bevor wir anfangen?
  – Was benötigen die Teilnehmer an praktischen Hinweisen und Informationen?

■ Kommen durch Anreise, Tageszeit, Wochentag, Tagungsort, organisatorische Gegebenheiten noch *Themen oder „Reste"* hinzu, die wir bearbeiten müssen?
  Wie kann ich das gegebenenfalls für den Anfangsprozeß und das gegenseitige Kennenlernen nutzbar machen?

■ Wie einen Koffer mit Kleidern, so bringt jeder Teilnehmer auch sein *inneres Gepäck* mit ins Seminar:
  – Wie will ich Gelegenheit geben, zu Beginn Teile aus diesem Gepäck anzusprechen oder loszuwerden:
    – in bezug auf Streß, Widerstand, Befürchtungen?
    – in bezug auf Freude, Hoffnungen, Erwartungen?
    – in bezug auf Geschehnisse des Tages oder auf Fragen, die jetzt schon da sind?
  – Wie kann ich diese „Gepäckstücke" in den Anfangsprozeß und das Kennenlernen einbeziehen?

■ Die Teilnehmer sind neugierig auf *mich/uns als Leiter*:
  – Was will ich zu Beginn von mir selbst und über meine Rolle und Aufgaben hier sagen?
  – Welche Normen setze ich damit?

■ Die Teilnehmer wollen erste Fühler ausstrecken, sie sind neugierig *auf die anderen*:
  – Wie will ich Kontakt und Kennenlernen erleichtern:
    – bereits in der Vorphase?
    – zu Beginn der Veranstaltung?
    – mit welchem Einstieg, welcher Übung, wieviel Zeit?

2. Leitfragen zur Planung, Gestaltung und Leitung der Anfangsphase (Fortsetzung)

- Wenn es ein *Fortsetzungskurs* ist, wir uns also schon kennen:
  - Brauchen wir Zeit, um Reste vom letzten Mal zu erledigen?
  - Wer ist neu dabei? Wie führen wir ihn ein in das, was letztes Mal lief? Wie kommt er ins Boot?
  - Was brauchen wir für den erneuten Anfang noch außer dem Abschütteln des Reisestaubes?

- Wir alle befinden uns am Anfang eines *neuen sozialen Gefüges*, in dem jeder noch *seinen Platz* und *seine Rolle* finden muß:
  - Wie will ich die Teilnehmer dabei unterstützen?
  - Welche Spielregeln will ich von mir aus am Ende der Anfangsphase mit den Teilnehmern erarbeitet und vereinbart haben?
  - Welche Kontrakte müssen die Teilnehmer sonst noch miteinander schließen, um hier gut leben und arbeiten zu können?
  - Wann besprechen wir *organisatorische Fragen* und eventuelle Aufgabenverteilungen?

- Die Teilnehmer suchen ersten Kontakt zum *Arbeitsinhalt*:
  - Was will ich zu Beginn von der Vorgeschichte dieser Veranstaltung ins Gedächtnis rufen bzw. transparent machen?
  - Wie und wann will ich ermöglichen, daß die Erwartungen und Ziele der Teilnehmer sichtbar werden können?
  - Wie und wann sprechen wir über den Roten Faden (das „Programm")?

- Die Teilnehmer suchen Kontakt zur *Arbeitsweise und Arbeitsmethode*:
  - Zeiteinteilung: Was gebe ich vor, was will ich mit den Teilnehmern gemeinsam entscheiden?
  - Wie und wann sprechen wir über die didaktischen Überlegungen, die dem Seminar zugrunde liegen?
  - Wie und ab wann will ich die Teilnehmer an der weiteren Planung beteiligen? Was verabrede ich diesbezüglich mit ihnen schon zu Beginn?

- Welche *Anfangsthemen und -strukturen* wähle ich in Anbetracht der bisherigen Überlegungen aus?
  - Wieviel Zeit kann oder muß ich für die Anfangsphase ansetzen?
  - Was muß vor der ersten größeren Pause besprochen oder geschehen sein?
  - Zu welcher Tageszeit beginnen wir? Konsequenzen?

- Ich vergesse nicht, daß ich auch *selbst ankommen* muß:
  - Ich brauche Zeit, um mich einzurichten und mich auf die neuen Aufgaben und Teilnehmer ein- und umzustellen.
  - Ich will „angekommen" sein, bevor die Teilnehmer ankommen.
  - Ich will mich mit den Co-Leitern treffen, mich austauschen und wieder anfreunden.
  - Ich will die Räume sehen und Materialien überprüfen, um rechtzeitig Fehlendes beschaffen zu können.
  - Ich brauche im Seminar auch Raum für mich, um mich zu erholen – wie berücksichtige ich das in meiner Planung?

3. Notizen zur Planung, Gestaltung und Leitung der Anfangsphase

Vieles ist ja vor dem Anfangen schon geschehen, manches davon habe ich mir in meiner Erinnerung oder in meinen Notizen aufgehoben, die ich mir im Zusammenhang mit den Vorgesprächen und der Planung des Roten Fadens gemacht habe. Ich kann dieses Material gewissermaßen zu mir sprechen lassen und zuhören, was es mir über die Teilnehmer, über die Ziele, über die möglicherweise vorhandenen Energien oder Blockaden sagt. Ich spüre beim „Zuhören" meinem Interesse am Thema und an der Gruppe nach, aber auch dem, was mich vielleicht beunruhigt und verunsichert. Ich mache mir dabei auch klar, wieviel Zeit wir haben für den gesamten Prozeß und damit auch für das Anfangen. Aus all dem kristallisiert sich heraus, was wir in den ersten Sitzungen besprechen und bearbeiten müssen, damit wir zu einer produktiven Arbeit am eigentlichen Thema des Seminars kommen.

In der Anfangsphase ist von allen, Teilnehmern und Leitern, vieles zu leisten:

– Körperlich, geistig und seelisch ankommen. Ein arabisches Sprichwort sagt, daß „die Seele zu Fuß geht", also am meisten Zeit zum Ankommen braucht.
– Kennenlernen von vielen neuen Menschen und deren Bedürfnissen und Wollen.
– Klären der eigenen Bedürfnisse und der eigenen Absichten in dieser Umgebung, in diesem Lernangebot.
– Sich zurechtfinden an einem neuen Ort.
– Kontakt aufnehmen mit den Zielen und Arbeitsinhalten.
– Erarbeiten von und leben mit den Normen, Spielregeln und Werten, die gelten oder entstehen sollen und die den Arbeitsstil, das Klima und die Ergebnisse für die Beteiligten bestimmen werden. Jeder hat dabei ein Mitspracherecht – aber er muß es erst entdecken und aktiv ausüben wollen.
– Die ersten Schritte der Planung mitgehen und schon jetzt Einfluß nehmen auf den weiteren Prozeß.
– Energie für die kommende Arbeit entwickeln.

Das ist sachlich und vor allem aber emotional anstrengend. Unsicherheit ist auszuhalten, Angst vor den anderen oder vielleicht vor schwierigen, heiklen Themen ist zu bewältigen. Vielfältige Eindrücke sind zu verarbeiten. Die Unterschiedlichkeit der Bedürfnisse und Interessen der verschiedenen Teilnehmer scheint manchmal kaum überblick- und überbrückbar. Wir brauchen uns deshalb auch nicht zu wundern, daß manche Anweisungen und Informationen am Anfang nicht gehört werden – die Teilnehmer sind durch vieles abgelenkt.

Dazu kommen die Unterschiede im Anfangstempo: Der eine braucht viel Zeit zur Aufnahme der Beziehungen, der andere will gleich „zur Sache" kommen. Diese Unterschiedlichkeiten sind ebenso unvermeidlich wie die Spannungen, die sich daraus ergeben. Es lassen sich nicht alle Interessen zur gleichen Zeit befriedigen, es braucht auch die Bereitschaft zur Geduld und gegenseitigen Akzeptanz. Das ist ein wichtiges Lernergebnis der Anfangsphase, denn in jeder Problemlösung, die wir später bearbeiten wollen, wird diese Unterschiedlichkeit der Interessen und der Änderungsbereitschaft wieder auftreten.

Mit den ersten Minuten in der Gruppe beginnt auch ihr Prozeß – wenn er nicht schon längst begonnen hat: in der Bahn, in der Garderobe, in den Zimmern, beim Warten auf das Anfangen oder in früheren Gruppen, in denen man sich bereits getroffen hat oder regelmäßig trifft, z. B. am Arbeitsplatz in der eigenen Institution. Dann ist der Arbeitsalltag „mitgekommen".

Eine erste Frage zwischen Eintreffen und Ankommen ist für viele die Frage nach dem „Zuhause auf Zeit" hier. Wo habe ich mein Bett, meinen Raum? Mit wem muß ich ihn teilen? Wie sind die Freizeitmöglichkeiten, die Bar, der Kiosk, das Telefon, die Abfahrtszeiten der Züge? Kurz: Wo sind die kleinen Haltegriffe, von denen aus ich mich orientieren, zurechtfinden und Kontakt aufnehmen kann? Als Leiter kann ich mit einfachen Mitteln (Vorinformationen, Infowände in der Eingangshalle etc.) diese Suche erleichtern.

Schon in der Anfangsphase kann sich der Charakter der Tagungsstätte und ihrer Umgebung positiv oder negativ bemerkbar machen. Sie kann das Ankommen erleichtern durch Übersichtlichkeit, Gastlichkeit, Vertrautheit oder auch durch den Reiz der Andersartigkeit, die Neugier und Interesse weckt. Sie kann durch Anonymität, schlechte Verkehrsverbindungen, unzureichende Räume, schlechte Organisation oder zu hohe Preise Spannungen erzeugen, für deren Abbau im Seminar selbst Zeit verbraucht werden wird.

Ein Tagungshaus und seine Umgebung setzen Grenzen, Bedingungen und Abhängigkeiten: Essenszeiten, Beteiligung am Abwaschen und Aufräumen, gemeinsame Benutzung von Räumen und Dingen mit anderen Gruppen. Daraus ergeben sich die ersten „Wir"-Themen dieser Gruppe: Gemeinsame Aktivitäten und organisatorische Entscheidungen tragen zur Gruppenbildung bei.

Wann fangen wir an? Morgens? Das kann heißen, daß viele früh aufstehen mußten und entsprechend müde sind. Dafür haben wir den ganzen Tag vor uns und können intensiv einsteigen. Abends oder am späten Nachmittag? Das kann bedeuten, daß etliche noch den Streß eines vollen Arbeitstages mitbringen und zur Arbeit sagen: „Heute noch nicht!" Sicher können wir aber abends noch etwas tun zum Kennenlernen und zur Orientierung. Das gemeinsame Abendessen fördert den Kontakt, was uns wiederum den Einstieg am nächsten Tag erleichtert. Einmal dort geschlafen und man ist schon mehr „da".

Mit dem inneren Ankommen steht und fällt der Start ins lebendige Lernen, das nur geschehen kann, wenn nichts aktuell Wichtiges bei den Beteiligten abgedrängt werden muß. Wer nur körperlich anwesend ist, aber emotional noch woanders „hängt", wird kaum mehr als ein Pseudointeresse zeigen können.

Die Zeit, die der Teilnehmer für das Ankommen benötigt, hängt auch von dem „inneren Gepäck" ab, das er mitbringt. Auf was verzichtet der einzelne, um hier mitmachen zu können (oder zu müssen)? Was von „dort" hält ihn so fest, daß er noch Zeit braucht, um „hier" anzukommen? Was bedeutet es z. B., daß jemand zu Hause oder im Geschäft seine/ihre Arbeit miterledigen muß und so vielleicht zum x-ten Male unfreiwillig in die Weiterbildung des Partners oder Kollegen einbezogen ist? Auch seine eigene eventuelle Unfreiwilligkeit zur Teilnahme hier muß der Teilnehmer erst einmal überwinden und sich zum Mitmachen entscheiden können. Für andere heißt es vielleicht, erst einmal ihre überspannten Erwartungen an dieses Seminar zu reduzieren, ehe sie voll dabeisein können.

Entlastend wirkt auch, wenn die Teilnehmer bald Übersicht gewinnen können über den Kurs, den wir eine Zeitlang segeln wollen – inhaltlich und klimatisch. Der einzelne muß dann weniger angespannt darauf achten, wohin sich die Geschichte eigentlich entwickelt.

Die Themen und Strukturen der Anfangsphase sollen den Kontakt mit vielen Teilnehmern ermöglichen. Ein Teil davon geschieht bereits im „Vorhof": in der Lobby, beim gemeinsamen Mittagessen, beim Begrüßungskaffee. Was will ich in dieser Hinsicht anbieten?

Kontakt zueinander ermöglicht das Plenum, ergänzt durch nicht sehr lange Kleingruppen- oder Nachbarschaftsgespräche, die letzteren zu einem persönlichen Austausch über das „Woher", über persönliche Ziele und Erwartungen und über die eigene Person. Es ist günstig, am Anfang die Kleingruppen im Plenumsraum arbeiten zu lassen und noch nicht in den Gruppenräumen: Die Anwesenheit aller und der gemeinsame Geräuschpegel schaffen emotional Verbindung und ein Gefühl für die Größe der Gruppe.

Als Themen und Übungen bzw. Spiele eignen sich für das Kennenlernen und den Kontakt solche, zu denen jeder relativ angstfrei etwas sagen bzw. beitragen kann. Kontakt und Kennenlernen sollen nicht erzwungen werden. Auch als Leiter will ich mich nicht unter Druck setzen, in möglichst kurzer Zeit möglichst viele Teilnehmer kennenzulernen.

Zum ersten Fühlerausstrecken gehört auch ganz einfach das „Lautgeben". Man muß seine eigene Stimme und die der anderen erst einmal hören, wenn man die anderen wahrnehmen will. Auch deshalb werden zu Beginn Themen und Übungen angeboten, die nur mäßig psychisch belasten und zu denen jeder seine Wahrnehmungen, Gefühle und Erfahrungen weitgehend angstfrei mitteilen kann.

Bei Einstiegsübungen oder Einstiegsthemen müssen wir uns auch Gedanken darüber machen, welche Seiteneffekte sie haben bzw. wie mit dem auftauchenden Material weitergearbeitet werden soll. Ich will mit dem Einstieg nicht etwas auslösen, was nachher noch weiterwirkt und doch nicht aufgenommen werden kann, weil Zeit und Anliegen des Seminars in eine andere Richtung drängen.

Einen weiteren Beitrag zur Entspannung leisten wir mit Themen, mit denen die Gruppe die Spielregeln für Arbeit und Klima besprechen und gemeinsam mit uns festlegen kann. Auch das muß in der Anfangsphase noch nicht im Detail erfolgen, sondern nur so weit, daß der einzelne die Spielregeln einbringen kann, die er zur Zeit für sich benötigt.

Durch seine Beteiligung an den Einstiegsthemen und -übungen gibt auch der Leiter einen Teil seiner Person bekannt. Durch zusätzliche Information über den beruflichen Hintergrund sowie über seine Rolle und seine Aufgaben hier wird er dieses Bild ergänzen. Dabei bleibt ihm (hoffentlich) bewußt, daß er mit seiner Art der Selbstdarstellung und Offenheit Normen setzt. Auch hier gilt das Prinzip, nicht forcierter offen zu sein, als es ihm selbst, den Teilnehmern und der Situation entspricht.

Anfangen müssen wir auch dann, wenn es eigentlich „nur" ein Fortsetzen ist, weil sich die Teilnehmergruppe zum wiederholten Male trifft. Niemand steht mehr da, wo er beim letzten Male aufgehört hat. Manche bringen noch Reste oder Ärger mit, Enttäuschungen, daß alles „nicht viel geholfen" hat, oder auch den Wunsch, daß alles so harmonisch weitergehen soll, wie es das letzte Mal zu Ende gegangen ist.

Ein Wiedereinstieg ist ein neuer Anfang und nicht immer leichter als ein Neubeginn – auch hier gilt der zu Beginn zitierte Ausspruch, daß wir nie in den gleichen Fluß steigen.

An jedem Anfang gibt es zwei Stimmen in mir als Teilnehmer und Leiter: Die eine ist neugierig, freut sich auf andere Menschen, nimmt sich vor, diesmal etwas Neues zu versuchen. Die andere sucht erstmal festen Grund, von dem aus tastend ein Schritt nach vorne gemacht werden kann, und will nicht zu schnell verändern. Im Zwiespalt des Beginns hat meist die zweite Stimme die Oberhand. Doch die andere wartet nur auf ihre Chance und auf Verstärkung.

Die Anfangssitzungen einer neuen Gruppe stehen mehr oder minder stark im Schatten von Unsicherheit und Angst. Was darf ich hier, was nicht? Was tut „man" hier? Kann ich meine Wünsche durchsetzen? Was wird von mir gefordert an Wissen und Verhalten? Werde ich hier auch nicht bloßgestellt? Die einen reagieren die Anfangserregung eher innerlich ab mit Herzklopfen, Muskelverspannung, Magengrummeln. Andere kompensieren sie durch erhöhte Aktivität nach außen, reden eher zuviel und zu schnell. Wir akzeptieren die Anfangsangst, wie immer sie sich ausdrückt, als eine Realität und begegnen ihr als etwas, das dazugehört und von dem auch wir als Leiter nicht frei sind.

Wir werden ihr zu Beginn der Gruppe in besonderer Weise gerecht mit klaren und informationsfördernden Strukturen und Themen, die es den Teilnehmern und den Leitern ermöglichen, Informationen zu geben und zu erhalten zur Person, zu den Erwartungen und Befürchtungen und zu den Möglichkeiten, Grenzen und Spielregeln der Arbeit hier.

Spielregeln, die wir als Leiter zu Beginn der Arbeit nennen können, beziehen sich meist auf die folgenden Punkte:

- Jeder übernimmt für sich, sein Tun und sein Lernen selbst die Verantwortung.
- Jeder respektiert die Vertraulichkeit der Gespräche hier gegenüber Dritten.
- Jeder übernimmt frühzeitig Einfluß, wenn er etwas anders haben möchte oder ihn etwas stört.
- Die Leiter sorgen dafür, daß gelernt werden kann.

Dies schafft eine akzeptierende Atmosphäre als Voraussetzung dafür, daß die Teilnehmer später auch mit Kritik oder Auseinandersetzungen konstruktiv, d. h. für sich lernend, umgehen können. Generell gehen wir am Anfang möglichst sparsam um mit Kritik und Wertung.

Die Festlegung von Spielregeln sollte zu Beginn eher dosiert erfolgen, in dem Umfang, wie es für das Anwachsen von Vertrauen und Sicherheit notwendig ist. Die meisten Spielregeln entwickeln sich aus dem Prozeß heraus an den Punkten, an denen die Gruppe erlebt, daß sie Spielregeln braucht oder bestehende Spielregeln verändern muß. Die Gruppe muß die Möglichkeit haben, ihre Spielregeln möglichst weitgehend selbst zu finden (auch wenn es in den meisten Gruppen immer wieder die gleichen sind). Mit Spielregeln ist es oft so wie mit der ersten Erfahrung, was „heiß" bedeutet: Erst das Berühren der Herdplatte läßt einen die Hitze spüren und Konsequenzen daraus ziehen.

Der Leiter setzt, ob bewußt oder unbewußt, zu Beginn Normen, an denen sich die Teilnehmer ausrichten. Er ist Orientierungstafel für Umgang und Offenheit, Zuwendung, Akzeptanz und Arbeitsstil. Diese Tatsache veranlaßt uns als Leiter, Handlungen und Worte selektiv auszuwählen nach der Überlegung:

„Was von dem, was ich derzeit denke/fühle/wahrnehme, ist für den Gruppenprozeß oder für einzelne förderlich, so daß ich es ausspreche. Was wäre eher hinderlich, womit sollte ich warten bis zu einem späteren Zeitpunkt?"

M. Kroeger hat in seinem Buch „Themenzentrierte Seelsorge" (S. 273) diesen Sachverhalt wie folgt umschrieben:

> „Ob ich es will oder nicht: Ich bin mit meinem Sprech- und Verhaltensstil, mit meinem Zutrauen oder meiner Verschlossenheit oder gar Abschätzigkeit (...) das erste, unausgesprochene Lernangebot, und vermöge meiner gruppendynamischen Stellung als Leiter bin ich es mit Gewicht und Macht."

Wie ich auch einsteige, als Leiter habe ich auch meine Besonderheiten und meinen persönlichen Bezug zum Thema. Es ist für den Teilnehmer wichtig zu erkennen,

– wie ich mir Zugang verschafft habe zum Thema,
– wo für mich wichtige Berührungspunkte sind,
– was ich als Leiter hier tun oder nicht tun kann oder will.

Ich bin als Leiter nicht einfach neutraler Moderator, sondern teilnehmend (= Anteil nehmend) an Prozeß und Thema, mit meinen Möglichkeiten, Gefühlen und Grenzen bzw. Grenzsetzungen.

Zurück zu den Menschen, die angekommen sind: Jeder ist zu Beginn der Gruppe innerlich damit beschäftigt, seinen Platz zu finden in dem sich bildenden sozialen Gefüge. Auch hier spielt uns unsere Lebensgeschichte manchen Streich: Wir haben früher in anderen Gruppen unsere Rollen gelernt, mit denen wir speziell in der Anfangsphase von Gruppen am besten klargekommen sind oder die uns zugewiesen wurden als „unsere" Rolle: Schweiger, Redner, Clown, Helfer, Spieler, Verantwortlicher usw. Wir wissen auch, wie schwierig es war und ist, aus diesen Rollen wieder herauszukommen, auch wenn sie einem lästig wurden und nie zu den gewünschten Zielen führten. Wir haben sie gut gelernt, und die Umwelt hält uns darin fest. In einem Klima der Akzeptanz und der Sicherheit werden jedoch auch andere Rollen ausprobierbar. Das Zutrauen steigt, auch andere Teile seiner Persönlichkeit zu aktivieren und zu zeigen.

Vertrauen wächst, wenn die folgenden Grundbedürfnisse des Teilnehmers respektiert und ggf. geschützt werden:

– *Zugehörigkeit*
Er möchte beachtet werden, dabeisein können, auch wenn er sich anders verhält. Er möchte nicht gleich unter den Druck des Sich-ändern-Müssens geraten.

– *Wertschätzung und Zuneigung finden*
Er will mit seiner Art und seinen Grenzen respektiert werden.
Er möchte ernst genommen und geachtet werden, auch wenn er nicht immer etwas beitragen kann. Er möchte unterstützt werden bei dem Versuch, etwas für ihn Neues auszuprobieren.

– *Einflußnahme*

Er möchte mitbestimmen können, wohin die Reise geht. Er will Störungen und Wünsche äußern dürfen und damit gehört werden. Er will selbst entscheiden, was er tun oder lassen soll.

– *Spielraum haben*

Er möchte experimentieren können, sich verändern dürfen und nicht gleich für den Rest der Zeit festgelegt werden.

Erst wenn diese Grundbedürfnisse wenigstens vom Ansatz her befriedigt worden sind, können ein vertrauensvolles Arbeitsklima und mehr Rollenflexibilität entstehen. Dort, wo zunächst diese Grundbedürfnisse noch nicht voll befriedigt werden können, weil es z. B. noch zu früh dafür ist, braucht es geeignete Schutz- und Spielregeln, die dem einzelnen Sicherheit und die Chance geben, auch später noch etwas verändern zu können – wenn er will.

Das Entstehen von Vertrauen ist Voraussetzung für offenen Informations- und Gedankenaustausch, für das Geben und Nehmen von Ideen und für das Treffen von gemeinsam getragenen Entscheidungen (statt Pseudokonsens durch Anpassung an den Stärkeren). Es hat deshalb keinen Sinn, zu tiefe oder stark konfliktbeladene oder stark aufgabenorientierte Themen zu stellen, solange nicht die Vertrauensbasis entstehen konnte. Hier zu schnell zu sein führt meist nur zu Widerstand, Konfliktvermeidung oder überzogenen und unrealistischen Zielsetzungen, die an dem Interesse vieler Teilnehmer vorbeigehen.

Wir müssen gemeinsame Vorstellungen über Ziele, Arbeit und Zusammenarbeit zwischen dem Leiter und den Teilnehmern erst erarbeiten, auch dann, wenn sich die Teilnehmer freiwillig auf eine Ausschreibung hin gemeldet haben. Jeder hat andere Erwartungen an das Leitthema, ein anderes Programm im Kopf, mit unterschiedlichen Motivationen verbunden.

Die Erfahrung zeigt allerdings, daß zu Beginn eines Arbeitsprozesses die Teilnehmer nur die Wünsche an das Thema ausdrücken können, die ihrem Bewußtsein relativ nah sind und die sie schon in Worte fassen können oder zu fassen wagen. Wichtige Fragen, vielleicht erst diffus „angedacht", vielleicht mit Angst oder Resignation (es hat ja doch keinen Zweck) besetzt, entziehen sich in dieser Phase oft der direkten Benennung. Der Vorteil des Sammelns der Erwartungen und Ziele in der Anfangsphase ist der, daß der Teilnehmer seine Wünsche erst einmal „publizieren" kann und so eine gewisse Ruhe findet, um sich auf den laufenden Prozeß zu konzentrieren. Zugleich ist es ein erster Test für ihn, inwieweit auch unkonventionelle Ziele ausgesprochen werden dürfen und Echo finden.

Die weitere Arbeit wird dann zeigen, wie konkret diese Ziele sind und wieviel Energie zu ihrer Erreichung da ist. Wichtig ist, daß in der Anfangsphase nicht zu früh schon Festlegungen erfolgen in bezug auf die zu bearbeitenden Probleme. Die Situation zu Beginn noch offenzuhalten bietet die Chance, daß im Verlauf der anfänglichen Klärungsprozesse und des Vertrauenszuwachses die für die Teilnehmer wichtigen (und nicht nur vordergründigen) Probleme benannt werden können.

Der Leiter sollte in dieser Phase der Zielbildung und der Erwartungsklärung auf einen heiklen Punkt achten: Er muß sich klar darüber sein, was er hier verspricht. Ist es ein Versprechen auf kommende, aktive Mitplanung der Teilnehmer? Ist es ein unbewußtes Verschieben von Entscheidungen auf später, statt gleich zu sagen, daß für dieses oder jenes Anliegen aus thematischen Gründen kein Platz ist? Ist der Leiter darauf eingestellt, genügend Raum für die Selbstbestimmung der Teilnehmer zu lassen und ggf. einen schwierigen Entscheidungsprozeß über Prioritäten und Themen zu moderieren? Läßt die Seminarplanung überhaupt genügend inhaltlichen und zeitlichen Spielraum? Es hat keinen Zweck, komplizierte Entscheidungsprozesse in Gang zu setzen, wenn nachher doch die Sachzwänge so sind, daß nicht viel geändert werden kann.

Als Leiter bin ich eben auch gebunden an die früheren Abmachungen mit der Institution oder dem Auftraggeber bzw. an mein Angebot in der Ausschreibung. Mit der Gruppe muß ich jetzt klären, wo sich ihre Ziele und Bedürfnisse mit den früher festgelegten Zielen und Anliegen decken.

Menschen, die sich auf eine gemeinsame Arbeit einlassen – besonders bei institutionsinternen Veranstaltungen –, sollten auch die Vorgeschichte, die zu diesem Anlaß und seinen Zielsetzungen geführt hat, kennen. Nicht selten besteht ein Informationsdefizit und daraus folgend ein gewisses Mißtrauen in bezug auf die Hintergründe bzw. die „Hintermänner/-frauen", auf deren Veranlassung die Teilnehmer hier zusammengekommen sind. Klarheit über die Motive des Auftraggebers und über die bereits getroffenen Absprachen hilft, eine Arbeit im „luftleeren" Raum zu vermeiden.

Der eventuell vorhandene Widerstand gegen bereits festgelegte Ziele und Inhalte muß besprechbar gemacht werden, statt ihm einfach durch Umdefinieren der Ziele auszuweichen. Unter Umständen würde sonst eine wichtige Auseinandersetzung mit schwierigen Themen draußen und hier verschenkt werden. Widerstand gegen ein Thema oder gegen die Diskussion eines Problems ist ja häufig ein Zeichen dafür, daß sich der einzelne oder die Gruppe vor etwas schützen möchte, sei es vor Sanktionen, vor Statusverlust, vor Verlust an Fähigkeiten und Einfluß oder einfach vor der Unsicherheit, die eine Veränderung zunächst mit sich bringt. Wenn über diese Hintergründe und Schutzbedürfnisse gesprochen werden kann, dann wird auch der Weg frei gemacht für einen Problemlöse-Prozeß.

Andererseits bin ich als Leiter nicht einfach der Vollzugsbeamte eines Auftraggebers oder meiner eigenen Ausschreibung. Meine Aufgabe als Leiter ist es ja, schon im Kontrakt mit dem Auftraggeber mir bzw. uns (Leiter und Gruppe) die Freiheit zu sichern, im Rahmen des Leitthemas die Interessen zu koordinieren und von dem Ort auszugehen, an dem die Teilnehmer gefühlsmäßig und von ihrer Sachkenntnis her stehen.

Eine letzte Frage geht an mich persönlich als Leiter. Sie spricht für sich, klingt fast banal und sei gerade deshalb besonders unterstrichen als Einladung, einmal hinzuschauen, wie mit den eigenen Kräften und Energien schonend umgegangen wird. Es strengt an, sich immer wieder auf neue Menschen einzustellen, sich ihnen zuzuwenden und sich für sie ernsthaft zu interessieren. Immer wieder gefordert zu sein von den verschiedenen Problemen und Fragen der Teilnehmer – das kann sehr ermüden. Ich brauche deshalb als Leiter auch innerhalb des Seminars meine Grenzen und Ruhezonen, in die ich mich zurückziehen kann. Ein Egoist lebt in dieser Hinsicht gesünder als jemand, der immer ansprechbar ist.

Das ist alles viel Stoff für den Anfang. Doch nichts hilft so gut und so schnell zum Arbeiten an der Sache wie ein guter Anfangsprozeß. Die paradox klingende

Aussage „Wenn du wenig Zeit hast, dann nimm dir am Anfang viel davon" erweist sich immer wieder als richtig: Es sind ja meist nicht so sehr die Sachthemen, sondern die Beziehungen zwischen den Personen und zum Thema, die blockieren, wenn sie am Anfang nicht genügend geklärt werden konnten.

Ein hohes Tempo am Anfang sagt noch nichts über die Qualität des späteren Lernprozesses! Oft ist es das wichtigste Lernerfordernis und Lernangebot der Anfangsphase, den Wechsel vom altbekannten Unterrichtetwerden hin zum lebendigen Lernen mit seinen Prinzipien der Eigenverantwortung und des eigenen Beteiligtseins am Inhalt und am Resultat des Lernens nachzuvollziehen. Das kostet Zeit. „Laßt Euch nicht blenden von zu früher Intensität und Intimität. Raketenstarts erreichen nur selten später eine gute Grundlage von Sicherheit und Vertrauen." (K. Vopel, Gruppenleiterhandbuch).

Mit der Anfangsphase ist die Gruppenbildung nicht abgeschlossen, sondern erst eingeleitet. Die Teilnehmer ebenso wie der Leiter sollten nach der Anfangsphase in der Lage sein, ihre Bedürfnisse, die Grenzen und Möglichkeiten der Inhalte der kommenden Arbeit und Zusammenarbeit so weit zu erkennen, daß sie bewußte und informierte Entscheidungen treffen können für ihr Mitmachen, ihre Beiträge und ihre Zugehörigkeit zum Ganzen bzw. zu einzelnen Untergruppen.

Wenn uns das gelungen ist, dann hat der Anfang sein Ende gefunden, dann sind wir „drin".

4. Praxisbeispiel eines Anfangs

Dieses Protokoll zeigt die Praxis eines Kursanfanges. Es handelt sich um einen Ausbildungskurs für Gruppenleiter, der mit dem Thema „Anfangen" ausgeschrieben war. Hier findet in gewisser Weise eine Doppelung statt. Die Anfangsphase, über die wir hier berichten wollen, war gleichzeitig ein Teil des gesamten Kursthemas. Wir wollen dabei unser Augenmerk auf zwei Schwerpunkte richten:

1. An diesem Beispiel kann exemplarisch gezeigt werden, wie die gegebenen Notwendigkeiten am Anfang zum Kontaktaufnehmen und zu ersten gemeinsamen Themen genutzt werden können. Hier waren es Selbstverpflegung, Instandhaltung der Räume, Waschen der Wäsche der vorherigen Gruppe – alles Eigenleistungen, die die Institution erwartete. Das gemeinsame Umfeld mußte also bewältigt werden. Die Themen des Zusammenlebens lagen auf der Schwelle.
2. Die Stationen des „inneren Ankommens" können verfolgt und nachvollzogen werden. In einer der letzten Sitzungen wurde eine Prozeßanalyse gemeinsam erstellt, die u. a. dieser Fragestellung nachging und uns Einblick gibt.

Die Teilnehmer hatten Gelegenheit, einen Markierungspunkt im inzwischen erstellten Protokoll des Seminarablaufs an diejenige Stelle zu setzen, an der sie von sich sagen konnten: „Jetzt bin ich da, jetzt bin ich drin". Sie bezeichneten also ihre *innere* Ankunftsstunde. Um die Lebendigkeit und Originalität des Prozesses mög-

lichst zu erhalten, zeigen wir das Arbeitsprotokoll zunächst nachfolgend im ver-
kleinerten Original (Abb. 16).

Betrachen wir das Ergebnis, so sind auf einen Blick drei Schwerpunkte zu
erkennen, auf denen die Punkte – Ankunftspunkte – in nahezu gleicher Anzahl zu
sehen sind:

Die *erste Gruppe* hat sich einem sehr frühen Thema (Wo wäre ich jetzt, wenn ich
nicht hier wäre, was täte ich da?) zugeordnet, das drei Dinge bewirken sollte:

1. ein innerer Transfer vom „Dort und Damals" des Alltags hier an diesen Ort und
   in diese Gruppe;
2. von sich zu sprechen, so viel und so wenig, wie es dem Bedürfnis des Teilnehmers in dieser Ankunftssituation entspricht;
3. einen ersten Schritt des Aufeinander-aufmerksam-Werdens, ein Aufeinander-
   zugehen. Meine und andere Stimmen in diesem fremden Raum zu hören ist ein
   Stück heimisch werden.

Die *zweite Gruppe* der Markierungen liegt bei den abendlichen Kleingruppen zu
dem Thema: „Ich werde mir in dieser Gruppe einen Platz suchen. Meine Erfahrungen mit Platzsuchen und wie wirkt das weiter?", bei dem man von sich selbst und
seiner eigenen Vergangenheit erzählen und im Erzählen auch Erinnerungen wek-
ken kann.

Die *dritte Gruppe* der Markierungen finden wir beim ersten Sachthema:

– Welches Anliegen habe ich, an dem ich in diesen Tagen arbeiten will?
– Was möchte ich am Ende besser können?
– Welche Hilfe brauche ich?

Hier kann der Teilnehmer seine inhaltlichen Anliegen an das Seminar loswerden.

Der Weg, der zum ganzheitlichen Lernen und Arbeiten führen sollte, war hier in
fast idealtypischer Weise vorgegeben, nämlich vom Ansprechen der einzelnen
Persönlichkeiten über erstes Kontaktaufnehmen untereinander zum Interesse an
gezielter Sacharbeit.

Aus diesem Themenablauf hat sich wiederum jeder Teilnehmer seinen Fixpunkt
herausgesucht, zu dem er sagen konnte: „Jetzt bin ich da."

Es wird sich lohnen, der Entwicklung dieser Dynamik nachzuspüren und Themen, Strukturen und Wahrnehmungen des Leiters mit den Rückmeldungen der
Teilnehmer zu vergleichen:

Durchführung einer Anfangsphase (Beispiel)

1. Tag *Themen, Strukturen und Zeiten*	*Intention, Wahrnehmungen und Kommentare des Leiters*
9.30 Uhr Das Tagungshaus steht der Gruppe zur Verfügung *1. Thema:* Was zu haben ist. Was zu tun ist. Worauf geachtet werden sollte.	Die Teilnehmer sind angekommen. Sie haben sich äußerlich orientiert. Sie haben sich mit Bett, Raum, Haus und Hof bekannt gemacht. Sie fassen Fuß. Nun erfahren sie, was es zu tun gibt und was von ihnen erwartet wird. In diesem Fall handelte es sich um

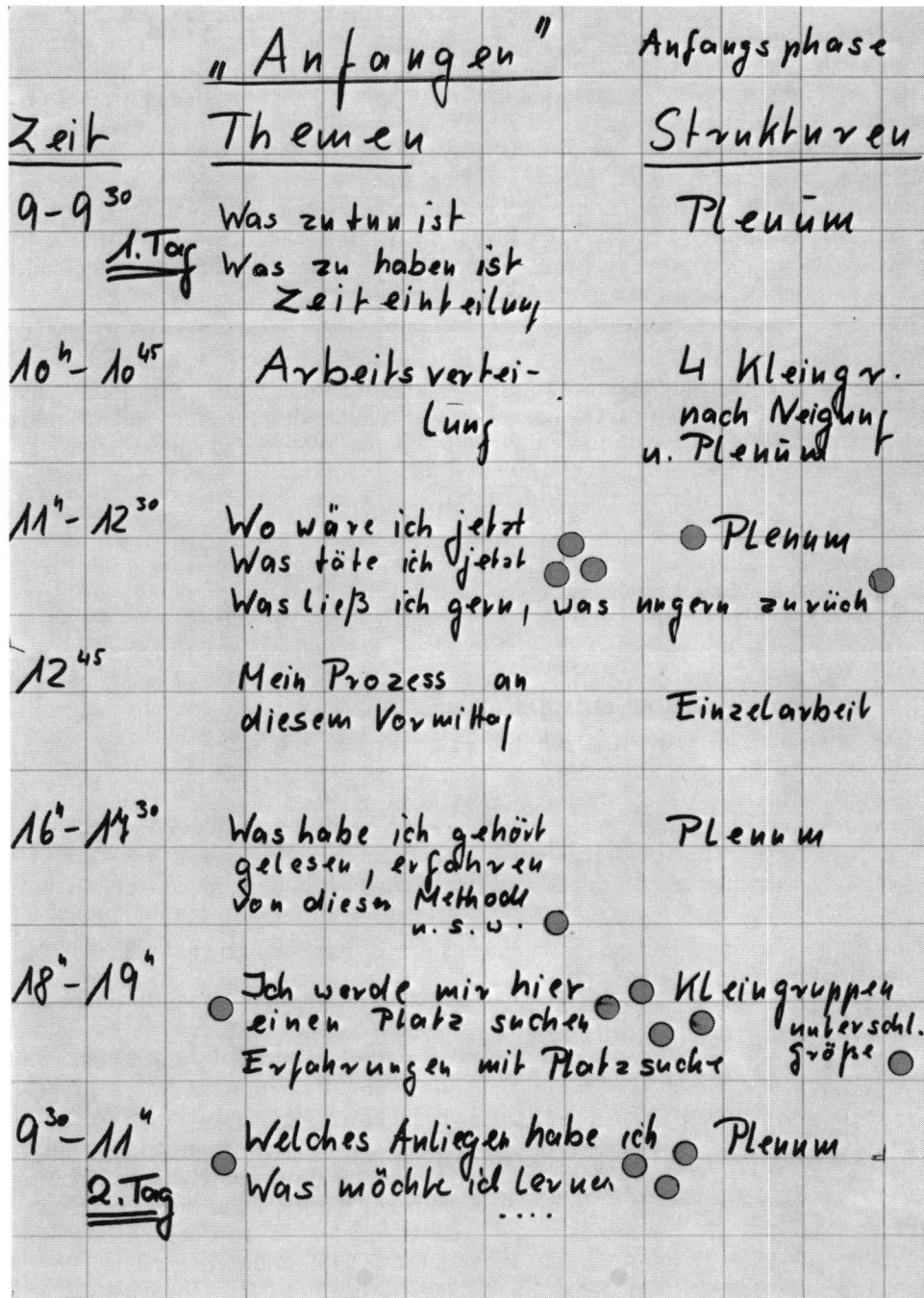

Zeit	Themen	Strukturen
9 – 9³⁰ 1.Tag	Was zu tun ist Was zu haben ist Zeiteinteilung	Plenum
10ʰ – 10⁴⁵	Arbeitsvertei- lung	4 Kleingr. nach Neigung u. Plenum
11ᵘ – 12³⁰	Wo wäre ich jetzt Was täte ich jetzt Was ließ ich gern, was ungern zurück	Plenum
12⁴⁵	Mein Prozess an diesem Vormittag	Einzelarbeit
16ᵘ – 17³⁰	Was habe ich gehört gelesen, erfahren von dieser Methode u.s.w.	Plenum
18ᵘ – 19ᵘ	Ich werde mir hier einen Platz suchen Erfahrungen mit Platzsuche	Kleingruppen unterschl. Größe
9³⁰ – 11ᵘ 2.Tag	Welches Anliegen habe ich Was möchte ich lernen	Plenum

Abb. 16

Struktur: Zeiteinteilung für die Tage.
Plenum

Selbstverpflegung für die fünf Tage und damit auch gemeinsame Verantwortung für die zur Verfügung stehenden Dinge, was gleich zu Anfang gemeinsame Organisation verlangte. Ein Vertreter der Hausleitung war dabei und gab Hinweise.

Bei der Klärung der Zeiteinteilung konnte jeder schon prüfen, ob er zwischen Alleinsein und In-der-Gruppe-Sein Balance fände.

10.00–10.45 Uhr
2. Thema: An welchen der notwendigen Hausarbeiten möchte ich mich beteiligen und wie?

Erstes gemeinsames Gruppenthema (ein Wir-Inhalt). Es sollte zur Kontaktaufnahme dienen, zu einer ersten kleinen Interaktion noch vor dem offiziellen Vorstellen.

Struktur:
25 Minuten, 4 Kleingruppen, nach Neigung:
– die gern kochen
– die gern früh aufstehen
– die am liebsten gar nichts tun würden
– die Wäscher, Abwäscher, Schmutzbeseitiger

Die Kleingruppen nach Neigung boten eine feste Struktur, niemand wurde gezwungen, gleich im Plenum zu sprechen. Das Thema setzte jeden in Aktion, die Struktur bot Entscheidungsmöglichkeiten.

Plenum: 20 Minuten Ausfüllen der vom Haus vorgegebenen Arbeitsliste per Zuruf

Die Kleingruppen blieben im Plenarraum – man fühlte sich wohl in den selbstgewählten kleinen Gruppen und war doch durch den Geräuschpegel im Raum mit allen anderen in losem Kontakt.

Das ließ ein erstes Gefühl für die beginnende Gruppe aufkommen, obwohl die offizielle Namensrunde noch nicht einmal stattgefunden hatte. So mußten die Teilnehmer hier selbst einen Weg finden, wenn sie sich ansprechen wollten. Weil in der Einführung vom Leiter Mut gemacht wurde, auch das „Gar-nichts-Tun" einmal auszuprobieren, fanden sich drei Frauen in dieser Kleingruppe. Das Ausfüllen der Arbeitsliste im Plenum verlief dann ohne Zögern und mit Spaß. Die Kochgruppe bot schon verlockende Rezepte an, und bei den »Gar-nichts-Tuern" siegte der Wunsch nach Gemeinsamkeit über die Unlust am Haushalt: Auch sie übernahmen bestimmte Aufgaben.

In der folgenden kleinen Pause wurde schon interessiert nach Räumen und Geräten gesucht. Das Fußfassen hatte begonnen, wenn auch hier noch keine „Ankunftspunkte" zu sehen sind.

11.00–12.30 Uhr

Thema: Wo wäre ich jetzt, wenn ich nicht hier wäre?
Was täte ich?
Was ließ ich gern für fünf Tage zurück, was ungern?

Struktur: Plenum ohne weitere Vorgaben. Jeder kann selbst entscheiden, wann er sprechen möchte und was er sagen möchte.

Mit diesem Thema möchte ich die Teilnehmer abholen vom „Dort und Damals" des Zuhauses und hinführen zu dieser Gruppe: Das noch einmal Zurückschauen erleichtert das Abschiednehmen und das Ankommen, gleichzeitig ein erstes Orientieren untereinander: Namen hören (steht nicht im Thema, kam aber als Aufforderung in die Einleitung), erfahren, wo der andere herkommt, was ihn beschäftigt. Auch hier ein Angebot, das selbst entscheiden läßt, wieviel jeder sagen will. Als Inhalte kamen in dieser Gesprächsrunde viel Traurigkeit und Todeserfahrung, die in letzter Zeit einige betroffen hatten, so daß sich im Persönlichkeitsbereich das Thema „Abschied" hier vor das Kurs- und Situationsthema „Anfangen" schob.

Das Beenden und Abschiednehmen als Vorläufer für Anfänge – hier von der Teilnehmerrunde thematisiert – zog sich als wichtiger Bestandteil von da an kontinuierlich durch die Themenkette. Das Aussprechen so wichtiger Erlebnisse im Plenum war wohl durch die vorhergegangenen Strukturen und Themen möglich geworden und läßt fast ein Drittel der Teilnehmer innerlich ankommen.

12.45–13.10 Uhr

Thema: Mein Prozeß mit mir selbst an diesem Vormittag mit diesen neuen Menschen.

Struktur: Jeder schreibt, in der Gruppe sitzend, seine ersten Eindrücke, Wahrnehmungen, Gefühle und wie sie sich unter Umständen schon gewandelt haben, in sein eigenes Notizbuch.

Durch das gemeinsame Schreiben wird das Gespür für das sich entwickelnde „Wir" geweckt. Durch das schriftliche Festhalten holt der einzelne das Geschehen noch einmal intensiver zu sich selbst. Außerdem soll das persönliche Erlebnismaterial Zulieferer sein für methodisches Lernen der Anfangsgestaltung. Was jeder hier selbst erlebt, ist beispielhaft für das, was die Teilnehmer in ihren eigenen Gruppen später erleben werden.

Nach einer langen Mittagspause sollte eine erste Orientierung auf der inhaltlichen Ebene folgen:

16.00–17.30 Uhr

Thema: „Was habe ich gehört, gelesen oder erlebt von dieser Methode, mit Gruppen zu arbeiten? Was hat mein Interesse geweckt, was möchte ich vertiefen?"

Struktur: Plenum

Obwohl das Thema sehr offen formuliert war – oder gerade deshalb –, verlief das Plenum schleppend. Die meisten hatten in eigenen Kursen erlebt, wie wichtige Weichen am Anfang gestellt werden, und wollten „das besser können". Differenzierter ließ sich das Lernanliegen noch nicht ausdrücken. Der Wunsch nach Gefüttertwerden war größer als das Vermögen, sich auf der inhaltlichen Ebene schon zu artikulieren. Vielleicht wollte man auch der großen Gruppe noch ausweichen.

Für den Prozeß des Ankommens schlägt erst wieder die nächste Sitzung zu Buch:

18.00–19.00 Uhr

Thema: „Ich werde mir in dieser Gruppe einen Platz suchen. Welche Erfahrungen habe ich als Kind mit „Platzsuchen" gemacht, und wie wirkt das weiter?"

Struktur: Kleingruppen 45 min.
– alle Erstgeborenen
– alle Einzelkinder
– alle mittleren Kinder

Dieses Thema hat eine zweifache Zielsetzung. Es ist zunächst dem Kursthema „Anfangen" auf der persönlichen Ebene zugeordnet. Intention: Ehe wir uns Anfängen in Gruppen zuwenden, richten wir den inneren Scheinwerfer auf eigene Anfänge im Leben. Wir gehen ins Dort und Damals. Die Kleingruppenaufteilung ermöglicht Intensität. Bei ähnlicher Ausgangslage (Erstgeborener usw.) werden Erfahrungen

– alle „Nesthäkchen"

von ganz unterschiedlicher Qualität ausgetauscht und Gleichheiten gefunden.

Die letzte Frage „. . . und wie wirkt das weiter?" setzt methodische Überlegungen frei, wie man unterschiedlichem Teilnehmerverhalten und -bedürfnis am Anfang mit einem offenen Angebot entgegenkommen kann. Für den ersten Abend scheinen dieses Thema und diese Struktur das geeignete Angebot, damit Distanz und Nähe, Offenheit und „noch nicht heute" nach eigenem Ermessen gesteuert werden können. In der späteren Erinnerung trägt diese Runde am stärksten zum Ankommen bei.

Das anschließende Plenum hat nicht mehr viel Energie, man sieht sich noch einmal, möchte nicht mehr soviel sagen. Es zieht in den freien Abend.

In diesem besonderen Fall – unser Kursthema hieß „Anfangen" – sollten auch auf jeden Fall die Fakten des ersten Tages, also des Anfangs, als Auswertungsmaterial für das Ende verfügbar sein. So regten wir noch einmal zum Aufschreiben an, diesmal ohne Strukturvorgabe.

2. Tag

Den neuen Tag beginnen wir mit einer Bewegungsübung im Freien, die allein und gemeinsam durchgeführt wird.

9.30–11.00 Uhr

Thema: „Welches Anliegen habe ich, an dem ich in diesen Tagen arbeiten will? Was möchte ich am Ende besser können? Welche Hilfe brauche ich?"

Struktur: Plenum

Im Gegensatz zum Abend vorher wurde dieses Sachthema voll Interesse aufgegriffen. Wie das Originalprotokoll zeigt, sind während dieses Prozesses dann auch die letzten innerlich angekommen.

Sammeln der einzelnen Lernanliegen, Auflisten, Gewichten, Sortieren und Einordnen in die vorhandene Zeit.

Die Anfangsphase kann nach Aussage dieses Protokolls nach diesen sechs Sitzungen als abgeschlossen gelten. Ankommen braucht seine Zeit, wenn wirklich der ganze Mensch ankommen soll.

Dieses Beispiel bestätigt, daß das Wachsen der Gesamtgruppe über persönliches Fußfassen in kleineren Einheiten und über das Bekanntwerden mit dem Inhalt geschieht.

Gleichzeitig bestätigt es die Tatsache, daß es unterschiedliche Bedingungen des Ankommens gibt und daß die Teilnehmer aus diesem Angebot ihre Schritte auswählen. Manche brauchen mehr die persönlich-interaktionelle Komponente (vgl. die ersten Themen), andere sind erst ganz da, wenn auch die Sachinhalte ins Blickfeld rücken.

Diese Gruppe war nach sechs Sitzungen arbeitsfähig und hatte entsprechende Regeln für sich entwickelt, die ihnen halfen, eine lebendige Gruppe zu sein und sich selbst zu organisieren, auch wenn im Verlauf der Tage die Ich-Wir-Themen-Balance mal unausgewogen war. Wir greifen im Praxisbeispiel der Endphase diesen Gruppenverlauf noch einmal auf.

VIII. ... unter vollen Segeln:
Prozeßbegleitung und Rollende Planung

1. Einleitung

Der Anfang ist gemacht, der Prozeß „läuft". Die Gruppe hat zunehmend an innerem Zusammenhang gewonnen. Sie wurde sich ihrer Ziele und Möglichkeiten bewußter und ist bereit, in die mehr inhaltliche Arbeit einzusteigen. Sie geht, verglichen mit dem Phasenmodell für Gruppen (vgl. S. 70 ff.), in die Phase der Produktivität. Der Rote Faden, der zu Beginn des Seminars stark leiterzentriert war, wird nun zunehmend lockerer, mit viel Raum für die Dinge, die sich aus dem Arbeitsprozeß ergeben.

Die Aufmerksamkeit des Leiters richtet sich auf die Begleitung dieser Arbeitsprozesse auf der Sachebene ebenso wie auf der psychosozialen Ebene. Als wichtigste *Ziele* verfolgt er dabei:

– die Bearbeitung der Themen des Seminars zu ermöglichen (Unterstützung der Teilnehmer im Hinblick auf die Erreichung der Ziele und der Bearbeitung für sie wichtiger Probleme),
– die Aufmerksamkeit der Teilnehmer für die Pflege der psychosozialen Ebene und der Gruppe wachzuhalten,
– die Fähigkeiten in der Gruppe zu fördern, Sachebene und psychosoziale Ebene im Zusammenhang zu sehen und entsprechend zu handeln,
– die Fähigkeit der Gruppe und des einzelnen zu erhöhen, sich bei der Bearbeitung der Ziele und Anliegen selbst zu steuern.

Das Anstreben und Fördern der Selbststeuerung der Gruppe bedeutet nicht, daß der Leiter nach und nach von der Bildfläche verschwindet. Er bleibt Anwalt der Themen und der Zielerreichung. Vor allem aber ist er Lernhelfer und Prozeßbegleiter, der dafür jedoch mit der Gruppe einen zunehmend kompetenter werdenden Partner erhält. Er wird z. B. Themen ansprechen, die unter den Teppich zu geraten drohen, auf Teilnehmer achten, die an den Rand gedrängt werden, mit der Gruppe die Realitätsnähe ihrer Pläne überprüfen oder ihr als „dritte Partei" in schwierigen Konflikt- und Entscheidungssituationen beratend zur Verfügung stehen.

Mit der engen Verbindung zwischen der sach- und der psychosozialen Ebene haben wir uns im Arbeitspapier 1 vertraut gemacht. Dementsprechend bietet der Leiter auf beiden Ebenen Themen und praktische Hilfen an. So wird er sich etwa fragen, was die Gruppe an technischen Hilfsmitteln z. B. für die Planung eines Selbsthilfeprojektes benötigt. Er wird sich jedoch auch damit beschäftigen, was sie auf der psychosozialen Ebene bearbeiten muß, um miteinander zu einer engagierten, realistischen und die Ideen aller Mitglieder berücksichtigenden Planung zu kommen. Einer Gruppe, die schwerpunktmäßig an persönlichen Themen arbeitet, wird er zur Ergänzung auch kognitive Verstehenshilfen anbieten, damit das Erlebte von seinen Hintergründen her verstanden und verallgemeinert werden kann.

Der Prozeß der Gruppe ist der Weg zu ihrem Ziel. Dieses Ziel gibt dem Prozeß Richtung, auch wenn er sich manchmal über Nebenwege dahinschlängelt oder in einer Sackgasse verfängt. Für die Gruppe und für die Qualität der Zielerreichung ist es nicht gleichgültig, auf welchem Weg, d. h. mit welchem Prozeß, die Ziele erreicht werden. Die gewünschte Art der Ergebnisse (auf der sachlichen und psychosozialen Ebene) bestimmt die Strategie der Prozeßgestaltung – und umgekehrt: Wenn die Teilnehmer z. B. lernen sollen, vermehrt zu delegieren und ihren Mitarbeitern Verantwortung und Mitwirkung (Selbststeuerung!) einzuräumen, dann muß sich dieses angestrebte Ziel als Übungsfeld schon im Prozeß niederschlagen: Man kann Kooperation nur in einem kooperativen Umfeld lernen.

Wenn wir hier von *Prozeß* sprechen, dann meinen wir damit *die zeitliche Abfolge von Tätigkeiten (auch Nichts-Tun ist eine Tätigkeit) und Verhaltensweisen einer Gruppe, mit denen sie ihre Zusammenarbeit gestaltet, ihre Aufgaben bearbeitet und mit denen sie die dafür benutzten Rollen, Spielregeln, Werte etc. entwickelt, entscheidet und verändert.* Die Arbeit des Leiters ist einer der Faktoren, die diesen Prozeß beeinflussen.

„Prozesse lassen sich nicht planen", haben wir an anderer Stelle gesagt. Zu viele Faktoren spielen hinein. Die Interventionen des Leiters, seine Phantasie und Spontaneität sowie seine Fähigkeit, in Beziehung zu den Teilnehmern zu treten und zu bleiben, das alles sind unentbehrliche Schlüssel, deren Fehlen sich nicht durch Planung oder Methodik überspielen lassen.

Ein weiterer oft benutzter Begriff ist der der *Struktur.* Hierunter fassen wir *die Rahmenvorgaben zusammen, die der Leiter oder die Gruppe sich für die jeweilige Bearbeitung des Themas vorgibt:* z. B. Zeiteinteilung, Dauer, örtliche Angaben, Gruppeneinteilung, Arbeitsanleitungen, Arbeitshilfsmittel oder Vorgaben in bezug auf die Art der Präsentation der Arbeitsergebnisse. Das englische Wort „setting" ist eigentlich eine bessere Bezeichnung dafür.

Planung ist ein vorausschauendes Sichauseinandersetzen mit den Möglichkeiten und Notwendigkeiten der kommenden Einheit(en), mit ihren Rahmenbedingungen und vor allem mit den Bedürfnissen der Menschen. Planung bedeutet auch, sich vorausschauend in die Teilnehmer oder jedenfalls in einige von ihnen hineinzuversetzen, um einen Teil dessen zu erspähen, was sie als nächstes thematisches und strukturelles Angebot benötigen. *Insofern planen wir nicht den Prozeß als solchen, sondern die Bedingungen, unter denen sich der Prozeß ereignen kann.* Bedingungen, die öffnen oder blockieren, ermöglichen oder verhindern, beschleunigen oder bremsen können.

Lernergebnisse und tragfähige Lösungen entstehen nicht als Ganzes am Reißbrett, sondern nur schrittweise. Deshalb benötigen wir auch ein entsprechend flexibles Vorgehen, das schrittweise Teilziele anpeilt, ohne dabei das Gesamtziel aus dem Auge zu verlieren. Wir bezeichnen dieses Vorgehen als *Rollende Planung* und möchten damit neben dem schrittweisen Charakter auch unterstreichen, daß die Interventionen des Leiters (s. u.) sich nicht nur am Prozeß und an den von den Teilnehmern geäußerten Wünschen orientieren. Die Ziele des Gesamtprojekts bzw. des Seminars, die Realität und die Anforderungen des Praxisfeldes der

Teilnehmer sowie die inhaltlichen Gegebenheiten bilden ebenso wichtige Wegmarken.

Rollende Planung ist im Grunde nur ein anderes Wort für den sich immer wiederholenden Zyklus von *Handeln und Überprüfung der Ergebnisse und der Art des Handelns, um daraus die nächsten Schritte abzuleiten.* Ein Zyklus, der natürlich eingebunden ist in die Ziele und die zur Verfügung stehende Zeit. Es ist gewissermaßen der Kreislauf des Lernens, der sich in dieser Folge von Tun und Überprüfen vollzieht.

Aus dem Kreislauf leiten wir die Gliederung dieses Kapitels ab. Wir wollen nach diesem einführenden Teil zunächst uns mit den Interventionen des Leiters befassen, mit denen er den Prozeß beeinflußt (sein Handeln), und danach auf die Prozeßanalyse zu sprechen kommen (Auswertung des Handelns). Am Schluß des Kapitels stehen einige ergänzende Überlegungen zur Rolle und zur Lebensgestaltung des Leiters.

2. ... an der Ruderpinne: Interventionen des Leiters

a) Vorbemerkungen

Der Leiter steuert und begleitet die Prozesse auf der psychosozialen und der Sachebene durch seine *Interventionen.* Unter Interventionen verstehen wir hier alle *Handlungen des Leiters, die er bewußt zur Beeinflussung der Arbeit und zur* (aus seiner Sicht jedenfalls) *Förderung des Lernens einzelner und der Gruppe unternimmt.* Zu den Interventionen gehören die Themen, die Strukturen, die Hinweise und Anregungen zum Vorgehen, ein Feedback, ein Hinweis, eine konfrontierende Frage etc. Nicht zu den Interventionen rechnen wollen wir Tätigkeiten des Leiters zur Stoffvermittlung als solche (z. B. Vorträge) oder seine aktive Teilnahme an der Bearbeitung eines Themas. Wegen der Bedeutung der Interventionen für den Prozeß wollen wir sie etwas genauer anschauen.

Intervention ist Teil der Leitungsaufgabe, nicht die Leitung selbst. Diese konkretisiert sich gewissermaßen in der Kette der Interventionen. Der Entscheid für eine bestimmte Intervention hängt von einer Vielzahl von Faktoren ab, die wir im folgenden zusammengestellt haben. Sie lassen sich gruppieren in Faktoren, die

– mit den Aktivitäten des Leiters (leiterbezogene Aspekte),
– mit der Gruppe und den Teilnehmern („Adressaten der Intervention"),
– mit der Art der Intervention und
– mit dem Umfeld der Gruppe im weiteren Sinne

zu tun haben. Wir werden sie in dieser Reihenfolge vorstellen.

b) Die leitungsbezogenen Aspekte der Intervention:

Es sind deren fünf:

- *Strategie: „Wohin will ich?"*
  Wie lauten die Hypothesen des Leiters darüber, wo die Gruppe steht, was sie blockiert, warum sie so funktioniert, wie sie es tut?
  Was beabsichtigt er mit der Intervention?
  Was will er damit unter Berücksichtigung von Zeit, Mitteln, den anwesenden Menschen und dem bisherigen Prozeß erreichen?
  Was soll seine Intervention ggf. zur Erreichung der Ziele des Seminars oder des Gesamtprojektes beitragen?

- *Inhalt: „Was will ich vermitteln?"*
  Hierbei geht es um den *Inhalt* dessen, was der Leiter vorschlägt, einbringt oder vormacht: Themen, Strukturen, Hinweise, Inhalt des Feedbacks etc. Es handelt sich sozusagen um die Sachebene der Intervention.

- *Prozeß: „An was knüpfe ich an, welche Dynamik will ich aufnehmen?"*
  Wie baut die Intervention *aus der Sicht des Leiters* auf dem bisherigen Prozeß auf?
  Wie steht es um den inneren Zusammenhang mit den bisherigen Interventionen?

- *Vorgehen: „Auf welche Weise?"*
  Wir rechnen dazu das praktische und technische *Prozedere,* wie bei der Durchführung einer Intervention vorgegangen wird (z. B. laute, deutliche Ankündigungen des Themas oder Anschreiben auf einem Flipchart).

- *Person: „Ich bin Teil der Intervention."*
  Die Intervention wirkt immer im Verbund mit der Persönlichkeit des Leiters und seinen Verhaltensweisen. Sie wirken quasi durch seine Person hindurch. Er ist – mal mehr, mal weniger – immer Teil der Intervention.

In der Intervention wird die Person des Leiters sichtbar. Die Art und Weise, mit der er Themen einbringt, auf Widerspruch reagiert, Feedback gibt oder sich in kritischen Situationen verhält, schafft bei den Teilnehmern ein Bild von der Persönlichkeit des Leiters, oft ohne daß dieser sich dessen bewußt ist. Selbstwahrnehmung und Sensibilität der eigenen Wirkung auf andere sind in diesem Zusammenhang ständige wichtige Themen in der persönlichen Weiterbildung des Leiters.

Die Person des Leiters kommt bei der Intervention auch in seinen Vorlieben und Vermeidungen zum Ausdruck. Jedes Thema, jede Reaktion auf eine Situation, jede Beziehung zu einzelnen Teilnehmern oder zur Gruppe enthalten persönliche Elemente von ihm. Ein Thema oder ein Stoff hat Teile, die ihm liegen, aber auch solche, mit denen er sich schwertut. Jede Beziehung und jede Einschätzung eines Geschehens sind geprägt durch seine Wahrnehmung und damit auch durch psychische Elemente in ihm (z. B. Übertragungen, Projektionen). Dadurch wird mitbestimmt, was er bei seinen Interventionen gern und spontan oder ungern und zögernd oder eventuell gar nicht macht. Wie weit ist er sich selbst dessen bewußt?

Der Leiter ist als Person besonders gefragt und gefordert in Spannungssituationen. Er kann Konflikte und Krisen nur lösen helfen, wenn er als Person reagiert und sich nicht hinter seiner Rolle verschanzt. Lernen führt fast immer durch Phasen, in denen einzelne Teilnehmer oder die Gruppe in Spannung geraten, die Konflikte und Krisen nach sich ziehen können. Ob und wie er Spannungssignale wahrnimmt und darauf reagiert, hängt u. a. auch von seiner Persönlichkeitsstruktur ab und von seinen Vorkenntnissen und Erfahrungen im Umgang mit Konflikten und Krisen (siehe z. B. auch Arbeitspapier 5). Je nachdem wird er im Vergleich eine Situation mehr oder minder bedrohlich empfinden und anders reagieren. So werden ihn z. B. seine Unsicherheit und Angst vor unkontrollierbaren Situationen zu frühzeitigen Interventionen veranlassen, durch die er eine an sich fruchtbare Austragung eines Konfliktes u. U. verhindert. Die Person des Leiters hat mit interveniert.

Seine Ausbildung und die Theorien, die er sich z. B. über den Stoff oder über die Hintergründe von Verhalten gebildet hat, beeinflussen zusätzlich seine Wahrnehmung und seine Beurteilung dessen, was er für wichtig hält, und dadurch seine Handlungen. Wenn er in Gestaltpsychologie ausgebildet ist, wird er Verhaltensweisen anders beurteilen und darauf mit anderen Interventionen reagieren, als wenn er eine TZI-Ausbildung als Gruppenleiter hat. Wenn seine Auffassung über Führung in Organisationen die ist, daß sie im wesentlichen von Einzelpersonen ausgeübt werden sollte, dann ergeben sich daraus z. B. unter dem Aspekt „Stärkung des Individuums" andere Konsequenzen im Vergleich zu einem Konzept, das sich eher an kollektiver Führung orientiert. Im ersten Fall wird der Leiter vermutlich mehr auf Durchsetzung, Delegation und klare Einzelverantwortung hinzielen, im zweiten mehr auf Teambildung, Konfliktlösung und Beratung. Inwieweit überblickt er bei sich selbst die Wirkung dieser Zusammenhänge?

Alle fünf Aspekte wirken zusammen, sich ergänzend, sich verstärkend oder sich behindernd. Aus ihnen lassen sich fünf kurze Fragen zur Überprüfung oder zur Planung von Interventionen ableiten:

- Was will ich konkret ermöglichen und warum?
- Wie will ich vorgehen und warum?
- Welche Absicht verbinde ich damit und warum?
- Wie paßt das in den bisherigen Prozeß? Woran knüpfe ich konkret an?
- Wie paßt die Intervention zu mir?

Jede Intervention wirkt auf das Gesamtsystem „Gruppe", auf ihr Zusammenspiel, ihre Beziehungen, auf ihr Funktionieren. Sie wirkt „systemisch", auch wenn sie sich nur auf einzelne Gruppenmitglieder bezieht. Das bedeutet, daß sich der Leiter Hypothesen über den Zustand der Gruppe und über die Ursachen ihres aktuellen Verhaltens bilden muß. Diese Hypothesenbildung ist eine wichtige Aufgabe des Leiters und bedingt eine kontinuierliche diagnostische Arbeit.

c) Die adressatenbezogenen Aspekte der Intervention

Die Intervention des Leiters erhält ihre Wirkung erst aus dem Zusammenspiel mit verschiedenen Facetten der Teilnehmer bzw. der Gruppe. Auch hier können wir im wesentlichen fünf Faktoren erkennen:

- *Person des Teilnehmers:*
  Wo steht der Teilnehmer im Augenblick in bezug auf seine innere Verfassung, seine Bedürfnisse, seine Fähigkeiten usw.? Was soll die Intervention in diesem Zusammenhang bewirken?

- *Interaktionen:*
  Wie sehen die derzeitige Dynamik und die Interaktion in der Gruppe aus? Wie wirken sie sich auf Zusammenarbeit, Motivation, Sicherheit u. ä. aus? Was soll die Intervention ggf. in bezug auf die Interaktion bewirken?

- *Ziele:*
  Welche Ziele dominieren jetzt in der Gruppe? Was steht im Hintergrund dieser Ziele, und was davon soll durch die Intervention aktiviert und bearbeitet werden?

- *Inhalte:*
  Was braucht die Gruppe oder der einzelne Teilnehmer jetzt als Thema, an Informationen, Feedback, Schutz oder Anregung, um weiterzukommen? Von welcher Hypothese geht der Leiter dabei aus?

- *Struktur:*
  Welchen Bedürfnissen z. B. nach Ruhe oder Bewegung, Gespräch oder Zuhören muß die Struktur (z. B. Plenum, Gruppe, Einzelarbeit) jetzt gerecht werden?

Diese fünf adressatenbezogenen Aspekte bestimmen das *innere Feld,* in dem die Intervention ihre Wirkung entfalten soll. Die *leitungsbezogenen Aspekte* können alle gut überlegt und auch untereinander stimmig sein – sie liegen trotzdem schief, wenn die *adressatenbezogenen Aspekte* nicht richtig eingeschätzt wurden. Auch sie lassen sich in fünf Fragen zusammenfassen:

- Wo steht der einzelne in der Gruppe und warum?
- Wie gehen die Mitglieder der Gruppe miteinander um und warum?
- Was wollen sie, und wohin wollen sie und warum?
- Was ist für sie jetzt als Thema wichtig und warum?
- Was brauchen sie jetzt als Struktur und warum?

d) Die Interventionsarten

Zu den wichtigsten Interventionen des Leiters gehören entsprechend dem hier genutzten Lernmodell das *Thema und seine Einführung* sowie die für das Thema angebotenen *Strukturen* der Bearbeitung. Sie spiegeln das wider, was der Leiter im Rahmen der Rollenden Planung für zweckmäßig gehalten hat. Ausführliche Überlegungen zum Finden und Formulieren von Themen und zur Leitung ihres Bearbeitungsprozesses haben wir im Arbeitspapier 2 zusammengetragen, so daß wir an dieser Stelle darauf verweisen können.

Themen- und Struktursetzung sind die Arten von Interventionen, die sich auf eine ganze Einheit oder Sequenz von Einheiten beziehen. Mit ihnen werden die Arbeitsziele des Seminars schrittweise umgesetzt.

Die eigentliche Leitung und Begleitung des Arbeitsprozesses selbst geschieht durch eine Reihe von *moderierenden* und *beratenden* Interventionen.

Moderierende Interventionen sind solche, die sich eher auf die formelle Leitung der Sitzung beziehen: das Wort erteilen, zusammenfassen, protokollieren, Zeit beachten etc. Es sind damit alle die Hilfen gemeint, die einen effizienten und zielorientierten Sitzungsverlauf gewährleisten sollen. Moderierende Interventionen sind zwar eher auf die Sachebene der Arbeit bezogen, können aber sehr negative Konsequenzen für Klima und Prozeß haben, wenn ihre Auswirkungen auf die psychosoziale Ebene vernachlässigt werden. So kann z. B. eine zu starre Moderation oder die Bevorzugung bestimmter Teilnehmer in der Diskussion das Gefühl der Manipulation und Gängelung wachrufen.

Beratende Interventionen vermitteln Erfahrungen, Einsichten und Kenntnisse bzw. regen dazu an, indem sie aktuelle Geschehnisse im Prozeß aufgreifen und verstehen oder lösen helfen. Wenn die Gruppe inhaltlich nicht weiterkommt, wenn sie sich schwertut, einen Konflikt zu lösen oder eine Entscheidung zu treffen, dann wird der Leiter mit einer beratenden Intervention versuchen, ihr weiterzuhelfen. Eine solche Intervention kann durchaus konfrontierenden Charakter haben: ein Feedback oder eine provozierende Frage. Sie kann aber auch in einer kurzen Sachinformation, im Angebot zu einer kurzen Prozeßauswertung, vielleicht sogar in einer therapeutischen Sequenz bestehen, um einem Teilnehmer und damit der Gruppe über eine Klippe hinwegzuhelfen.

Beratende Interventionen beeinflussen stärker als moderierende Interventionen den Prozeß. Schnell ist der Leiter selbst mit hineingezogen. Rasch gerät er in eine unbeabsichtigte Konfrontation mit der Gruppe oder mit einzelnen Teilnehmern, sei es, weil er interpretiert, statt seine eigenen Wahrnehmungen und Gefühle selektiv zu nennen, die ihn zu dieser Interpretation veranlassen, sei es, weil er mit seinem Expertenwissen die Gruppe zu bevormunden droht. Die Regeln für ein angemessenes Feedback gelten auch hier (vgl. Arbeitspapier 4). Mitunter wird er auch deshalb in die Auseinandersetzung hineingezogen, weil er mit seiner Intervention die Gruppe auf einen heiklen Punkt gestoßen hat und sie lieber den Leiter angreift, statt diesen Punkt aufzunehmen.

Die Tatsache, daß die moderierende und die beratende Intervention sich eher auf einen kurzen Moment des Geschehens beziehen, darf nicht darüber hinwegtäuschen, daß sie durchaus langfristig weiterwirken. Im guten wie im schlechten ist der Leiter auch hier Modell. Denn gerade durch die beratende Intervention setzt er die inhaltlichen Akzente und zeigt deutlich, wie er Zuwendung ausdrückt und in der Beziehung zum Teilnehmer steht – auch unter dem Druck der Ereignisse.

Die Aufgabe des Leiters, den Prozeß der Gruppe zu moderieren und zu steuern, verlangt eine gewisse Distanz zum Geschehen und zu den Personen. Jeder, der an einer Schultafel einen Text anzuschreiben hatte, wird sich erinnern, wie schnell er den Überblick über das Geschriebene verlor und daß er einen Schritt zurücktreten mußte, um ihn wiederzugewinnen. In ähnlicher Weise braucht auch der Leiter ein paar Schritte Abstand zum Prozeß, wenn er die Übersicht behalten und ganzheitlich auf ihn einwirken will. Abbildung 17 erläutert diesen Sachverhalt. Die leiterbezogenen Aspekte, die adressatenbezogenen Aspekte und die Arten der Intervention bilden die *Eckpunkte eines Interventionsdreiecks,* das der Leiter immer wieder aus der Distanz betrachten muß, auch und gerade weil er immer Teil der Intervention ist.

e) Die äußeren Bedingungen für die Intervention

Das so entstehende Interventionsdreieck ist eingebunden in ein äußeres Wirkfeld verschiedener Faktoren. Diese kann der Leiter nur teilweise beeinflussen. Er wird sie jedoch bei seinen Interventionen berücksichtigen.

- *Gesamtzielsetzung* des Projekts
  Inwieweit helfen die Interventionen der Gruppe, diesen Zielsetzungen näherzukommen?
  Welche Interventionen werden benötigt, damit zwischen der Zielsetzung von außen (z. B. eines Auftraggebers) und denen der Teilnehmer Übereinstimmung erreicht wird?

- *Vorhandene Kenntnisse und Erfahrungen* in der Gruppe in bezug auf Thema und Zielsetzung
  Wie formuliere ich Thema und Struktur so, daß niemand ernsthaft über- oder unterfordert wird?

- Bisher erreichte *ICH-WIR-THEMA-Balance*
  Ergeben sich einseitige Schwerpunkte, die ausgeglichen werden müssen? Welche der Ecken des Balance-Dreiecks müssen mit den nächsten Interventionen stärker angesprochen werden?

- *Was haben wir bisher erreicht?*
  Welche sachlichen Ergebnisse fielen bisher an, was ist noch offen? Wo steht die Gruppe auf der psychosozialen Ebene, was fehlt dort noch?

- *Zeitliche Bedingungen*
  Auswirkungen der Tageszeit und Dauer der nächsten Sitzungen. Wieviel Zeit steht insgesamt noch zur Verfügung?

- *Aktuelles Umfeld* der nächsten Sitzungen
  Räumlichkeiten und vorhandene technische Hilfsmittel, aber auch irgendwelche Beeinträchtigungen oder Chancen durch äußere Ereignisse, Einflüsse etc.

- *Die Realität der Teilnehmer draußen*
  Inwieweit berücksichtigt der Prozeß bisher die Situation der Teilnehmer in ihrer Arbeitswelt oder in ihrem persönlichen Umfeld? Was davon muß aufgenommen werden? Was davon macht die Intervention eventuell unverständlich oder unakzeptierbar für die Teilnehmer?

- *Zusammenarbeit und Aufgabenteilung im Leitungsteam*
  Gruppendynamische Prozesse im Leitungsteam. Gibt es Probleme durch die unterschiedlichen Interventionsstile der einzelnen Leiter? Worauf sollten meine Interventionen in dieser Hinsicht Rücksicht nehmen?

Zur Verdeutlichung dieser ineinandergreifenden Aspekte möge das folgende Schaubild dienen:

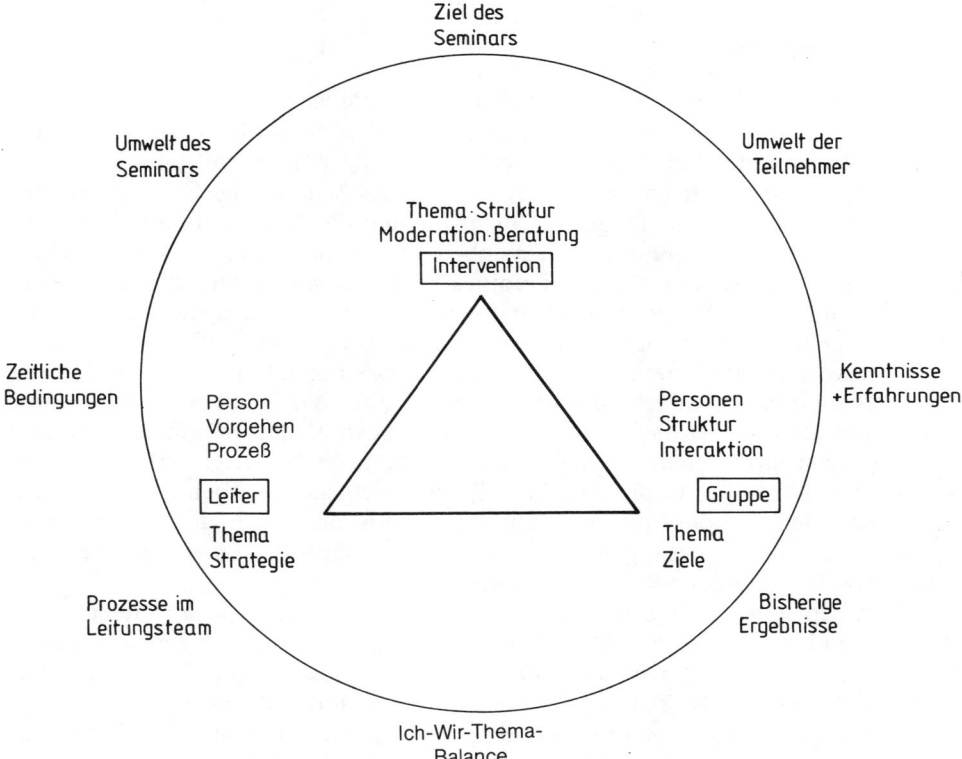

Abbildung 17: Das Interventionsdreieck

Der Leiter hat oft wenig Zeit, um seine Interventionen zu wählen. Der Prozeß wartet nicht. Mitunter muß selbst die Themensetzung rasch neu entschieden werden, weil es die Dynamik erforderlich macht. Der eine wird dabei eher auf Intuition, der andere auf geschulte Wahrnehmung zurückgreifen. Beiden wird es helfen, sich der Faktoren bewußt zu sein, die eine Intervention bestimmen, und sich bei der Vorbereitung auf die nächste Einheit Zeit zu nehmen, die Planung anhand der hier aufgeworfenen Fragen zu überprüfen. Es gibt den Ausspruch: „Glück hat auf die Dauer nur der wohlvorbereitete Geist." Um wieviel mehr sollte dieser Satz gelten, wenn wir mit Menschen arbeiten, die sich uns anvertrauen.

3. ... wenn wir wissen wollen, warum: Prozeßanalyse – Ausgangspunkt für Rollende Planung und Intervention

a) Vorbemerkungen

Um sich in dem komplexen Feld dessen zurechtzufinden, was auf den Prozeß der Gruppe einwirkt und Berücksichtigung bei der Vorbereitung der nächsten Schritte finden soll, wird der Leiter sich in regelmäßigen Abständen mit dem bisherigen Prozeßverlauf beschäftigen. Wir möchten die Prozeßanalyse im Sinne einer Diagnose verstanden wissen. Es geht ja nicht nur um das Sammeln von Daten und Fakten, sondern vor allem um das Verstehen der Zusammenhänge und Ursachen, d. h., es geht um die Bildung von Hypothesen, die das Geschehen erklären. So ist es z. B. zunächst sicher wichtig wahrzunehmen, daß der Gruppenprozeß unter mangelnder Bereitschaft zum Zuhören litt. Doch was waren die Ursachen dafür? Eine Antwort könnte sein, daß noch zu viele Teilnehmer auf ihren eigenen Interessenstandpunkten verharrten und diese verteidigten. Vielleicht war die Ursache dafür mangelndes Vertrauen und Angst vor Verlust. Vielleicht war auch einfach keine Konzentration mehr möglich, weil alle durch die bisherige Arbeit ermüdet waren. Wir sind keine Ärzte, aber das sollte uns nicht stören, ebenso wie ein guter Arzt durch die Diagnose Symptome und Ursachen voneinander zu trennen. Nur so können wir auch in Gruppen vermeiden, daß Symptome kuriert werden, die Ursachen aber unvermindert weiterwirken.

Im Prinzip leiten sich aus den Überlegungen zum Interventionsdreieck (vgl. Abb. 17) und zu seinem Umfeld auch die meisten der Fragen für die Prozeßanalyse ab. Alle Elemente, die wir dort finden, sind im abgelaufenen Prozeß im Spiel gewesen. Fragen an die Zukunft sind auch Fragen an die Vergangenheit.

Wir werden im folgenden Fragen und Instrumente zur Prozeßanalyse vorstellen. Der Leiter wird solche Instrumente nicht immer in vollem Umfang benutzen. Oft genügt auch ein schnelles Überprüfen der darin erwähnten Faktoren, was allerdings um so leichter geht, je vertrauter einem diese Instrumente und die dazugehörenden Begriffe sind.

Die Anwendung solcher Instrumente sollte nicht schematisch erfolgen, sondern flexibel und angepaßt an die Situation. Die Systematik verhilft dazu, nicht immer die gleichen Aspekte zu „übersehen". Für die „blinden Flecke" braucht man Anstöße und Fragen von außen. Die Instrumente sollen das eigene „Gespür" ergänzen, aber nicht ersetzen. Der eigene Körper, die eigene Psyche spürt recht gut, wie es in der Gruppe steht. Die eigenen Gefühle und körperliche Anspannungen wie z. B. Verspannungen oder Kopfschmerzen oder innere Unruhe (und natürlich auch deren Gegenteil) sind ein Indikator insbesondere für Unstimmigkeiten in der Gruppe bzw. zwischen der Gruppe und mir als Leiter und damit eine ernstzunehmende Information für eine Prozeßanalyse.

Es kann auch sinnvoll sein, wenn der Leiter seine eigene Gefühlslage in bezug auf den Stand der Gruppe, incl. seiner eigenen Beziehungen zu ihr, den Teilnehmern mitteilt: entweder als Begründung für ein bestimmtes Thema, um zu verdeutlichen, warum er dieses Thema jetzt und in dieser Form anbietet, oder als Ausgangspunkt für eine gemeinsame Prozeßanalyse zur Klärung der Situation. Selektive Authentizität ist auch hier angebracht: Planloses und unreflektiertes Einbringen der eigenen Unsicherheit (sowie generell von Beobachtungen aus dem Prozeß) hilft der Gruppe nicht weiter.

b) Prozeßanalysen zusammen mit der Gruppe

Bis jetzt haben wir nur von der Prozeßsteuerung durch den Leiter gesprochen. Natürlich steuern auch die Teilnehmer mit – oder gegen, bewußt oder unbewußt, offen oder versteckt. Störungen oder Widerstand sind oft verdeckte Versuche, in die Prozeßsteuerung einzugreifen und den Prozeß in eine andere Richtung zu lenken.

Wenn wir also davon ausgehen, daß die Gruppe auf irgendeine Weise immer an der Steuerung der Gruppenprozesse beteiligt ist, dann muß sie auch ihren Anteil an der Prozeßanalyse erhalten, um ihren Prozeß und seine Ursachen und Folgen zu verstehen und autonomer steuern zu können.

Mit der *Beteiligung der Gruppe an der Prozeßanalyse* sind mehrere Ziele verbunden:

– Verständnis bei allen zu gewinnen für den bisherigen Prozeß in der Gruppe,
– Förderung der Fähigkeiten zur Selbststeuerung,
– der Gruppe einfache Möglichkeiten für Prozeßanalysen aufzuzeigen und sie dazu anzuregen, solches auch draußen in den realen Arbeitsgruppen zu tun, z. B. bei Sitzungen oder in Projektgruppen,
– das Ansprechen von bisher verdeckt in der Gruppe wirkenden Motiven, Absichten, Werten, Normen etc. zu erleichtern und dadurch das Erkennen ihrer Auswirkungen auf das Gruppengeschehen zu fördern,
– bei Bedarf Feedback an einzelne Mitglieder und an den Leiter zu ermöglichen,
– Verbesserungsmöglichkeiten für die Arbeit und für eine umfassendere Nutzung der Potentiale in der Gruppe bewußt zu machen.

Für die Prozeßanalyse und ihre Auswertung mit der Gruppe sollte deshalb genügend Zeit zur Verfügung stehen. Es empfiehlt sich, Prozeßanalysen mit der Gruppe nur in größeren Abständen zu machen: Die Teilnehmer sollen ihren Prozeß aus dem Prozeß heraus erleben können. Das ist nicht möglich, wenn sie ständig auf der Metaebene mitfahren müßten. Eine Ausnahme bilden neugebildete Teams, deren Mitglieder noch wenig Gespür für soziale Prozesse in der Gruppe haben und die durch häufigere, kurze Prozeßanalysen in der Anfangsphase ihrer Zusammenarbeit auf die Bedeutung der Pflege auch dieser Ebene der Zusammenarbeit aufmerksam gemacht werden sollen.

Generell sollten die Vorgehensweisen und Fragen, die zur Prozeßanalyse mit der Gruppe verwendet werden, leicht und unkompliziert zu handhaben sein, eben um die Teilnehmer zu ermutigen, solche Instrumente auch einmal daheim in ihren eigenen Gruppen oder nach Sitzungen auszuprobieren. Es ist auch möglich, mit der Gruppe selbst in einem kurzen Brainstorming die für sie wichtigen Kriterien für eine Prozeßauswertung zusammenzutragen. Das hat (auch unter dem Aspekt der Selbststeuerung) den Vorteil, daß sich jeder schon bei der Zusammenstellung der Kriterien Gedanken darüber macht, woran er z. B. Erfolg oder Mißerfolg einer Gruppenarbeit bewerten will.

Fragen für eine Prozeßanalyse lassen sich aus dem folgenden Fragenkatalog ableiten. Die Auswahl und Kombination dieser Fragen wird der Leiter entsprechend der zur Verfügung stehenden Zeit und danach entscheiden, was der Gruppe jetzt nutzt.

Fragen für die Prozeßanalyse durch die Gruppe

- Wie wurde der bisherige Verlauf erlebt? Welche konkreten Geschehnisse und Beispiele fallen mir ein?

- Wie zufrieden bin ich mit dem Sachergebnis?

- Wie empfinde ich das Klima in der Gruppe (z. B. bezüglich Zuhören, Akzeptanz, Dominanz einzelner Teilnehmer, Offenheit etc.)?

- Gab es genügend Raum für meine Ideen, Beteiligung und Mitwirkung?

- Was habe ich auf der Sachebene und auf der psychosozialen Ebene beitragen können?

- Was habe ich getan, um für die Erreichung meiner Ziele zu sorgen?

- Wodurch habe ich die Gruppe auf der Sachebene oder auf der psychosozialen Ebene blockiert oder behindert?

- Welche Rolle hatte ich in der Gruppe? Wie fühlte ich mich darin?

- Welche Verhaltensweisen anderer Teilnehmer haben mir geholfen oder haben mich behindert?

- Wie erlebte ich die Zielorientierung unseres Arbeitsprozesses?

- Sind wir bei unserer Arbeit planmäßig vorgegangen?

- Wie stark war ich innerlich beteiligt?

- Inwieweit haben wir die Fähigkeiten in der Gruppe voll genutzt?

- Welche Rahmenbedingungen oder äußeren Einflüsse haben mich gestört?

- Bei allen bisherigen Fragen: Wer aus der Gruppe sieht es wohl ebenso wie ich, wer wohl nicht?

- Falls ich mit einer bestimmten Phase des Verlaufs unzufrieden war: Was tat ich, um eine Änderung herbeizuführen?

- Was sollte die Gruppe tun, um besser und effektiver zu arbeiten?

- Was will ich tun, was brauche ich von wem, was wollen wir miteinander vereinbaren?

Die letzte Frage sollte in der einen oder anderen Form nie fehlen. Aus ihr ergeben sich Material und Anregungen für künftige Themen, Strukturen und Arbeitsweisen.

Die Fragen können bei Bedarf auch mit einer fünf- oder siebenteiligen Skala versehen werden, auf der jeder Teilnehmer zunächst seine eigene Einschätzung in bezug auf (z. B.) „erreicht/nicht erreicht" oder „trifft zu/nicht zu" eintragen kann, ehe er sich mit anderen Gruppenmitgliedern darüber austauscht. Man kann vor Beginn der Diskussion die einzelnen Bewertungen auf ein großes, gut sichtbares Plakat übertragen und dadurch schon die Unterschiedlichkeit der Auffassungen deutlich sichtbar und diskutierbar machen. Jeder bezieht dadurch erst einmal selbst Stellung, statt seine Meinung zurückzuhalten und auf den Diskussionsverlauf zu warten. Ein solches Vorgehen gibt auch den Schweigern und den Zurückgezogenen die Möglichkeit, ihre Meinung einzubringen, ehe die Aktiveren die Diskussion für sich beanspruchen.

Mitunter lassen sich die Fragen auch mit Symbolen ergänzen, die für sich selber sprechen (vgl. Abb. 18).

Neben der Diskussion der obigen Fragen liefern auch andere Medien wie Collagen, Zeichnungen, Interaktionsspiele etc. sehr aussagefähige Bilder über den derzeitigen Stand der Gruppe und der Beziehungen der Mitglieder untereinander. Gerade solche nonverbalen Medien und Übungen fördern das *nicht Abfragbare* zutage und das, was sich nicht in Worten, sondern nur in Bildern ausdrücken läßt. Ein Bild sagt eben mehr als tausend Worte. Auswertungsgespräche werden dann helfen zu klären, was „hinter" den Bildern steht.

c) Vorschlag für eine Prozeßanalyse eines Seminars zusammen mit der Gruppe

Bei Gruppen, für die das Lernen über Prozesse wichtig ist, kann die gemeinsame Prozeß- und Verlaufsanalyse gegen Ende des Seminars ein wichtiger Baustein im Lernprozeß sein. Um für diese Sitzung entsprechendes Material zu sammeln und zugleich „unterwegs" schon die Aufmerksamkeit für den Prozeßverlauf zu schärfen, haben wir das folgende Vorgehen ausprobiert. Es hat den Phasenverlauf in Gruppen als Theoriehintergrund, wie wir ihn im Arbeitspapier 1 beschrieben haben. Die Auswertung braucht genügend Zeit und Ruhe und sollte nicht in der allerletzten Sitzung erfolgen.

Jeder Teilnehmer erhält zu Beginn des Seminars ein Schema, auf dem er im laufenden Prozeß seine Befindlichkeit eintragen kann. Diese Befindlichkeit kann mit Kriterien wie „Wohlbefinden/Mißbehagen", „Interesse oder Desinteresse", „Zufriedenheit oder Unzufriedenheit mit den Sachergebnissen" oder ähnlichem beschrieben werden. Bei einer schwerpunktmäßigen Fixierung auf eher emotionale Kriterien ist es günstig, Einflüsse von außen extra zu vermerken, da sonst Ursachen für Stimmungsschwankungen im Gruppengeschehen gesucht werden, die dort nur ihre Auswirkungen zeigen.

Hier zunächst die Skala, schon mit einer möglichen individuellen „Stimmungskurve" versehen.

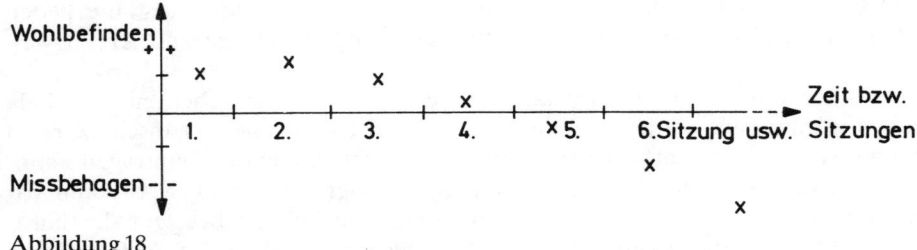

Abbildung 18

Wird nach mehreren Kriterien gleichzeitig gefragt (z. B.: Befindlichkeit, subjektive Einschätzung der Sachergebnisse), dann müßte natürlich mit unterschiedlichen Farben oder Zeichen markiert werden.

Ehe wir an die Auswertungen gehen, übertragen wir auf einem großen Bogen die Markierungen der Teilnehmer in ein gleiches Schema für die ganze Gruppe und fassen dann die Punkte zu einer Linie zusammen, ein Unterfangen, dem wir Ungenauigkeit zugestehen müssen.

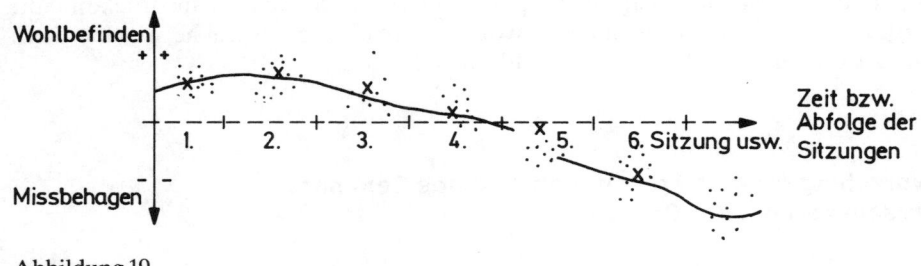

Abbildung 19

An dieser Auswertung sind die Teilnehmer in der Regel sehr interessiert, weil sie durch ihre Mitwirkung entstanden ist. Sie gibt ihnen Bewußtsein für den eigenen Prozeß und die Möglichkeit, ihn mit dem der anderen zu vergleichen. An folgenden Fragen werden sie gern ein Nachgespräch entwickeln:

– Wie sicher war ich mir jeweils, wohin ich die Punkte kleben wollte?
  Sehe ich da einen Zusammenhang zu Themen oder Strukturen?

– Was hat mich bewogen, meine Punkte dorthin zu setzen?

– Durch welche Anstöße von innen und außen wurde mein Wohlbefinden beeinflußt?

– Ging es anderen ähnlich?

– Wodurch sind die Unterschiede bedingt?

– Wo habe ich gut, wo nicht so gut für mich und meine Interessen gesorgt?

– Welche Rolle spielte die Tageszeit und Dauer der Sitzung in bezug auf meine Stimmung (bzw. das meiner Kurve zugrundeliegende Kriterium?)

– Wo spielte für mich die Geschwindigkeit des Prozesses eine Rolle (zu schnell, zu langsam), und wie wirkte sich das bei mir aus?

Zusammen mit der Gruppe können wir nun die gemeinsame Gruppenkurve mit den Themen, Strukturen und Schwerpunkten im Balancedreieck der TZI der jeweiligen Sitzung ergänzen, so daß wir folgendes Bild erhalten:

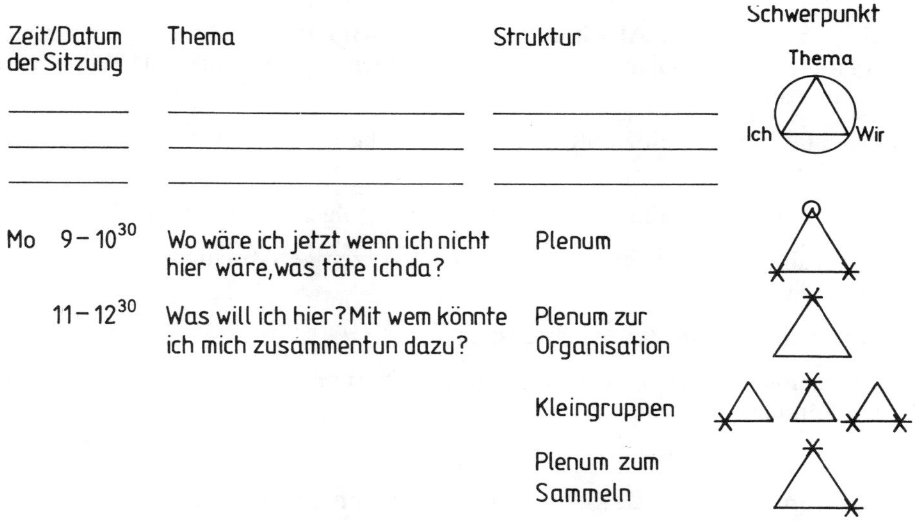

Abbildung 20

Man kann die Themen zunächst aus dem Gedächtnis auf Zuruf notieren und sie später mit der tatsächlichen Formulierung vergleichen. Das gibt meist interessante Hinweise auf das, was einzelnen oder der Gruppe besonders wichtig war, denn das wird auch als erstes genannt werden. Es weist uns auf gemeinsam erlebte Höhepunkte oder Krisen hin, auf deren Entstehen wir in der Auswertung zu sprechen kommen können, etwa durch die Frage: „Was hat bewirkt, daß ich mir dieses Thema so und nicht anders gemerkt habe, und warum steht es in meinem Gedächtnis vornan? Warum fielen andere Themen schon heraus?"

Im Rahmen des Nachgespräches können wir uns dann z. B. über folgende Aspekte austauschen:

– Habe ich den Prozeß im Verlauf so wahrgenommen, wie er sich jetzt für die ganze Gruppe darstellt?

– Welche äußeren Umstände spielten eine Rolle? Wie war ich davon betroffen, was hat das bei mir ausgelöst? Wie haben sie Thema und Themenbearbeitung beeinflußt?

– Welche Zusammenhänge sehe ich zwischen meinen Hoch- bzw. Tiefpunkten und den Themen, Strukturen oder Störungen?

– Wo gab es Abweichungen zwischen Ziel bzw. Absicht der Sitzung und ihrem Ergebnis? Wodurch wurde das verursacht, wie wirkte sich das aus?

– Wie wirkte sich die Ungleichzeitigkeit von Interessen und Lerntempo der Teilnehmer aus? Mit welchen Strukturen haben wir darauf angemessen (oder nicht) reagiert?

– Was läßt sich aus dieser Auswertung für meine Arbeits- und Lebenssituation übertragen? Was findet dort in ähnlicher Weise statt? Was verstehe ich jetzt besser?

Die Diagnose wird zum Abschluß des Seminars für dieses Mal nicht mehr viel ändern können. Beim nächsten Mal werde ich mich als Leiter oder als Teilnehmer z. B. daran erinnern,

– daß Kleingruppenarbeit zu oft hintereinander das Gespür für die Gesamtgruppe negativ beeinflußt,

– daß eine bestimmte Übung unerwartete Nebenfolgen haben kann,

– daß zu früh angesprochene Abreisetermine vorzeitige Abschiedsstimmung aufkommen lassen,

– daß der Umgang mit Zeit wichtig ist,

– daß Ungenauigkeiten in der Themenformulierung erhebliche Auswirkungen haben können.

d) Prozeßanalysen als Selbstsupervision durch den Leiter

Bei der Begleitung von Gruppenprozessen wird der Leiter immer am „Ball" sein, d. h. immer wieder beobachten und in sich hineinhören, um zu erkennen, was in der Gruppe läuft. Das In-sich-Hineinhören deshalb, weil, wie gesagt, Körper und Psyche eine gute Antenne dafür haben, die oft sensibler reagiert als der Kopf allein. Fast intuitiv wird der Leiter während der Leitung der Sitzung rasche Prozeßanalysen durchführen, bevor er interveniert bzw. den Prozeß so laufen läßt. Da stünde jedes Instrument, erst recht jedes Notieren von Beobachtungen im Weg. Gleichwohl hilft es, wenn er eine Reihe von Fragen, wie sie üblicherweise für eine Prozeßanalyse wichtig sind, im Kopf hat, um damit durch Wahrnehmung seine Intuition abzustützen.

In größeren Pausen und nach längeren Abschnitten kommt jedoch die Zeit für Papier und Bleistift. Es gilt, sich bewußtzumachen, was bisher geschah, was erreicht wurde und was die Gründe dafür waren. Das ist der Schritt vom Tun zur Auswertung, wie wir ihn oben im Kreislauf des Lernens erwähnt haben.

Im folgenden geben wir Anregungen zum Erstellen von Prozeßanalysen, die in erster Linie dem Leiter zum Diagnostizieren, Verstehen und Festhalten des Prozeßverlaufes dienen.

Manchmal mag die schriftliche Form mühsam erscheinen. In der schriftlichen Fixierung liegt jedoch die Chance, subjektive Eindrücke und objektive Fakten optisch vor sich zu haben und zueinander in Beziehung zu setzen. Schon das klärt manche Frage an den Prozeß und macht Unebenheiten, Vermeidungen und Häufungen in Thema und Struktur einsehbar.

Die Notizen zum Prozeßverlauf (wir nennen sie hier generell *Protokolle*) bilden die gute Grundlage für eine spätere Supervision oder Selbstsupervision. Nützlich ist die schriftliche Verlaufsanalyse auch für die ernsthafte Nacharbeit im Team. Hier ist neben dem eigentlichen Gruppenprozeß noch der Prozeß innerhalb des Teams abgelaufen, der als Trabant seine Auswirkungen hat. Die gegenseitige Beeinflussung dieser Prozesse müßte zusätzlich angeschaut werden.

Ein Protokoll des Prozesses kann auch als persönliche Erinnerungshilfe für später dienen, als Speicher von Themen, Arbeitsansätzen, Übungen und Merkposten aus guten und weniger guten Erfahrungen, die bei künftigen Anlässen die Arbeit erleichtern.

Wir werden zwei Modelle darstellen: eines, das der raschen Analyse dient, wenn man wenig Zeit hat oder vom Prozeß- oder Planungsablauf kein Grund für ausführliche Analysen vorliegt, ein anderes für eine gründliche Analyse nach größeren Abschnitten eines Seminars.

1. Die Pausenbilanz: Analysen kürzerer Prozesse –
oder wenn es schnell gehen muß

Jede Pause bildet einen Einschnitt in den Prozeß und bietet deshalb die Chance für eine kleine Zwischenbilanz. Oftmals entspricht der Prozeß im wesentlichen der Planung. Das Thema muß noch einmal überprüft oder definitiv formuliert werden, der Zeitrahmen und die Struktur ebenso. Vielleicht sind „die Segel" um ein weniges umzusetzen, vielleicht muß auf Einzelheiten aus der Planung verzichtet werden, um flexibel der Situation Rechnung zu tragen. Insgesamt scheint „es nicht schlecht zu laufen". Die folgenden Fragen sollte man sich trotzdem in der Pause stellen:

- Was entwickelt sich gerade in der Gruppe? Was davon sollte ich in Ruhe lassen, verstärken, bremsen?

- Was oder wer in der Gruppe fiel mir auf, so daß ich in der nächsten Sitzung genauer hinschauen will?

- Im Vergleich zur vorgesehenen Planung: Welche Korrektur am Thema und/oder an der Bearbeitungsstruktur ist nötig?

Wenn die Dynamik der Gruppe es erfordert, dann kann oder muß ich trotz der Kürze der Zeit einige weitere Fragen hinzuziehen, z. B.:

- Welches ist mein intensivstes Gefühl nach dieser Einheit? Wie hat es sich aufgebaut? Worauf weist es mich hin?

- Welcher Gedanke beschäftigt mich nach dieser Einheit am meisten? Was hat er mit dem Thema oder mit dem abgelaufenen Prozeß zu tun? Enthält er den Kern eines neuen Themas?

- Ich lasse die Gesprächsfolge Revue passieren: Welche besonderen Interaktionen gab es? Welche Gedanken und Probleme tauchten auf und wieder unter, ohne fertig geworden zu sein? Was davon könnte den Kern des nächsten Themas oder Anknüpfungspunkt für seine Einführung bilden?

- Ich gehe die Teilnehmerrunde durch:
    Wer fiel mir besonders auf?
    Wie will ich darauf Rücksicht nehmen?
    Wie sind meine Beziehungen zu einzelnen Teilnehmern, und worin wird das sichtbar?*

- Was wurde mir schon jetzt – offen oder verschlüsselt – als wichtig und zu berücksichtigen mitgeteilt?

- Wenn die Vorplanung des Roten Fadens und die Bedürfnisse der aktuellen Situation deutlich auseinanderfallen und das vorgesehene Thema nicht durch eine Modifikation „gerettet" werden kann:

    Welche Struktur ist jetzt unerläßlich dran, weil die Gruppe
    – Ruhe, ggf. mit einer meditativen Komponente,
    – Bewegung,
    – Erleben und Hier-und-jetzt-Erfahrung,
    – Interaktion und Kontakt in Übung und Spiel,
    – Zeit zum Aufarbeiten und nicht schon wieder etwas Neues,
    – Möglichkeiten zum Anwenden theoretischen Materials

    braucht, und welches Thema paßt dazu?
    Oder umgekehrt:
    Welches Thema ist jetzt unerläßlich dran, und welche Struktur paßt dazu?

Eine Sonderstellung im Ablauf des Seminars nimmt *die erste größere Pause* ein. Es ist sinnvoll, schon bei der Planung hier genügend Zeit vorzusehen, eine längere Mittagspause oder den ersten Abend, um die obigen Fragen in Ruhe zu überdenken und sie zu ergänzen:

- Mit wem werde ich es voraussichtlich leicht haben?

- Wer erscheint mir jetzt für mich ein wenig schwierig?

- Wer erinnert mich an wen?

- Wer ging leicht auf mich zu, für wen schien das eher etwas schwierig?

- Wen habe ich noch gar nicht „gesehen"?

---

* Wenn mehr Zeit vorhanden ist, dann kann ich mir meine Beziehungen zu den Teilnehmern auch mit der kleinen Übung auf S. 163 f. vertiefter anschauen.

– Wo sitzen die Zugpferde, Bremser, heimlichen Leiter, Mitarbeiter, Außenseiter? Sitzen da schon Etiketten auf meinen Augen?!

– Wer scheint unabhängig von der Gruppensituation in einer schwierigen Phase zu sein? Was könnte ich ihm anbieten?

– Inwieweit stimmen meine Hypothesen über die Probleme der Gruppe?

Insbesondere gilt es zu überprüfen, wie sich die Informationen aus den Vorgesprächen in bezug auf Teilnehmer und Thema jetzt darstellen. Welche meiner Phantasien aus der Vorbereitung lagen daneben oder müssen noch überprüft werden? Welche der Vorentscheide und Vorbereitungen im Rahmen des Roten Fadens muß ich ändern, damit es wieder stimmt?

Wir sollten bei den Pausenbilanzen nicht vergessen, daß sie unter Umständen stark subjektiv vom vorangegangenen Geschehen geprägt sein können. Vielleicht stehe ich als Leiter noch unter dem Eindruck einer besonders gut gelungenen oder einer überraschend schwierigen Sitzung. Wir sollten deshalb mit kurzfristigen Änderungen von Thema und Struktur zurückhaltend umgehen und den Roten Faden eher modifizieren als zerschneiden. Für solche Entscheide werden wir ebenso wie für die Planung der nächsten Schritte Zeit und vor allem Ruhe brauchen – unter anderem auch für eine ausführlichere Prozeßanalyse.

2. Das „Logbuch": kontinuierliche Prozeßaufzeichnung als Grundlage für die Prozeßanalyse

Bei der Marine ist es üblich, Standorte und Geschehnisse in das Logbuch einzutragen. Es dient unter anderem dazu, jederzeit rekonstruieren zu können, warum das Schiff da steht, wo es steht. Ein anderer wichtiger Zweck des Logbuches ist, bei einer zweiten Reise besser vorbereitet auf diesem Kurs segeln zu können: in Kenntnis der möglichen Untiefen, Strömungen und Winde.

Das im folgenden dargestellte Instrument hat den Charakter des Logbuches. Es bietet einen ständig abfragbaren und aktuell ergänzten Überblick über die Folge der Themen und Strukturen, über die Reaktion der Teilnehmer und von mir selbst, über die Balance zwischen ICH, WIR und THEMA sowie über Besonderheiten, die die jeweilige Sitzung von außen beeinflußt haben. Es steht jederzeit bereit, wenn ich die Konsistenz meiner Leiterinterventionen oder meine Vorlieben und Vermeidungen bei Themen und Strukturen überprüfen will.

Dieses Protokoll wird den Leiter durch das ganze Seminar begleiten. Nach Ablauf des Seminars bildet es in der Endauswertung eine Möglichkeit, den Prozeß gemeinsam mit den Teilnehmern oder allein noch einmal durchzugehen.

Auf der folgenden Seite haben wir das begleitende Schema wiedergegeben (als Einheit wird jede zeitlich abgegrenzte Sitzung verstanden). Wir halten z. B. stichwortartig darin fest:

Logbuch	—. Einheit	—. Einheit	—. Einheit
Datum und Uhrzeit, Dauer			
Genaues Thema der Sitzung	Thema: Bemerkungen	Thema: Bemerkungen	Thema: Bemerkungen
Strukturen/Arbeits-anleitungen	Struktur: Bemerkungen	Struktur: Bemerkungen	Struktur: Bemerkungen
Schwerpunkte im Balance-Dreieck	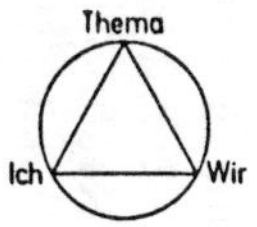	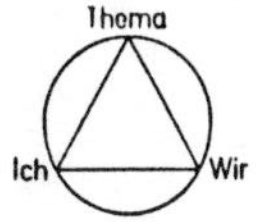	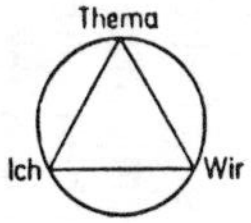
Beobachtungen in be-zug auf Teilnehmer und/oder die Gruppe			
Hypothesen über Ursachen			
Äußere Umstände und Einflüsse, Auswirkungen			
Subjektives Befinden des Leiters nach der Sitzung	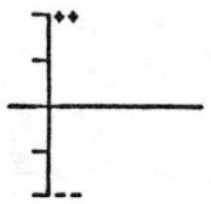	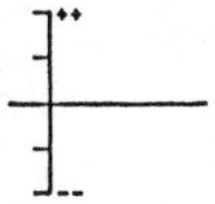	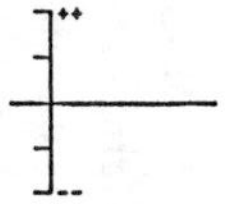

Abbildung 21: Das Logbuch des Leiters

– *Datum, Uhrzeit und Dauer der Sitzung*

– Genauer *Wortlaut des Themas* und Stichworte zu seiner Wirkung,
   z. B.: Wie ging es mir und den Teilnehmern mit dem Thema?
     Was geschah nicht, was ich eigentlich erwartet hatte? Wo blieb es nur
     theoretisch?

– *Struktur und Arbeitsanleitungen* und Stichworte zu ihrer Wirkung,
   z. B.: Wie erlebten die Teilnehmer die Struktur?
     War klar, was getan werden sollte?

– *Schwerpunkt im Balance-Dreieck,* der speziell im Vordergrund stand (es hilft
   dem raschen visuellen Überblick, in dem kleinen TZI-Dreieck die Schwerpunkte der jeweiligen Sitzung zu markieren),
   z. B.: War die Arbeit mehr ICH-orientiert, hauptsächlich am Sach-THEMA,
     eher auf der WIR-Ebene? Spielte die Umwelt des Teilnehmers (Globe)
     eine wichtige Rolle? Wenn zwei Schwerpunkte gleichzeitig da waren,
     dann beide markieren.
     Gab es im Verlauf eine Verlagerung? Wodurch?

– *Beobachtungen in bezug auf die Teilnehmer und die Gruppe,*
   z. B.: Schwerpunkte der Gruppendynamik?
     Konfliktverhalten?
     Beteiligt sein am Thema?
     Beobachtungen zu Reaktionen einzelner Teilnehmer?

– *Äußere Umstände,* die auf den Prozeß eingewirkt haben,
   z. B: Baulärm, Besuch von Vorgesetzten, Erkrankung/Unfall etc.?

– *Hypothesen über die Ursachen:*
   z. B.: Worauf führe ich das Verhalten einzelner und der Gruppe zurück?

– *Mein subjektives Befinden* während und nach der Sitzung. Auf einer kleinen
   Skala kann man spontan markieren, wo man sich emotional zwischen Wohlbefinden und Mißbehagen einordnet. Auch das hilft der visuellen Wahrnehmung
   eines Stimmungsverlaufes während des Seminars.
   Die Eintragungen beziehen sich auf Zusammenhänge zwischen meiner Stimmung und einzelnen Geschehnissen im Prozeß oder in der Beziehung zu den
   Teilnehmern.

Wenn ich mir gerade zu dem letzten Punkt mehr Klarheit verschaffen möchte,
dann kann die folgende Übung ganz nützlich sein:

Übung:

Eine Bilanz meiner eigenen Beziehung zu jedem Teilnehmer

„Nimm ein genügend großes Blatt, und schreibe zunächst Deinen eigenen Namen
in die Mitte. Nun laß die Teilnehmer Deiner Gruppe einzeln vor Deinem inneren
Auge erscheinen, und geh' Deinem ersten Impuls nach: Wo möchtest Du diese
Person in der Nähe oder Distanz der Beziehung zu Dir auf dem Blatt eintragen?

Nimm einen nach dem anderen, in der Reihenfolge, in der sie sich melden, bis Du fertig bist.

Nun sieh Deine Graphik an:

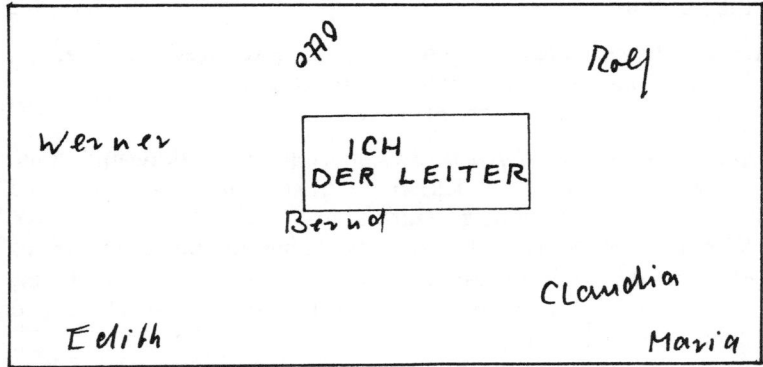

- Welche Ereignisse zwischen Dir und den anderen haben zu dieser Plazierung geführt?
- Welche Wünsche und Befürchtungen verbinden sich mit diesen Distanzen, und bei welchen willst Du etwas tun?
- Hätten die Teilnehmer sich in ähnlicher Distanz oder Nähe zu Dir plaziert?
- Wen hast Du zuerst, wen zuletzt geschrieben? Die nahen oder die fernen?
- Nimm die Teilnehmerliste, und schau, wen Du vergessen hast.
- Wie willst Du mit diesem Bild umgehen? Was davon willst Du überprüfen oder in der Gruppe ansprechen? Und wie?
- Was davon bedarf später der Supervision?

Wie immer Du Dich entscheidest, nimm diese Bilanz innerlich mit in die nächste Sitzung:
Achte darauf, wie die Bilanz von der Gegenseite her stimmt.
Achte darauf, was sich wandelt und wodurch es sich wandelt.
Wie setzt Du aktiv Deinen Wunsch nach Änderungen um?"

Die Intensität, mit der jemand das Logbuch führen und auswerten will, hängt von seinem persönlichen Lernziel ab. Im Hinblick auf eine eventuelle *Supervision* erleichtert es die Vorbereitung darauf. Bei häufigerer Anwendung wird auch die eigene Beobachtung leichter gehen und das Hinschauen auf mehrere Ebenen gleichzeitig gelingen.

Die *Auswertung des „Logbuch"-Materials* kann unter verschiedenen Blickwinkeln erfolgen. Ich kann zunächst einmal die *Themenkette* Revue passieren lassen:

- Wie gut ist die Verbindung zum Roten Faden, zur Ausschreibung, zum Kontrakt mit dem Auftraggeber?

- Was vermisse ich jetzt vom Thema her, was kam zu kurz?

- Welche Themen wurden von den Teilnehmern her bestimmt, welche bereits durch den Roten Faden vorgegeben?

- Deutet das auf genügend oder eventuell auch zuwenig Raum für die Mitwirkung und die Interessen der Teilnehmer hin? Gibt es entsprechende Hinweise von Teilnehmern?

- Worüber haben wir noch gar nicht gesprochen? Was sollte von der inhaltlichen Logik und von den Zielsetzungen her jetzt bearbeitet werden?

Der Blick auf die *Strukturen* weist mich ggf. auf Ungleichgewichte hin:

- Haben wir viel oder wenig in Untergruppen gearbeitet? Welche Strukturen überwogen zuletzt? Will ich das?

- Welchen Stellenwert hatte bisher die Einzelarbeit des Teilnehmers?

- Wie förderten die Strukturen das THEMA und die WIR-Entwicklung?

- Was fällt mir bei den bisher angewandten Medien auf: Wie kamen auch nonverbale Medien oder praktische Übungen zum Einsatz?

Das Logbuch zeigt mir auch *Weichenstellungen oder Brüche* im bisherigen Prozeß, sei es auf der sachlichen oder auf der emotionalen Ebene:

- Was waren die Ursachen? Lag die Vorplanung daneben? Tauchten neue, vorher unbekannte Interessen der Teilnehmer auf?

- Wie habe ich mich bei der Änderung gefühlt? War es ein Nachgeben um des lieben Friedens willen oder ein sinnvolles Umsetzen der Segel?

- Wie verunsichert fühle ich mich jetzt, weil ich nur noch zum Teil auf meine Vorplanung zurückgreifen kann?

Die *Umwelt und der Alltag des Teilnehmers* wirken in das Seminar hinein:

- Wie wurde der Arbeitsalltag oder das persönliche Umfeld mit einbezogen?

- Waren die Übungen und Rollenspiele geeignet, die Erfahrungen und Erlebnisse von draußen hier sichtbar und bearbeitbar zu machen?

- Was haben wir bisher für den Transfer getan?

Ich kann auch die *Reihe der TZI-Dreiecke* auf mich wirken lassen:

- Wo lagen die Schwerpunkte zuletzt? Was war meine Absicht dabei?

- Sind bestimmte Ecken des Dreiecks oder der Globe auffallend wenig oft markiert?

- Welche Probleme oder zuletzt genannten Bedürfnisse in der Gruppe könnte das erklären?

- Welche Vorlieben von mir selbst kommen in dieser Verteilung zum Ausdruck?

Schließlich (und nicht zuletzt!) kann ich auch *meinen eigenen Weg* zurückverfolgen:

– Wie ging es mir mit den Themen und Strukturen? In welchen war mir wohl, wo fühlte ich mich mit Thema und Struktur nicht in Kontakt? Was sehe ich jetzt als Ursachen dafür?

– Wie haben sich meine Beziehungen zu einzelnen Teilnehmern und zur Gruppe entwickelt (vgl. auch die Übung auf S. 163)?

– Wie habe ich mich durch bestimmte Vorfälle beeindrucken lassen? Inwieweit habe ich auf sich abzeichnende Konflikte oder Krisen zu früh oder zu spät reagiert?

– Was geschah an den Umkehrpunkten meiner Befindlichkeitskurve? Auf welche emotionalen Abhängigkeiten weist mich das hin?

– Wenn ich mich unter Druck fühlte: Kann ich Ursachen erkennen oder erinnern, die mit den anderen Eintragungen im Logbuch einen Zusammenhang haben, auf gleichen Ebenen liegen?

Zum Schluß kann ich versuchen, den *Gesamtprozeß* zu mir sprechen zu lassen: Was sagt er zu mir? Was fragt er mich?

Genug der Rückbesinnung. Wichtig wird jetzt, was ich aus der Zusammenschau des bisherigen Prozesses *und* mit dem Blick auf Roten Faden und Zielsetzungen für die Planung der nächsten Schritte ableiten will.

4. Mitwirkung der Teilnehmer an der Rollenden Planung – ja oder nein?

Eine immer wieder neu sich stellende Frage ist die nach dem aktiven Einbezug der Teilnehmer in die Rollende Planung. Die Praxis scheint in dieser Hinsicht oft etwas zwiespältig zu sein. Auf der einen Seite legen das hier zugrunde gelegte Lernmodell und die Forderung nach Selbststeuerung eine möglichst weitgehende Beteiligung der Teilnehmer an der Planung nahe. Dagegen stehen in der Praxis eine ganze Reihe von Argumenten:

– Intensiver Einbezug von Teilnehmern in die Planung kostet Zeit, die oft so nicht eingeplant war und die auf Kosten der Mittagspause oder der abendlichen Freizeit geht.

– Die Ziele und das „Programm" sind mitunter nicht flexibel genug oder ohnehin schon zu überfrachtet, um größere Abweichungen auf Grund von Teilnehmerwünschen zuzulassen.

– Mitunter sind Fähigkeiten und Kenntnisse nötig, die die Teilnehmer erst lernen müssen, bevor sie sich an einer Planung der Inhalte beteiligen können.

– Die Beteiligung von Teilnehmern kann eine echte psychische und physische Belastung für den Leiter bedeuten, da leicht eine Veranstaltung in der Veranstaltung entsteht, indem die Planungssitzungen zu einer Lehrveranstaltung über das Planen und Leiten von Themen und Sitzungen werden.

- Das Interesse auf seiten der Teilnehmer kann innerhalb der gleichen Gruppe sehr unterschiedlich sein, wodurch Ungleichgewichte zwischen den Teilnehmern entstehen: Einige kennen oder ahnen das Thema der nächsten Einheit schon und befassen sich inhaltlich damit. Sie starten dann von einem anderen Punkt aus als der Rest der Gruppe.
- Auch der Teilnehmer selbst kann in einen Zwiespalt geraten, wenn er sich intensiv an der Planung beteiligt: Im Prozeß steht er mit einem Bein auf der Leiterebene und mit dem anderen auf der Teilnehmerebene.
- Schließlich läßt die Verbindlichkeit der Teilnahme an der Planung, sofern sie in den Pausen geschieht, oft zu wünschen übrig, sobald andere Aktivitäten locken.

Damit wird jedoch nicht einer möglichst reduzierten Beteiligung der Teilnehmer an der Planung das Wort geredet, sondern vor allem einer differenzierten Vorgehensweise, die die eben skizzierten Probleme in Rechnung stellt. Für die Beteiligung an der Planung stehen nämlich abgestufte Möglichkeiten zur Verfügung:

- Der Leiter gibt das Ergebnis seiner Planung bekannt und erläutert die Hintergründe, die zu dem Thema der aktuellen Sitzung geführt haben. Er schafft so Transparenz und ermöglicht Verständnisfragen, ohne allerdings das Thema durch eine Diskussion in Frage stellen zu lassen.
- Der Leiter fragt am Ende einer längeren Sequenz oder am Ende eines Tages nach Änderungswünschen und neuen inhaltlichen Interessen und bezieht diese in die Planung mit ein.
- Die Teilnehmer besprechen in Untergruppen den bisherigen Verlauf und formulieren daraus Anregungen und Änderungswünsche, die sie mit dem Leiter besprechen. Eine Variation dazu ist, daß die Gruppen Delegierte bestimmen, die dieses Gespräch mit dem Leiter führen.
  Das Thema für die Untergruppen könnte lauten: „Was habe ich heute gelernt, welche offenen Fragen blieben, welche weiterführenden Wünsche in bezug auf Inhalt, Zusammenarbeit und Klima sind da?"
- Der Leiter überprüft mit der Gruppe die Ergebnisse seiner Prozeßanalyse (oder die der Gruppe), bringt seine eigenen Vorstellungen mit ein und startet eine Diskussion, an deren Ende eine gemeinsame Zielvereinbarung und Bedürfnisabklärung steht. Die weitere Planung im einzelnen übernimmt er selbst.
- Der Leiter verfährt wie eben, zieht jedoch interessierte Teilnehmer für die weitere Planung hinzu.
- Der Leiter verfährt wie eben, bietet jedoch zusätzlich den Teilnehmern, die sich an der Planung beteiligen wollen, die Möglichkeit, die nächste Sitzung selbst vorzubereiten und zu leiten.
- Der Leiter erarbeitet mit der Gruppe eine Problemlandkarte (Sammlung der Probleme und Fragen, an denen die Teilnehmer arbeiten wollen) für ein bestimmtes Gebiet und überläßt ihnen die Auswahl der Problemkreise, die bearbeitet werden sollen. Er spricht mit ihnen geeignete Bearbeitungs- und Zeitstrukturen ab und überläßt es der Gruppe oder den Untergruppen, wie sie selbst die weitere Arbeit organisieren wollen.
- Der Leiter „übergibt" eine bestimmte Anzahl von Sitzungen an eine Planungsgruppe, die in eigener Verantwortung die Einheiten thematisch plant, vorbereitet und leitet, mit anschließender gemeinsamer Auswertung.

Der Einbezug von Teilnehmern in die Planung muß eine Funktion im Lern- und Arbeitsprozeß der Gruppe haben. Er ist kein Selbstzweck. Im Ablauf des Seminars kann man mehrere Möglichkeiten aus dieser Palette nutzen und jeweils neu entscheiden, wie die Mitwirkung an der Planung sinnvoll realisiert werden kann. Kriterien für diese Entscheidung können sein:

- Bedeutung der Mitwirkung an der Planung für den Lernprozeß der Teilnehmer (z. B. besonders wichtig bei Ausbildungsgruppen für Gruppenleiter)
- Bedeutung für die Qualität der Arbeitsergebnisse (z. B. bei innerbetrieblichen Projektgruppen)
- Die Phase, in der sich die Gruppe befindet (die Anfangs- und Endphase z. B. eignen sich in der Regel nur bedingt)
- Fähigkeiten und Kenntnisse der Teilnehmer in bezug auf das Thema
- Zeitbedarf und vorhandene zeitliche Möglichkeiten
- Interesse der Teilnehmer an einer Mitwirkung
- Notwendigkeit der Klärung der aktuellen Bedürfnisse der Gruppe und der gemeinsamen Entscheidungsfindung über Prioritäten.

5. Überlegungen zur Rolle und zum Selbstverständnis des Leiters

Fachliche und soziale Kompetenz, Selbstverständnis, Verhaltensweisen und Persönlichkeit des Leiters sind wichtige Bestandteile für das Lernen der Gruppe. Er ist auf eine Art immer auch ein Modell für die Teilnehmer, als Anreger ebenso wie als Kontrapunkt. Der Leiter ist auch als *Person* eine wichtige Lernquelle.

Es ist deshalb an dieser Stelle angebracht, etwas zum *Rollenverständnis und den Aufgaben des Leiters* zu sagen, wie sie als Idee hinter dem Ansatz dieses Buches stehen. Die Vorstellung der Rolle des Leiters ist aktiver, sichtbarer und teilnehmender, als es im klassischen gruppendynamischen Training der Fall ist, bei dem der Leiter auf die Vorgabe von Themen und von Strukturen für die Bearbeitung dieser Themen weitgehend verzichtet. Er arbeitet dabei im wesentlichen nur mit dem Material, das der gruppendynamische Prozeß zwischen den Teilnehmern hervorbringt, und unterstützt das Lernen der Teilnehmer durch Feedback.

Dieses Vakuum an Leitung und Struktur zwingt in gruppendynamischen Trainings die Teilnehmer dazu, sich mit ihrem Verhalten in unstrukturierten und unübersichtlichen Situationen zu befassen und das Entstehen einer Gruppe, ihrer inneren Struktur und Rollen etc. zu erleben.

Für eine Vielzahl von Lern- und Problemlösegruppen ist das jedoch ein zu eingeengtes Lernfeld. Ihr Fokus liegt nicht allein auf dem Erleben der Gruppendynamik selbst, sondern auf der Bearbeitung eines Themas oder einer Aufgabe, bei der sachliche Inhalte mit emotionalen Bezügen verbunden sind. Das Arbeiten auf der Sachebene und auf der emotionalen Ebene verlangt ein entsprechendes Leitungsmodell, das Kopf und Gefühl gleichermaßen aktiviert.

Damit ist nicht gemeint, daß Gruppendynamik in dem hier vertretenen Lern-
konzept keine Rolle spielt. Es gibt keine Gruppe ohne Dynamik, und jeder Leiter
weiß, daß die Nutzung und Steuerung dieser Dynamik zugunsten des Lernprozesses der Gruppe zu seinem Handwerkszeug gehören muß. Auch wir werden darauf
eingehen. Nur wird sie in der Regel in den meisten Lern- und Arbeitsgruppen nur
so weit Gegenstand des Lernens werden, wie es für die Arbeitsfähigkeit der
Gruppe nötig ist.

Der andere Pol, zu dem hin sich das hier benutzte Leitungsmodell abgrenzt, ist
das klassische Lehrermodell, bei dem der Lehrer durch Vortrag oder Übungen den
vorprogrammierten Stoff vermittelt und die zentrale Quelle für den Erwerb von
Wissen darstellt. Der Stoff wird stark vorstrukturiert, die emotionale Ebene wird
dabei eher als störend empfunden, mit Nachsicht behandelt oder mit Gewalt
unterdrückt, aber nicht in den Lernprozeß einbezogen. Der Leiter in unserem
Modell steht zu seinem Expertenwissen, das er in bestimmten Gebieten hat und
das er ggf. auch in Vortragsform weitergibt. Es ist jedoch nicht seine wesentliche
und hauptsächliche Aktivität.

Die Rolle des Leiters im hier verstandenen Sinne ist die eines *aktiven Lernhel-
fers,* der durch die von ihm angebotenen Themen, Lernstrukturen und Interventionen die Gruppe bei ihrer Entwicklung unterstützt und sie gleichzeitig bei der
Arbeit an ihrer Aufgabe fördert. Er ist damit, wenn man so will, Anwalt für eine
Reihe von Punkten, die nicht immer ganz widerspruchsfrei sind. So ist er Anwalt

- für den Auftraggeber, in dessen Auftrag das Projekt durchgeführt wird und mit
  dem er im Kontraktgespräch Ziele vereinbart und Zusagen gemacht hat, die er
  in der Gruppe vertreten wird;
- für die Klärung der inhaltlichen Lernziele der Gruppe und ihre Erreichung in der
  vorgegebenen bzw. vorhandenen Zeit und ggf. im Ausgleich mit den Vorstellungen des Auftraggebers;
- für den einzelnen Teilnehmer und dessen Entwicklung in der Gruppe, jedoch
  nur in dem Umfange, wie dieser dazu noch nicht imstande ist, sie selbst zu
  übernehmen. Der Schritt vom Etwas-tun-Sollen oder Tun-Müssen, weil man es
  so tut oder weil es andere so verlangen, hin zum Tun-Wollen aus Einsicht und
  eigener Entscheidung ist für manche recht groß;
- für die Dynamik des Gruppengeschehens, damit offene Interaktionen und Kommunikation stattfinden können;
- dafür, daß die Gruppe fähig wird, ihre Lernziele selbst aktiv anzustreben;
- dafür, daß die Realität der Umwelt und des Umfeldes, in dem die Teilnehmer
  leben, nicht vergessen wird;
- und schließlich für sich selbst mit seinen Fähigkeiten und Grenzen.

Jeder Leiter sollte eine Methode des Gruppenleitens in ihrer Tiefe und Breite
wirklich selbst erfahren und erlernt haben. Sie ist dann sein Grundkonzept, das er
durch erweiternde Elemente ergänzen kann, so wie es für *diese* Gruppe förderlich
ist, so wie es für *diesen* speziellen Arbeitsauftrag zweckmäßig erscheint und so wie
es am besten *zu ihm selbst* paßt.

6. Ich leite – und wer leitet da sonst noch aus dem Hintergrund mit...?

Wenn ich anderen Menschen begegnet wäre,
  dann wäre ich ein anderer geworden.
Hätte ich andere Bücher gelesen,
  würde ich anderes denken.
Als Sohn eines anderen Landes
  hätte ich andere patriotische Gefühle.
Von einer anderen Religion umfangen,
  spräche ich andere Gebete.
In einem anderen Jahrhundert beheimatet,
  strebte ich anderen Idealen nach.
Wäre ich auf andere Fragen gestoßen,
  würde ich andere Antworten suchen.

Von welchen Voraussetzungen bin ich abhängig?
Welche Fäden halten mich am Leben?
An welchen Bedingungen hängt meine Existenz?*

Dieses Gedicht erinnert daran, daß wir Leiten (wie vieles andere) nicht nur in Kursen oder in der eigenen gegenwärtigen Praxis gelernt haben, sondern mindestens ebenso stark in der Auseinandersetzung mit Menschen, denen wir auf unserem Lebensweg begegnet sind. In der Familie, in der Schule, in Jugendgruppen und Vereinen und natürlich am Arbeitsplatz haben wir Modelle und Vorbilder von Leitung und Leitern bzw. Leiterinnen erlebt, an denen wir uns mehr oder minder bewußt orientieren – und sei es nur, daß wir „so" sicher nicht leiten wollen. Diese Begegnungen haben Spuren hinterlassen und Muster mitgegeben für das eigene Leitungsverhalten.

Leitung wird bereits in der Kindheitsfamilie vorgelebt. In manchen Familien gibt es formelle, für alle erkennbare und anerkannte Leiter. In anderen geschah die Übernahme von Leitung eher situativ, zufällig oder in Konkurrenz untereinander. Vielleicht nehmen Sie sich an dieser Stelle ein wenig Zeit und lassen Bilder aus Ihrer Kindheitsfamilie vor Ihrem inneren Auge auftauchen. Vermutlich tauchen sofort die allgemein anerkannten, „offiziellen" Leiter auf. Suchen Sie jedoch auch nach den Leitern im Hintergrund der Familiensituation. Identifizieren Sie auch Ihren eigenen Standort in diesem Familienbild, und stellen Sie sich dann im Hinblick auf Leitung folgende Fragen:

– Welches Bild, welche Konstellation ergibt sich?
– Woran ist die Leitfigur erkennbar? Wie ist ihr Verhalten, ihre Stimme, ihre Bewegung? Was tut sie gemeinsam mit wem?
– Wie sind andere Menschen in dieses Bild einbezogen?
– Welche alten Gedanken und Gefühle fallen mir wieder ein? Was gefiel oder mißfiel mir damals an ihr?

---

* Otto Betz, Texte zur Ortsbestimmung, ...

– In welcher Nähe bzw. Distanz stehe ich hauptsächlich zu dieser Person? Wie
 erinnere ich den Größenunterschied?
– Gibt es eine typische Aussage dieses Familienleiters, die mir jetzt im Ohr klingt
 und die mich betrifft?
– Welche Gefühle und Gedanken löst die Leitfigur spontan jetzt bei mir aus?

Sie können diese Übung beliebig weiterführen, in bezug auf andere Personen, die
Sie als Vor- oder Antibilder von Leitern erlebt haben, auch später in Schule,
Freizeit oder Beruf. Hier werden sich neue Leiter melden, die in ihrer Wichtigkeit
für Sie eventuell noch stärker sind.

Was immer sich auch anbietet: diese allerersten Bilder haben ihren Einfluß auf
uns: Wo immer wir leiten, die Schatten früherer Leiter sind dabei. Die persönliche
Reflexion hilft und ist notwendig, diese Schatten zu sortieren und ggf. aufzulösen,
damit sie uns nicht unzweckmäßig ins Handwerk pfuschen. Ihre Chance wird
dadurch geringer, sich unreflektiert einzuschleichen und mein Verhalten vom
Hintergrund her entscheidend mitzusteuern. Als Leiter sollte ich meine Persönlichkeitsentwicklung – und die daran beteiligten Baumeister – verstehen und ihre
Wirkung auf mein heutiges Handeln in etwa kennen. Vermutlich ist da auch einer
der Schlüssel zu finden, warum ich überhaupt Leiter geworden bin und warum
gerade in *diesem* Bereich und mit *diesen* Menschen. Wessen Ansprüche erfülle ich
damit eigentlich? Welchem meiner Hintergrundfiguren mußte ich mich mit dieser
Berufswahl eigentlich beweisen und muß es heute immer noch?

Auch die Teilnehmer haben ihre Leiterbilder auf dem Weg ihrer Persönlichkeitsentwicklung aufgenommen. Diese Bilder beeinflussen die aktuellen Vorstellungen, Wünsche und Erwartungen an heutige Leiter und verstellen damit den
unbefangenen Blick für die Person, die jetzt leitet. Was der Leiter aus dem
früheren Erfahrungspotential eher *nachahmend* oder *gegenteilig* verwendet, verwendet der Teilnehmer meist *wiederholend:*

Leiter-Sicht: „Ich werde das so machen wie mein Vater, das hat mir
                        gefallen und hat sich bewährt."

Teilnehmer-Sicht: „Alle Leiter sind meistens/immer... Darum ist es gut,
                        wenn ich..."

So weckt jeder Leiter alte Erfahrungen für sich und die Teilnehmer neu. Und weil
alte Erfahrungen sich als schneller erweisen als neue Wahrnehmungen, tritt der
„unkorrigierte Neudruck", auch Übertragung genannt, zwischen den Leiter und
den Teilnehmer. Hier ein sensibles Ohr zu haben hilft, Probleme in der Leitungssituation besser zu erkennen und auseinanderzusortieren.

7. Immer nur geben?
Anmerkungen zur Psychohygiene des Leiters

Als Leiter bin ich als Person stark gefordert. Mit meiner Person, mit meinem
Verhalten bin ich immer Modell (auch in dem, was die Teilnehmer gerade deshalb
nicht übernehmen wollen) und Ressource für ihr Lernen. Ich kann mich nicht

„nicht-verhalten", sondern muß mit einem inneren Auge mich selbst beobachten und die Auswirkungen meines Verhaltens auf den Prozeß und die Teilnehmer reflektieren. Der Prozeß mit den Teilnehmern verlangt ebenso Konzentration und Aufmerksamkeit wie die eigene Selbststeuerung und Selbstbeobachtung. Ich sollte als Leiter teilnehmend sein können und trotzdem Distanz wahren. Ich sollte Menschen mögen, obwohl manche mir zunächst einmal unsympathisch erscheinen. Ich sollte immer wieder mit Menschen in Kontakt treten, obwohl mir vielleicht gar nicht danach zumute ist. Ich sollte weiter aufmerksam sein können, auch wenn ich gerade müde bin oder unlustig, weil ich angegriffen wurde. Ich ziehe als Leiter Groll auf mich, der nicht mir gilt, sondern den Teilnehmern, die sich vor der Auseinandersetzung mit einem für sie heiklen Thema scheuen oder die mich dazu stellvertretend benutzen. Ich sollte mich intensiv auf Menschen, Prozesse und Probleme einlassen und mich rasch erholen, sprich: distanzieren können, um mich auf eine neue Gruppe einlassen zu können.

Dies ist nicht das Anforderungsprofil an einen Übermenschen. Der unvollständige Katalog soll nur darauf hinweisen, daß Leitung eine belastende Aufgabe ist, für die ich einen Ausgleich brauche, um nicht auszubrennen oder in Routine zu verfallen.

Wie und wo hole ich mir also die Energie und den Ausgleich für diese Arbeit? Wie gut sorge ich für mich selbst? Wie und wo lade ich ab? Wo finde ich meine innere Ausgeglichenheit, und wo bekomme ich meine „Streicheleinheiten", damit ich nicht durch meinen Hunger nach Anerkennung, Liebe, Status oder Macht die Teilnehmer und den Prozeß auf Punkte hinlenke, die mehr mit eigenen Motiven zu tun haben als mit dem Gesamtgeschehen in der Gruppe. Die Fachwelt bezeichnet diesen Fragenkomplex als *„Psychohygiene"*.

Jeder wird dabei seine eigene Strategie entwickeln. Und natürlich gelten auch für mich die Spielregeln der Gruppe in bezug auf Eigenverantwortung, Anspruch auf Autonomie und Selbstbestimmung, Anmeldung von Störungen etc. Meine Person zählt wie alle anderen. Ich nehme Verantwortung für meine Wünsche und Bedürfnisse wahr und bestimme selbst, wie und wo ich sie befriedigen will, eingedenk aller Konsequenzen.

Dennoch: ich bin als Leiter nicht Teilnehmer, kann nicht einfach aussteigen oder für eine Sitzung in die innere Emigration gehen. Ich muß eher Störungen und Betroffenheit in einer späteren Phase nach dem Seminar verarbeiten und dafür sorgen, daß ich einigermaßen *ausgeglichen* an die Arbeit gehen kann.

Die folgenden Fragen sollen anregen, das eigene Gleichgewicht von Geben und Nehmen zu überprüfen. Unsere Hypothese ist, daß nur der zu anderen „gut" sein kann, der es auch zu sich selber ist.

- Welche äußeren Bedingungen während des Seminars will ich für mich sicherstellen bzgl. Ruhe, Komfort, Zeit nur für mich, Sport, Essen etc.?
- Welche Hilfen brauche ich während der Leitung und zu ihrer kurzfristigen Vorbereitung ggf. vor Ort (Personen, Materialien, Bücher, Medien etc.)?
- Welche Belastungen von außen muß ich fernhalten oder ihre Bearbeitung delegieren, damit ich wirklich hier sein kann und nicht mit einem Teil meiner Person und meiner Zeit noch in einem anderen Feld außerhalb des Seminars agieren muß?

- Wie habe ich den Prozeß meiner professionellen Weiterbildung und Weiterentwicklung organisiert? Wie stimmen die Inhalte überein mit dem, was ich in mir und an mir in der Leitungssituation erlebe? Welche persönlichen Fragen und Probleme sollte ich in diesem Zusammenhang einmal intensiver anschauen?
- Wie sieht die Balance von „neuen" und „alten" Themen in meiner Angebotspalette aus?
- Wie sah die Mischung an „einfachen" und „komplexen" Themen und Teilnehmerkreisen in den letzten Monaten aus? Wo bin ich überfordert, wo unterfordert?
- Wo kann ich „nur" Teilnehmer sein, mich leiten lassen? Wie fühle ich mich dabei?
- Was bedeutet mein „Leiter-Sein" und die damit verbundenen häufigen Abwesenheiten für die, die mit mir privat oder beruflich zusammenleben? Was ist dort der Preis, den ich für diese Tätigkeit bezahlen soll oder muß? Welchen Preis zahlen die anderen, damit ich das, was ich tue, auch tun kann?
- Welche Phantasien löst bei meinem Lebenspartner der Kontakt mit vielen Menschen, auch des anderen Geschlechts, aus? Wie gehe ich mit Sexualität und Erotik um? Wie sprechen wir über solche und ähnliche Fragen und Ängste?
- Wie ist mein Freundes- und Bekanntenkreis zusammengesetzt (Männer und Frauen, Kollegen und Berufsfremde, Alter), wieviel Kontakt habe ich zu ihm (noch)?
- Mit wem kann ich offen und unbelastet über Dinge sprechen, die mir Mühe machen und Probleme bereiten?
- Was habe ich in den letzten Monaten gelesen oder getan, das *nicht* von der beruflichen Tätigkeit her bestimmt war?
- Wieviel Zeit habe ich überhaupt für mich, in der ich tun und lassen kann, was ich will? Oder bleibt auf meinem Zeitkonto zuwenig für mich übrig, wenn die Familie oder der Lebenspartner, der Arbeitgeber, die Teilnehmer und andere „Gläubiger" ihren Anteil kassiert haben?
- Welche Rolle spielt das Thema Ernährung oder Sport für mich?
- Wieviel Geld muß ich verdienen? Stimmt unter diesem Aspekt z. B. meine Kundenliste? Sind darunter zu viele, die mich zwar brauchen, mich aber nicht angemessen bezahlen können? Was hole ich mir dort anstelle des Honorars?

Genug der Fragen. Sie sind nur ein Anstoß. Jeder kennt seine spezifischen Lücken und Stolpersteine und kann diese Frage durch andere Erinnerungshilfen ersetzen, um nicht das nächste Mal in die gleiche Belastungssituation zu geraten. Und jeder weiß auch, daß der Graben zwischen dem guten Vorsatz und der Umsetzung auch für Leiter und Berater ziemlich tief ist.

Noch ein kleines PS.: Eine wichtige Lernchance für den Leiter ist, dafür zu sorgen, immer wieder einmal Teilnehmer sein zu können. Woher sonst sollte er wissen, was Gruppenmitglieder hoffen, fürchten, phantasieren, was sie ärgert, freut, motiviert, ermüdet.

IX. Einlaufen und Anlegen: Die Planung und Gestaltung der Endphase

1. Einleitung

Wer kennt sie nicht – diese Erfahrung aus den Ferien, daß die zweite Hälfte viel schneller vorüber ist als die erste? Die letzten Tage fliegen nur so vorbei, dieses und jenes wollte man noch sehen oder tun und kommt nicht mehr dazu. Der letzte Tag geht drauf fürs Packen und Abschied nehmen. Was auf der Hinfahrt in den Koffer paßte bzw. in den Kofferraum, scheint jetzt nicht mehr reinzugehen. Geschenke, Souvenirs, Fundstücke müssen ihren Platz finden – oder zurückgelassen werden. Abschied nehmen, gemischt mit der Vorfreude auf das eigene Bett, aufs Erzählen, auf die Fotos...

Wenn die Gruppe ihrem Ende zugeht, scheint manches ähnlich zu sein. Da gibt es Teilnehmer, die man eigentlich noch näher kennenlernen wollte, und plötzlich ist keine Zeit und Gelegenheit mehr dazu da. Da gab es Themen oder Vorhaben, die ich noch ansprechen oder ausprobieren wollte und für die ich nun keine Möglichkeit mehr finde. Zu spät Einfluß genommen? Da gibt es auch die neuen Erfahrungen und Erkenntnisse, die sich vielleicht noch mit meinen bisherigen Auffassungen stoßen, die sich erst „draußen" bewähren müssen. Will ich sie mitnehmen? Oder sortiere ich sie wie manches Ferienbild als unterbelichtet oder unpassend aus?

Die Endphase einer Lerngruppe bedarf der gleichen Aufmerksamkeit wie die anderen Phasen. Sie leidet mitunter etwas darunter, daß wir Aufbau und Entwicklung als positiv, kreativ und energievoll erleben, Ende und Auflösen dagegen als belastend und mit einem Gefühl von Verlust umgeben. So ist es nur verständlich, daß man diese Phase gern hinauszögern oder ausblenden möchte, auf jeden Fall aber „kurz und schmerzlos" gestalten will.

In dieser Phase ist jedoch noch Wichtiges zu leisten:

– Themen sind auf der *sachlichen und auf der psychosozialen* Ebene zum Abschluß zu bringen,
– der *Transfer* hinaus in den beruflichen und privaten Alltag ist zu untermauern,
– das Seminar als Ganzes ist *auszuwerten* in bezug auf Inhalt, Prozeß, Leitung etc.,
– *organisatorische* und *administrative Fragen* sind noch zu klären,
– die Teilnehmer wollen *Abschied nehmen* voneinander,
– der *Weg nach Hause* muß angetreten werden.

Vieles davon ist fast ein Spiegelbild zur Anfangsphase. Während wir dort den Grundstein für den Aufbau der Gruppe gelegt haben, müssen wir jetzt das entstandene soziale Gebilde wieder auflösen.

Im Arbeitspapier 1 (Entwicklungsphasen von Gruppen) haben wir die Endphase mit ihren Merkmalen und Hintergrundproblemen ausführlicher dargestellt. Wir haben dort gesagt, daß *Abschluß, Transfer und Abschied* die drei „großen" Themenschwerpunkte der Endphase sind. Sie sollen gemeinsam bereitmachen für einen neuen Anfang – draußen in der Familie, im Freundeskreis, im Beruf. Da bleibt nur wenig Raum für anderes. Neue Themen werden nicht mehr aufgenommen, wenn sie nicht zu Ende geführt werden können. Themensetzung und Struktur liegen wieder stärker in den Händen des Leiters, der beides so handhabt, daß ein Abgleiten in neue emotionale Tiefe vermieden wird. Der Bau an den Brücken nach draußen steht im Vordergrund. Das Nachdenken über die Kursinhalte soll *hier* beendet werden und zu Hause neu beginnen, ergänzt durchs Tun. Der Blick in der Endphase ist nach draußen gerichtet.

Die Endphase beginnt fließend – für den Leiter zeitiger als für die Teilnehmer. Er muß schon frühzeitig das kommende Ende in seiner Planung und Themenwahl mit berücksichtigen. Die Schlußphase als Ganzes wird ein Viertel der Gesamtzeit umfassen. Wir brauchen sicher diese Zeit für Transfer, Abschluß und Abschied, ohne Gefahr zu laufen, die Endphase unnötig in die Länge zu ziehen.

Der Leiter wird das Ende so zu gestalten versuchen, daß viele Wege hinaus gangbar werden. Er wird die Mobilität in der Gruppe fördern und von der Themensetzung und von der Struktur her nicht mehr auf eine weitere Vertiefung des Wir-Gefühls hinsteuern. Mit *herausführenden Themen* wird er das Beenden von Beziehungen bzw. die Organisation ihrer Weiterführung (z. B. Erfahrungsaustauschgruppen) ermöglichen und das gedankliche Aufnehmen des Kontaktes mit zu Hause und mit dem Arbeitsplatz erleichtern.

Ähnlich wie in der Anfangsphase haben wir es wieder mit größerer Ungleichartigkeit und Ungleichzeitigkeit der Interessen zu tun. Der eine ist für sich mit dem Seminarthema fertig und ruht sich innerlich aus, der andere ist noch voller Hektik, weil ihm erst spät bewußt wurde, was er versäumt hat. Begrenzte Zeit und der Umgang mit den eigenen Interessen und Grenzen gehören zur Realität nicht nur in dieser Gruppe, sondern auch sonst im Leben. Für manche Teilnehmer ist das eine wichtige Einsicht in dieser Phase.

Spiegelbildlich zur Anfangsphase wird auch die Distanz wieder zunehmen. Es lohnt sich nicht mehr, erneut zu investieren, teils aus Befriedigung, weil die persönlichen Themen an einen guten, vorläufigen Haltepunkt gekommen sind, teils auch aus Resignation, weil der Teilnehmer ohnehin nicht mehr finden wird, was er suchte oder weil seine Welt draußen doch so anders ist als hier. Die Unterschiedlichkeit der Situation des einzelnen kommt wieder ins Bewußtsein: Was wird er umsetzen können und (dort noch) wollen? Der bevorstehende Abschied läßt sich zudem leichter bewältigen, wenn vorher etwas Distanz geschaffen wurde.

Die Endphase hat eigentlich zwei Teile. Um es mit der Sprache der Piloten auszudrücken: Es gibt die Phase des Landeanflugs bzw. der Landevorbereitungen, und es gibt die Landung selbst mit dem Ausrollen, dem Aussteigen und dem Gepäckholen. Die eigentliche Landung, der letzte Teil der Endphase also, sollte nicht zu früh erfolgen. Wenn ich diesen Schlußteil mit meinen Themen und meinem Verhalten zu früh einleite, dann befinde ich mich mit der Gruppe schon auf der Landebahn und habe noch keine Aussteigeerlaubnis. Es ist unangenehm und für den Rest der Zeit mühsam und uneffektiv, wenn die Teilnehmer oder sogar der Leiter innerlich zu früh gelandet sind. Solche Unannehmlichkeiten werden zusätzlich akzentuiert in Seminarhäusern, in denen die Zimmer schon am Morgen früh geräumt werden müssen. Der Teilnehmer wird dadurch den letzten Tag „heimatlos". Sein Koffer steht auf dem Flur oder liegt schon im Auto, in der Mittagspause weiß er nicht wohin . . .

Andererseits: Wenn wir zu schnell heruntergehen müssen, dann kracht's bei der Landung – oder später auf der Autobahn. Das ist keineswegs ironisch gemeint. Wenn das Seminar stark persönlichkeitsbezogene Themen bearbeitete, dann ist ein ruhiger, stabilisierender Abschluß besonders wichtig. Falls wir zwar am Ende der Zeit, aber noch ganz in einer Arbeitsphase sind, dann gibt es einen hektischen Abschluß, ohne Abrundung und mit einem flauen Gefühl, weil man nicht richtig fertig wurde.

2. Leitfragen zur Endphase
(aber schon früher zu stellen...)

■ *Wieviel Zeit* haben wir, wieviel Einheiten sind davon schon verplant oder inhaltlich vorbestimmt?

■ Welche *technisch-organisatorischen Dinge* müssen erledigt werden?
  - Termine und Orte für das nächste Treffen?
  - Zimmerräumen, Packen, Aufräumen?
  - Abreise, wann müssen wir spätestens fertig sein?
  - Wer muß deutlich früher weg?
  - Abrechnungen?

■ Was muß noch *abgeschlossen* werden in bezug auf:
  - die laufende Arbeit am Leitthema des Seminars,
  - die Ziele des Auftraggebers,
  - die Ziele der Ausschreibung.
  Was wollte ich als Leiter noch einbringen?
  Was wollte die Gruppe noch?
  Was muß ich jetzt als zuviel aussortieren und mit der Gruppe entsprechend verabreden?

■ Was beschäftigt uns noch auf der *psychosozialen Ebene:*
  - in Verbindung mit dem Thema und Anliegen des Seminars?
  - in Verbindung mit dem Gruppenprozeß?
  - in Verbindung mit der Rückkehr nach Hause oder an den Arbeitsplatz?

■ *Transfer:*
  Inwieweit brauchen einzelne oder alle noch Transferberatung?

■ Wie geht es nach dem Abschied weiter:
  Welche *Anschluß- und Nachfolgeaktivitäten* sind zu berücksichtigen und hier vorzubereiten bzw. abzusprechen?
  Maßnahmenplanung: Wer tut was bis wann?

■ *Auswerten und Bilanz ziehen:*
  - Wie intensiv und mit welchen Hilfsmitteln?
  - Auswerten in bezug auf Inhalt und methodisches Vorgehen?
  - Prozeßverlauf, Zusammenarbeit und Klima?
  - Feedback an Teilnehmer und Leiter?
  - Berichte und Protokolle – an wen, worüber?

■ Wer braucht noch *Gutachten, Bestätigungen über die Teilnahme, Beratung* für die weitere Ausbildung?

■ *Brückenschläge nach Hause oder zum Arbeitsplatz:*
  Wird ihn jemand erwarten? Was erwartet den Teilnehmer dort? Was muß noch getan werden, um diese Rückkehr zu erleichtern?

■ *„Kofferpacken" und Abschied:*
  - Mit welchem Thema?
  - Wie will ich den persönlichen Abschied gestalten?

■ *Ich selbst als Leiter:*
  Was nehme ich von hier mit?
  Was will ich noch mit meinen Kollegen im Leitungsteam besprechen?
  Mein Weg nach Hause?

3. Notizen zu den Leitfragen der Endphase

In der Endphase löst sich das soziale System „Gruppe" wieder auf. Damit die
Auflösung und die Ablösung in Ruhe geschehen können, spielt die Beachtung der
noch zur Verfügung stehenden Zeit eine wesentliche Rolle. Zeit bestimmt den
Rhythmus. Chronos, die Uhrzeit, und Chairos, die innere Zeit, die es zum Enden
braucht, sollten auf einem Punkt sich treffen können.

Ein Blick in den inzwischen fortgeschriebenen Roten Faden zeigt uns, was schon
fest verplant ist: ein oder zwei Einheiten, um Beschlüsse zu fällen und Maßnahmen
zu planen; die Einheit für Auswertung und Rückblick; die Zeit für die Verstärkung
und Beratung für den Transfer; die Zeit für den Abschied hier. Auch das „Aufräumen" braucht Zeit: Unterschriften, Austausch der Adressen und Telefonnum-
mern, Hinweise auf Ausbildungsmöglichkeiten und Literatur, für Organisatori-
sches und fürs Zimmerräumen. Viel Kleinkram, der seinen Platz beansprucht und
der störende Hektik und Ablenkung bringen kann. Der letzte gemeinsame Abend
bildet meist bereits das „Richtfest", die Feier unseres Zusammenseins. Ganz rasch
addiert sich all das zu einem ganzen Seminartag oder mehr zusammen. Hoffen wir,
daß der Rote Faden dafür schon vorgesorgt hat.

Was im Roten Faden meist nicht steht, ist, wer eventuell schon früher abreisen
muß. Das kann unseren Zeitplan durcheinanderbringen und sollte deshalb frühzeitig angemeldet werden, um entsprechende Absprachen für die zeitliche Strukturierung der Endphase zu ermöglichen.

Ohnehin ist eine vorzeitige Abreise immer ein Grund für den Leiter, genauer
hinzuschauen, auf was sie hinweist und was sie für die Gruppe bedeuten kann.
Mitunter ist der Grund eine von außen diktierte Notwendigkeit, manchmal undra-
matisch, manchmal nicht. Für manche Teilnehmer ist es ihre Art, Abschied zu
verkürzen oder zu vermeiden. Vielleicht weist die Abreise auf latente Konflikte
und Krisen in der Gruppe hin, die durch die Abreise neue Nahrung bekommen. Im
Minimum löst eine vorzeitige Abreise schon früher als sinnvoll Abschiedsstimmung aus. Das alles sind Gründe, auch in der Gruppe offen darüber zu sprechen.

Die Flexibilität schwindet, mit der wir in der ersten Hälfte Unerwartetes aufnehmen, Mißverstandenes zurechtrücken oder auf Bedürfnisse eingehen konnten. Die
zeitlichen Restriktionen werden fühlbarer. Gleichzeitig gilt es zu bedenken, was
noch abgerundet und ggf. ergänzt werden sollte. Ich muß mir als Leiter überlegen,
ab wann ich nichts Neues mehr aufnehme, denn was ich angehe, muß auch Zeit zur
Bearbeitung bekommen. Zusätzliche zeitliche Enge entsteht durch die Unterstützung des Transfers. Er schränkt Themenvielfalt ein zugunsten der Auseinandersetzung mit der Anwendung und Umsetzung. Früher als die Teilnehmer fasse ich das
Ende ins Auge, mit der Planung und der Themensetzung ziehe ich Grenzen, die
der Zeit gerecht werden sollen, die wir noch haben.

Allerdings sind die Teilnehmer in der zweiten Hälfte des Seminars besser in der
Lage zu entscheiden, wo ihre Prioritäten liegen. Sie kennen die verschiedenen
Themenschwerpunkte und deren Bedeutung für sie selbst und für ihre Arbeit.
Gemeinsame Planung und Entscheidung ist in dieser Phase wichtig, damit ich nicht
stellvertretend für die Teilnehmer über Prioritäten entscheide. Ich werde helfen,
Transparenz zu schaffen über Zeit und Unerledigtes, und die Reflexion des einzel-
nen darüber fördern, was jetzt noch für ihn wichtig ist. Die Knappheit der Zeit

kann in dieser Phase zu einem Teil durch parallele Arbeit in Gruppen mit unterschiedlichen Themen aufgefangen werden.

Etwas in Ruhe fertig machen zu können und es auch auf seine Anwendbarkeit draußen hin überprüft und durchgespielt zu haben erleichtert den Abschied. „Reste" halten uns eher zurück, ähnlich wie in einem Theaterspiel, in dem ohne unser Wissen der letzte Akt gestrichen wurde: Wir sitzen dann unschlüssig, warten mit dem Beifall und dem Aufstehen. Die Gestalt ist noch nicht geschlossen, und solange sie es nicht ist, beschäftigt sie uns innerlich und hindert uns beim nächsten Schritt. Das gilt für die Sachebene und erst recht für die sozialen und psychologischen Prozesse in der Gruppe.

Unerledigte Fragen können zum einen aus dem bisherigen Gruppenprozeß überlebt haben: Spannungen aus unerledigten Konflikten und Krisen. Zum anderen können emotionale und psychologische Probleme direkt mit unserem Seminarthema in Verbindung stehen: Werte wurden bei den Teilnehmern in Frage gestellt, und die neuen Werte tragen noch nicht so recht. Ein Tabuthema klang an und sackte wieder weg, nagt aber innerlich weiter, ohne daß der Teilnehmer oder die Gruppe da ran will. Eine neue Lösung für ein Problem leuchtet zwar dem Kopf ein, läßt aber innerlich Zweifel zurück, ob man die Veränderung und die damit eventuell verbundene Aufgabe alter Vorlieben, gewohnter Tätigkeiten oder Beziehungen eigentlich wirklich auf sich nehmen will. Oder der Blick nach draußen zieht dem Teilnehmer wieder den Teppich unter den Füßen weg, weil er unsicher ist, ob er das Gelernte dort und „bei denen da" umsetzen kann und darf.

Diese Zweifel, Unsicherheiten und Ängste werden manchmal sogar durch emsige Tätigkeit und ausgelassene Aktivitäten zugedeckt, die vor einer Auseinandersetzung mit diesen Fragen schützen sollen. Ansatzpunkte für die Themen in der Endphase liegen in dem, was unerledigt blieb.

Transfer haben wir als einen der Hauptaspekte der Endphase erwähnt. Natürlich ist diese Thematik immer präsent, in der Planung und den Interventionen des Leiters ebenso wie auch in den mitlaufenden Fragen, die sich der Teilnehmer immer wieder stellt: „Wo hilft mir das weiter, welche Bedeutung hat das für mich und die Welt, in der ich lebe?" Dennoch ist es richtig, sich bewußt und ausführlich mit diesen Fragen erst in der zweiten Hälfte intensiver zu beschäftigen. Ein zu frühes Ansprechen hindert die Kreativität und überfordert, da wir noch zu wenig Zeit und Gelegenheit hatten, uns über die Hintergründe und über mögliche Alternativen klarzuwerden. Um hier nicht mißverstanden zu werden: Die Realität des eigenen Verhaltens und der eigenen Umwelt (privat oder in der Arbeit) findet möglichst oft Eingang in die Arbeit mit der Gruppe, aber mehr als Basis für das Erkennen der Ursachen und das Entwickeln von Alternativen und nicht als Forderung, auch gleich wissen zu müssen, wie das alles dort zu realisieren sei.

Die Transferproblematik hat aus der Sicht des Teilnehmers ohnehin zwei Seiten: Die eine Seite ist er selbst mit dem, was er hier gelernt hat. Wie tragfähig wurde es, wie sicher fühlt er sich, wie fest „sitzt" das Neue schon? Die andere Seite sind die, die er für seine neuen Ideen und Ziele gewinnen will oder von denen er Spielraum verlangen muß für die Anwendung und für sein verändertes Verhalten. Sie waren nicht hier, und sie werden nach seiner Rückkehr mit ihm in eine Art Anfangsphase geraten, die viel Ähnlichkeit hat mit der Anfangsphase hier, in der der Teilnehmer auch nicht zu früh unter den Druck der Veränderung geraten wollte.

Diesen Arbeits- oder Lebenspartnern wird es nicht anders ergehen als dem Teilnehmer im Seminar, wenn sie mit neuen Ideen und verändertem Verhalten konfrontiert werden. Den anderen dort suchen, wo er steht – das gilt auch für den Transfer. Der andere muß über den Fluß, über den der Teilnehmer schon übergesetzt hat. Transfer heißt also, nicht nur das Gelernte mit hinüberzubringen, sondern auch das, was hier im Seminar für das Lernen als förderlich oder hinderlich erlebt wurde. Die, die zu Hause oder am Arbeitsplatz auf den Teilnehmer warten, werden von ihm nur lernen, wenn sie es wollen und was sie wollen. Sie fangen nicht unbedingt an der Stelle an, an der der „Rückkehrer" es gern hätte. Wenn allerdings vor dem Seminar schon einmal miteinander über Ziele und Erwartungen gesprochen wurde, ist die Brücke über den Fluß leichter zu finden.

Die Beratung zum Transfer kann, wieder aus der Sicht des Teilnehmers, an verschiedenen Überlegungen ansetzen:

– Wie groß soll mein nächster Schritt sein, nachdem ich zu Hause oder am Arbeitsplatz angekommen bin? Ist er zu groß, dann überfordere ich mich selbst und die anderen, die mit mir gehen sollen. Ist er zu klein, dann wird für die anderen das Neue kaum sichtbar und die Veränderung zu zaghaft, um ernst genommen zu werden – wahrscheinlich auch von mir selbst.
– Wen habe ich, der mich stützt und der mich begleitet bei der Realisierung?
– Wo soll ich in meinem Wirkungsfeld ansetzen?
– Wie und wo kann ich mir mehr Sicherheit im Methodischen holen?
– Wie kann ich andere über das Geschehene informieren?
– Wie kann ich mehr Einfluß nehmen?
– Wie kann ich die möglichen Konflikte konstruktiv aufnehmen, die bei einer möglichen Änderung entstehen können?

Diese Bedenken können wir als Leiter nicht völlig beseitigen, denn in der Tat konnten wir hier die Realität nur nachbilden. Die Bewährung steht noch aus. Das Gespräch über die Bedenken und die gegenseitige Beratung werden jedoch Ideen und Erfahrungen hervorbringen und gewissermaßen das Durchspielen der Umsetzung in der Realität ermöglichen. Aus gegenseitiger Beratung der Teilnehmer untereinander, unterstützt durch den Leiter, werden z. B. Vorgehensweisen entwickelt, die beim Einstieg in einen spezifischen Veränderungsprozeß im Arbeitsbereich des Teilnehmers hilfreich sein können. Diese Gespräche helfen auch, die Ursachen der befürchteten Schwierigkeiten klarer zu sehen – vielleicht ist die eine oder andere auch nur in meinem Vorurteil und meiner selektiven Wahrnehmung begründet.

Der Transfer wird natürlich enorm erleichtert, wenn sich nach dem Seminar eine Phase der Supervision oder des Erfahrungsaustausches (Intervision) anschließt. Solche Netzwerke geben auch denjenigen Rückhalt, die in ihrer Praxis zu wenig Unterstützung bei anderen finden. Ohne einen solchen Rückhalt wird vieles von dem Gelernten schnell zu einer schönen Erinnerung. Was will ich anbieten, um das zu vermeiden?

Leichter haben es Gruppen, die in der gleichen Organisation arbeiten. Mit ihnen kann ich direkt darüber sprechen, wie sie als interne Gruppe weiter zusammenarbeiten können. Sie werden oft schon mit einem Auftrag und mit gemeinsam abgestimmten Zielen teilnehmen. Sie werden Zeit beanspruchen, um sich noch hier über Maßnahmen zu verständigen. Ihr Aktionsplan gibt Antwort auf die Frage nach den nächsten Schritten und Tätigkeiten, nach Zielen und gewünschten Ergebnissen, nach ihrer Reihenfolge und Terminierung und nach den Verantwortlichkeiten bei der kommenden Realisierung.

An dieser Stelle kann noch einiges passieren – unklare Punkte werden deutlich, nicht fertig bearbeitete Konflikte tauchen wieder auf, gemeinsame Termine sind schwer zu finden – vielleicht eben aus diesem Grund. Die Verabschiedung eines Aktionsplanes braucht seine Zeit. Als Leiter fühle ich mich mit dafür verantwortlich, daß ein tragfähiger Kontrakt zustande kommt und daß hinter ihm genügend Energie steht.

Der Wunsch nach einem weiteren Treffen wird auch sonst am Ende eines Seminars oft wach. Die Verantwortung, daß solche Treffen zustande kommen, sollte bei den Teilnehmern liegen. Sie müssen die Initiative ergreifen wollen für ein weiteres Treffen. Wir können klären, ob jemand eine solche Initiative übernimmt. Oft genug ist dieser Wunsch nach einem Wiedersehen nur eine Brücke über den Abschied, die nur in einer Richtung begangen wird.

Die Transferberatung richtet bereits den Blick nach draußen. Die gemeinsamen Auswertungen des Seminars tun Weiteres dazu. Wir müssen sozusagen auf Distanz zu unserem Prozeß gehen. Wie intensiv und nach welchen Aspekten ausgewertet werden soll, hängt von dem Ziel des Seminars ab. Bei Ausbildungsgruppen für Gruppenleiter ist eine ausführliche methodische Auswertung ein wichtiger Bestandteil des Lernens, für eine Projektgruppe hat diese Frage vermutlich geringeren Stellenwert. Für sie ist die inhaltliche Bilanz wichtiger.

Um die Auswertung produktiv für die ganze Gruppe werden zu lassen, sollte sie im Plenum geschehen, allerdings immer mit einer vorgeschalteten Einzelarbeit, in der sich jeder für sich selbst mit seiner eigenen Lernbilanz befassen kann. Die abschließende Auswertung im Plenum macht das Bild kompletter und erinnert den einzelnen an Posten in der Bilanz, an die er im Moment nicht mehr gedacht hat. Das gemeinsame Zusammentragen der Bausteine, das nachträgliche Errichten des Gesamtgebäudes „unseres" Seminars geben Übersicht und machen den Weg frei für den eigentlichen Abschied. Für die Auswertung sollten wir genug Zeit haben. Es kann sein, daß Reste auftauchen, die noch eines Abschlusses oder zumindest einer Stellungnahme bedürfen.

Wenn wir im Rahmen der Auswertung auch eine Feedbackrunde unter den Teilnehmern vorsehen, dann darf diese nicht zu spät und nicht unter Zeitdruck geschehen, damit Klärungen in Ruhe erfolgen können. Feedbackrunden am letzten Vormittag bringen meist nichts mehr, da niemand „fünf vor zwölf" noch einmal in einen Klärungsprozeß einsteigen mag. Für ein qualifiziertes Feedback muß der Teilnehmer noch innerlich hier und bei der Gruppe sein. Auch die Feedbackrunde sollte im Plenum oder jedenfalls in einer größeren Gruppe erfolgen. Das Bild wird für den Empfänger ausgewogener und differenzierter, weil die Extreme der einen Wahrnehmung durch die Wahrnehmung der anderen ergänzt und relativiert werden.

Auf die Möglichkeit der Auswertung des Prozesses sind wir im Rahmen der Gedanken zur Prozeßanalyse ausführlich eingegangen. Mit einem speziellen Punkt der Auswertung wollen wir uns jetzt noch befassen: mit der Erstellung von *Protokollen für Dritte*. Schon bei den Analysen, die während des Prozesses oder unmittelbar danach aufgeschrieben werden, ist es schwierig, die Dynamik in etwa einzufangen. Die Vielschichtigkeit der Prozesse und Interaktionen lebt in der Erinnerung der Beteiligten, läßt sich aber kaum zu Papier bringen. Wenn es schon für sie schwierig ist, den erlebten Prozeß zu beschreiben, um wieviel schwieriger muß es dann für unbeteiligte Dritte sein, das Erleben nachzuvollziehen. Die Worte des Protokolls lesen sich für Außenstehende anders. Sie lösen bei ihnen keine Erinnerungen aus, sondern allenfalls Phantasien. Trotzdem können wir uns der Schwierigkeit und Lästigkeit eines Protokolls für Dritte oft nicht entziehen.

Zuvor sind jedoch zwei Fragen zu klären: *Was* an Information aus dem abgelaufenen Geschehen soll weitergegeben werden und *was nicht?* Ebenso muß Klarheit darüber bestehen, *welchem Zweck* das Protokoll dienen soll. Diese Punkte sollen für alle Beteiligten schon zu Beginn unserer Arbeit im Grundsatz klar und akzeptierbar sein. Zwecke, für die ein Protokoll benötigt wird, sind Supervisionssitzungen, Information Dritter und Beschlüsse und Maßnahmen, Informationen an künftige Leitungsteams oder Presse- und Medienberichte.

Gelegentlich lassen es die Zeit und die Struktur im Seminar zu, diese Berichte mit der Gruppe zusammen zu erstellen. Häufiger wird sie der Leiter oder ein Teilnehmer nachher erstellen. So oder so muß allen Beteiligten von vornherein bekannt sein, an wen etwas weitergegeben wird, was das sein wird und auf welchen Inhalt sich das konzentrieren soll.

Prozeßanalysen als *Supervisionsmaterial* sind dabei am wenigsten heikel, da sie sich auf die Arbeit des Leiters und auf sein Verhalten beziehen und zudem in seinem „Privatbesitz" verbleiben. Er sollte in diesen Protokollen nichts „beschönigen" und die ihm unklaren Stellen für das Gespräch mit dem Supervisor markieren.

Die Erstellung der Protokolle muß in dichter zeitlicher Anlehnung an das Seminar geschehen. Erfahrungsgemäß wird der Kontakt zu den Menschen und Themen des Seminars rasch von anderen Geschehen überlagert.

Zwei Themen bleiben für das eigentliche Ende: der Abschied hier und die Ankunft dort. Besonders bei längeren Seminaren mit intensiver, persönlichkeitsorientierter Arbeit ist der Übergang von der außerordentlichen Situation des Seminars zur „Normalität" des Alltags für manchen nicht ganz einfach. Was soll ich auf die Frage „Wie war's?" antworten, wie reagiere ich darauf? Was will ich überhaupt mitteilen, und wie geht das, ohne nur zusätzliche Phantasien oder gar Ängste auszulösen? Schnell fühlen andere sich von mir gedrängt, hören Vorwürfe heraus („. . . du müßtest eigentlich auch endlich . . .") oder sind von meiner Begeisterung oder meinem ungewohnten Verhalten genervt. Ihnen fehlen der Hintergrund meines Erlebens und die Wegstrecke, die ich in meinem Lernprozeß zurücklegen konnte. Hier, auf der Zielgeraden unserer Arbeit, können wir darüber sprechen, was uns erwartet und wer uns erwartet. Ein Rollenspiel zum „Wie war's denn?" hilft uns, die ersten Schritte durchzugehen und uns mit dem Nachhausekommen vertraut zu machen.

Bei der Auswahl von Themen für solche Brückenschläge muß ich als Leiter darauf achten, nicht versehentlich jemand ins Abseits zu setzen. Die Frage „Ich komme nach Hause, wer oder was erwartet mich dort?" trifft unter Umständen einzelne Teilnehmer hart: Es gibt welche, auf die wartet niemand zu Hause! Die Variation „Mein Weg nach Hause – was werde ich tun?" oder „Mein Anfang heute nach unserem Abschluß . . ." läßt mehr Möglichkeiten des Ankommens öffen, auch für die, die allein leben.

Und dann geht es wirklich in die letzte Runde, in das Abschiednehmen. Der Spannungsbogen sollte trotz Transfer, Aufräumen und Kofferpacken bis dahin halten, um zu vermeiden, daß die Gruppe nicht irgendwie vorher schon „versikkert". Der Grundtenor des Abschiedsthemas ist meist „Was lasse ich hier, was nehme ich mit – und was will ich hier noch sagen, bevor wir auseinandergehen?"

Der Abschied steht ja an der Nahtstelle zwischen dem, was hier möglich war, und dem, was kommt. Das Abschiedsthema nimmt diese herausführende, aber doch an unseren Prozeß anknüpfende Bewegung auf. Adieu, kommt gut heim?

4. Praxisbeispiel einer Endphase

Wir greifen hier das Praxisbeispiel der Anfangsphase (S. 136 ff.) wieder auf, überspringen einen Teil des Seminars (sein Thema hieß „Anfangen") und beginnen mit der Arbeitseinheit, neben der im Verlaufsprotokoll die erste Markierung für den „inneren Ausstieg" zu finden ist.

Wenn wir genauer hinsehen, so beträgt die Seminarzeit, bis wirklich *alle* sich innerlich anwesend fühlten, genau zwei Tage, von Dienstag, 11.00 Uhr bis Donnerstag, 11.00 Uhr. Kaum zu glauben, wenn man es nicht einmal plakativ vor sich sieht. Genau wie für den Anfang, so hatten die Teilnehmer auch hier Gelegenheit, einen Punkt an die Stelle zu kleben, an der sie spürten: „Ich beginne Abschied zu nehmen".

Betrachten wir wieder zunächst das Originalprotokoll (s. Abb. 21):

Die Stationen des inneren Aufbruchs sind zwar breiter gestreut als die der Ankunft, trotzdem läßt sich eine ähnliche Tendenz wie in der Einstiegsphase wiederfinden:

Eine Häufung der Markierungen ist beim inhaltlichen Transfer am Donnerstag nachmittag zu sehen:

> *Vorstellen der Arbeiten aus den Kleingruppen:*
> *„Was habe ich gelernt, was leite ich für meine eigene Arbeit daraus ab?"*

und ebenso am Freitag vormittag:

> *Prozeßanalyse:*
> *„Wir reflektieren unseren Prozeß und lernen daraus für die eigene Praxis."*

Diese Themen führen ganz automatisch auf eine Metaebene und damit aus dem Fluß des Geschehens heraus. Für die Teilnehmer, die ihren Abschiedsbeginn diesen beiden Themen zuordnen, war ganz offensichtlich die Sachebene der bestimmende Teil für die Entscheidung. Sie hatten bekommen, was sie sich erhofft hatten und auch noch ein wenig mehr. Sie waren sicher, daß sie das hier Gelernte in ihrer Arbeit verwenden könnten. Zum anderen hatten sie den Prozeß der

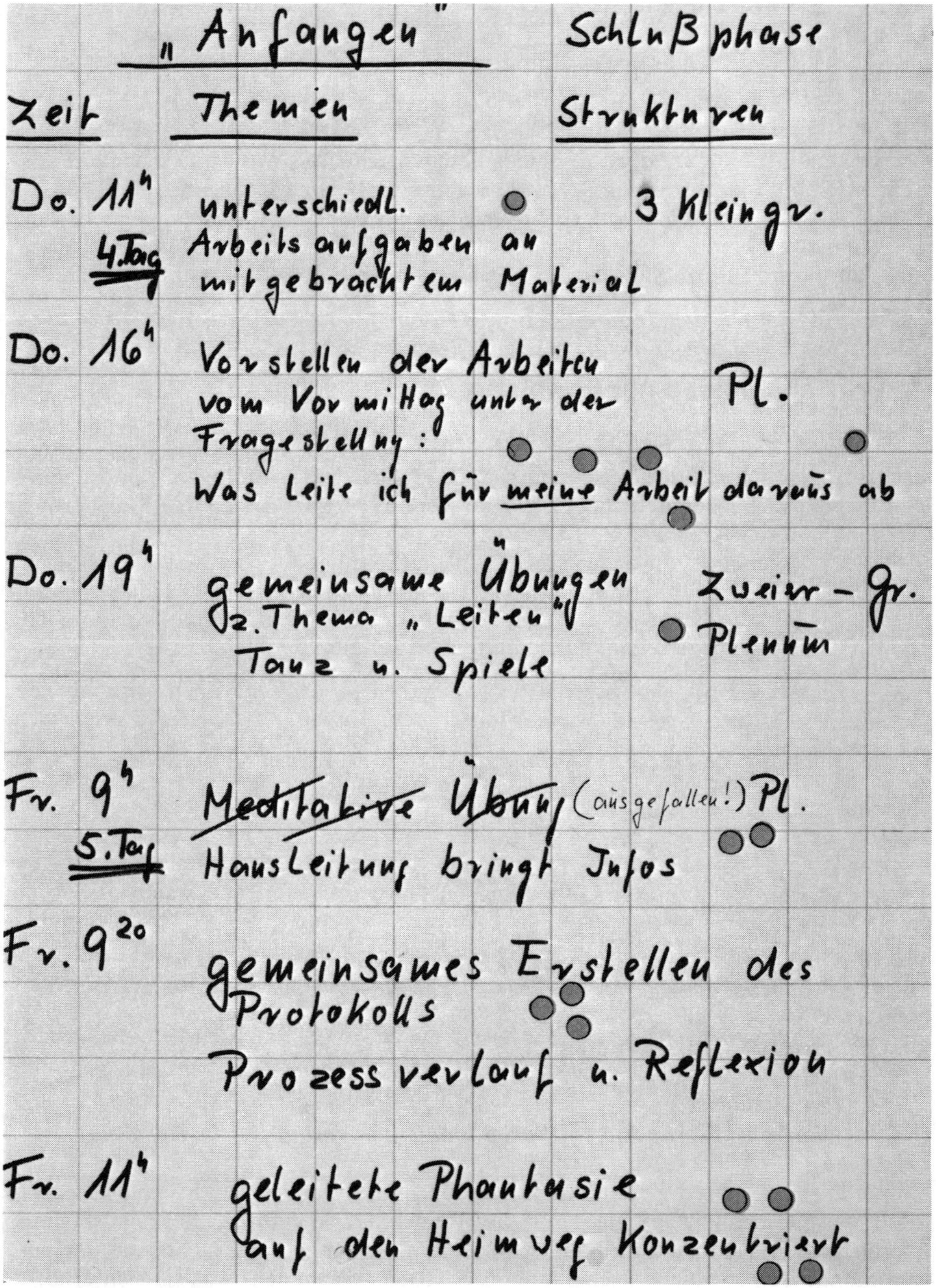

„ Anfangen "   Schlußphase

Zeit	Themen	Strukturen

Do. 11ʰ   unterschiedl.   ○   3 Kleingr.
4.Tag   Arbeitsaufgaben an
mitgebrachtem Material

Do. 16ʰ   Vorstellen der Arbeiten
vom Vormittag unter der   Pl.
Fragestellung: ○   ○   ○   ○
Was leite ich für meine Arbeit daraus ab
                              ○

Do. 19ʰ   gemeinsame Übungen   Zweier – gr.
2.Thema „ Leiten "   ○ Plenum
Tanz u. Spiele

Fr. 9ʰ   Meditative Übung (ausgefallen!) Pl.
5.Tag   Hausleitung bringt Infos   ○○

Fr. 9²⁰   gemeinsames Erstellen des
Protokolls   ○○
                              ○○
Prozessverlauf u. Reflexion

Fr. 11ʰ   geleitete Phantasie   ○ ○
auf den Heimweg konzentriert
                              ○○

Abbildung 21

Gruppe nicht nur miterlebt, sondern in der Reflexionseinheit am Freitag auch verstanden.

So oder so verstärkte es den Impuls: „Ich könnte jetzt gehen, für mich ist es rund."

Eine weitere Gruppe der Teilnehmer hat ihre Abschiedspunkte den mehr persönlichen Themen und den Schwerpunkten auf der Beziehungsebene zugeordnet:
am Donnerstag abend:

> *Gemeinsame Übungen zu Leiterthemen. Spiel, Spaß, Tanz*

und am Freitag, letzte Sitzung:

> *„Wir treten den Heimweg an, wie komme ich hier los, was erwartet mich dort?" und gegenseitiges Abschiednehmen.*

Die Teilnehmer äußerten besonders zum Donnerstag abend zwiespältige Gefühle. Das Zusammensein in dieser lockeren Form, das bis spät in die Nacht dauerte, hatte sie noch einmal einander näherkommen lassen und die Gruppenkohäsion deutlich spüren lassen und gleichzeitig den nahenden Abschied und die bevorstehende Trennung ins Blickfeld gerückt. Es war nicht der gleiche Impuls wie bei dem oben genannten „Ich *könnte* jetzt gehen", sondern mehr das „Ich *muß* morgen gehen. So ein Abend kommt nicht wieder."

Am Freitag gehören zwei Punkte solchen Teilnehmern, die mit der geleiteten Phantasie den Weg nach Hause innerlich angetreten hatten und nun auch nicht mehr bleiben wollten.

Die anderen Punkte dagegen wurden erst später auf das noch aushängende Protokoll geklebt. Diese Teilnehmer hatten den Ausstieg erst während oder nach dem gemeinsamen Aufräumen der Räume geschafft, nachdem die Spuren der Gruppe auch äußerlich immer mehr verwischt wurden. Bleiben uns noch die Kommentare zu den Markierungen am Donnerstag, 11.00 Uhr und am Freitag, 9.00 Uhr.

Am Donnerstag war eine Teilnehmerin aus persönlichen Gründen, die wir hier nicht erörtern wollen, nach Hause gefahren. Ihr leerer Stuhl stand noch eine Weile in der Runde, und ein anderer Teilnehmer kommentierte seinen Abreisepunkt später etwa so: „Als Hilde weg war, hatte ich den starken Impuls, auch zu gehen. Es war wie ein Sog. Erst durch die Arbeit in der Kleingruppe konnte ich wieder Fuß fassen."

Am Freitag morgen drohte so etwas wie ein zu früher Abbruch. Als sich gerade alle zu der angesagten meditativen Übung versammelt hatten, kam ein Mitarbeiter der Institutsleitung, bat um ein paar Minuten Gehör und informierte über allerhand organisatorische Anliegen und weitere Kursangebote. Besonders dieses letzte brachte zwei Teilnehmer so aus dem Prozeß, daß sie hier spontan ihren Abschiedspunkt markierten. Das Klima für die Übung stimmte für alle nicht mehr. Sie wurde gestrichen. Ein wenig von diesem „Verlust" konnte in der geleiteten Phantasie am Schluß aufgeholt werden.

So löste sich der Zusammenhalt mit jedem Punkt ein wenig mehr auf, und am Schluß stimmte wieder die alte Erfahrung: „Nichts geht so schnell auseinander wie eine Gruppe."

5. Auf dem Weg nach Hause

Der Vorhang, um unser Bild vom Anfang aufzunehmen, ist gefallen. Für den Leiter bleiben der Abschied von den Kollegen aus dem Leitungsteam und ggf. die Nacharbeit mit ihnen. Auch hier sind Loslösung und Ausstieg nötig. In anderer Zusammensetzung trifft man sich sicher wieder. Es ist unpraktisch, dann gleich über Steine zu stolpern, die vielleicht noch vom letzten Mal zwischen uns liegen.

Die Plenar- und Gruppenräume müssen noch aufgeräumt werden. Sie sehen danach so neutral und nüchtern aus, als hätte nie eine Gruppe darin gearbeitet. Für uns ist dieser Wechsel des Bühnenbildes immer wieder ein merkwürdiges Gefühl. Was lasse ich selbst hier, was nehme ich mit, außer meinen Notizen für die Gruppenkladde oder die Supervision? In der Fabrik oder im Büro habe ich nach einer Woche Arbeit ein vorzeigbares Ergebnis. Und hier? Einige Plakate, Papier, Zettel, die zurückbleiben im Papierkorb des Seminarhauses? Abschied und welcher neue Anfang am Montag? Vielleicht drängt schon wieder die Vorbereitung (oder gar Routine?) der nächsten Gruppenleitung. Wo habe ich meine Gegengewichte von kontinuierlichen Beziehungen und Kontakten? Wo habe ich meine Kontinuität in anderen Projekten und Tätigkeiten, bei denen ich nicht von Gruppe zu Gruppe, von Hotel zu Hotel springe? Uns ist dieser Ausgleich sehr wichtig geworden.

Mit diesen Gedanken befinden wir uns schon auf dem inneren Weg nach Hause. Schön wäre es, wenn es zunächst eine Ruhepause gäbe zum Ankommen, zum Zu-Hause-Sein, zum Aufräumen und Aufarbeiten und dann erst die Vorbereitung auf die nächste Gruppe.

Schön wäre es auch für uns als Autoren zu wissen, ob dieses Buch zur eigenen Gruppenkladde des Lesers passen würde und wie es ihn bei seiner Arbeit anregt und unterstützt. Wir haben es so gemeint, wie H. Halbfas in „Der Sprung in den Brunnen" schreibt:

Als ein Junge sich anschickte, von seinem Lehrer Abschied zu nehmen, bat er ihn, den gemeinsamen Weg aufzuschreiben, damit auch andere ihn finden könnten.
Der Lehrer: Kann man einen Kuß durch Boten senden?
Der Junge: Es käme wohl anderes an, als gemeint ist.
Der Lehrer: Genausowenig kann ein Buch, wenn es um den inneren Weg geht, den Lehrer und die Erfahrung ersetzen.

Literaturhinweise

Aspekte Themenzentrierter Interaktionen, (Reihe) Matthias-Grünewald-Verlag, Mainz.
1. Grundlagen u. Arbeitsfelder der TZI
   Dieser Band gibt einen Einblick in die Arbeitshypothesen und Praxisfelder dieses
   pädagogisch-therapeutischen Gruppenarbeitsprogramms.
2. Gruppenarbeit: themenzentriert
   Entwicklungsgeschichte, Kritik und Methodenreflexion
3. Auf dem Weg zur arbeitsfähigen Gruppe
   Kooperationskonzept von Helga Belz

Bachmann, Claus Henning (Hrsg.): Kritik der Gruppendynamik. Grenzen und Möglichkeiten sozialen Lernens. Fischer Taschenbuch Verlag, Frankfurt 1981.
Aufsatzsammlung zu verschiedenen Problemen und Anwendungsbereichen der Gruppendynamik.

Bion, W. R.: Erfahrungen in Gruppen und anderen Schriften. Klett Cotta, Stuttgart 1974.
Eine grundlegende Schrift zum Verstehen u. Steuern von sozialen Prozessen in Gruppen.
Er stellt keine allgemein gültigen Gesetze auf, aber er bringt wiederkehrende Phänomene
nachvollziehbar auf einen Nenner.

Bredemeier, Karsten/Schlegel, Hartmut: Die Kunst der Visualisierung. Orell Füssli Verlag,
Zürich 1991.

Brocher, Tobias: Gruppendynamik und Erwachsenenbildung. G. Westermann Verlag,
Braunschweig 1980.
Eines der ersten deutschsprachigen Bücher, inzwischen in der 15. Auflage, das den
Versuch darstellt, die Methoden der Psychoanalyse mit den Erfahrungen der Sozialwis-
senschaft u. Pädagogik auf solche Weise zu verbinden, die Erwachsene in eine Art
„Suchbewegung" führt, aus der heraus lebenslanges Lernen möglich wird.

Cohn, Ruth C.: Es geht um Anteilnehmen. Die Begründerin der TZI zur Persönlichkeitsentfaltung. Herder Verlag, Freiburg Neuausgabe 1993.
Eine anschauliche Darstellung der Grundregeln, die helfen, das Wachstum der Persönlichkeit zu fördern und heilsam zu wirken.

Cohn, Ruth C. und Farau, A.: Gelebte Geschichte der Psychotherapie. Klett Cotta, Stuttgart
1984.
Die Geschichte der Psychotherapie, ungewöhnlich lebendig dargestellt aus zwei Perspek-
tiven: des Adler-Schülers Alfred Farau und von Ruth Cohn, eine der engagiertesten
Vertreterinnen der humanistischen Psychologie, die sie mit ihrem Konzept der TZI
wesentlich beeinflußt hat. In diesem Werk kann der Weg zu den Wurzeln der modernen
Gruppenarbeit nachvollzogen werden.

English, Fenita: Transaktionsanalyse. Gefühle und Ersatzgefühle in Beziehungen. Heraus-
gegeben von Michael Paula: Iskopress, Hamburg 1991.
Dieses Buch will deutlich machen, wie es zu Störungen, Ersatzgefühlen und Ausbeutungs-
transaktionen in den zwischenmenschlichen Beziehungen kommt und welche Lösungs-
möglichkeiten die TA bietet.

Fatzer, Gerhard: Ganzheitliches Lernen. Humanistische Pädagogik und Organisationsent-
wicklung. Jungfermann-Verlag, Paderborn 1987.
Darstellung der Ansätze der Humanistischen Psychologie und ihrer Anwendung im
Unterricht und in der Organisationsentwicklung. Starker Einbezug der amerikanischen
Literatur.

X Fisher, Roger, Brown, Scott: Gute Beziehungen. Die Kunst der Konfliktvermeidung, Konfliktlösung und Kooperation. Campus Verlag, Frankfurt 1989.

Franke, Heinz: Das Lösen von Problemen in Gruppen. Goldmann-Verlag, München 1975.

Heidack, Clemens (Hrsg.): Lernen der Zukunft. Lexika Verlag, München 1989.

Gäde, Ernst-Georg und Listing, Thomas: Gruppen erfolgreich leiten. Ein Handbuch für die Zusammenarbeit mit Erwachsenen. Matthias-Grünewald-Verlag, Mainz 1992.
Dieses Buch vermittelt Basiswissen für Leiter von Erwachsenengruppen und liefert anhand von Fallbeispielen und Checklisten Grundlagenwissen für eine gute Gruppenarbeit.

Gühre, Manfred und Nowak, Claus: Das konstruktive Gespräch. Verlag Christa Limmer, Meezen 1991.
Ein Leitfaden für Beratung, Unterricht und Mitarbeiterführung mit Konzepten der Transaktionsanalyse.

X Koch, Gerd: Die erfolgreiche Moderation von Lern- und Arbeitsgruppen. Verlag Moderne Industrie, Landsberg 1988.

Kroeger, Matthias: Themenzentrierte Seelsorge. Verlag W. Kohlhammer, Stuttgart 1973 (3. Aufl. 1983).
Dieses Buch, ursprünglich für kirchliche Mitarbeiter gedacht, ist mehr und mehr eine Begleitlektüre für Gruppenleiter geworden, die die Anregungen von Carl Rogers (Klienten-zentrierte Methode) u. Ruth Cohn (Themen-zentrierte Interaktion) als sich ergänzende Konzepte der humanistischen Psychologie lernen und anwenden wollen.

X Langmaack, Barbara: Mein wichtigstes Handwerkszeug als Leiter bin ich selbst. Materialien zur Gruppenarbeit, Heft 5. Kübel-Stiftung, Bensheim 1984.

Löhmer, Cornelia und Standhardt, Rüdiger (Hrgs.): TZI. Pädagogisch-therapeutische Gruppenarbeit nach Ruth C. Cohn. Klett Cotta, Stuttgart 1992.
In diesem Buch geben führende TZI-Gruppenleiter und -leiterinnen eine breitgefächerte Darstellung dessen, was TZI heute ist. Der thematische Spannungsbogen reicht von Arbeiten über die anthropologischen Grundlagen und die spirituelle Dimension der TZI bis hin zu Berichten über konkrete Praxiserfahrungen.

X Lumma, Klaus: Strategien der Konfliktlösung. Humanistische Psychologie in Aktion, Kern Verlag 1982.
Im theoretischen Teil Einführung in Gedankengut u. Methoden der Humanistischen Psychologie, im praktischen Teil Konzepte der Konfliktbearbeitung.

Perls, Frederick S./Hefferline, Ralph F./Goodman, Paul: Gestalttherapie. Band 1 Grundlagen (Lebensfreude und Persönlichkeitsentfaltung). Band 2 Praxis (Wiederbelebung des Selbst). Deutscher Taschenbuch Verlag, München 1991.
Während im ersten Band die Grundlagen der Gestalttherapie erarbeitet werden, liegen in Band 2 die Experimente zur praktischen Anwendung vor. Ein quasi systematischer Kurs um die eigene Wahrnehmungsfähigkeit zu schärfen.

Pühl, Harald (Hsrg.): Handbuch der Supervision. Beratung und Reflexion in Ausbildung, Beruf und Organisation. Edition Marhold, Berlin 1992
Dieses Handbuch dokumentiert die Vielfältigkeit und Breite der Supervision und ihren unterschiedlichen Anwendungsbereichen.

Raguse, Hartmut: Einige Gedanken über Krisen in TZI-Gruppen. In: WILL in der Schweiz, Info 26, März 1984.
Der Autor beschreibt, wie er Krisen versteht u. welche Funktion der Leiter übernehmen kann, um Krisen zu verhindern bzw. Krisen zu bearbeiten.

Riemann, Fritz: Grundformen der Angst. Ernst Reinhardt Verlag, München/Basel 1971.
Eine tiefenpsychologische Studie über die Ängste des Menschen und ihre Überwindung. Hilfreiche Information zum Verständnis von Unterschieden in der Wahrnehmung, dem Verhalten und den Bedürfnissen während Gruppenprozessen.

Ronall, Ruth und Feder, Bud: Gestaltgruppen. Mit einem Vorwort von Ruth C. Cohn. Klett Cotta, Stuttgart 1983
Darstellung der lange Zeit unbeachteten gruppendynamischen Vorgänge in Gestaltgruppen.

Sattelberger, Thomas: Innovative Personalentwicklung. Grundlagen, Konzepte, Erfahrungen. Gabler Verlag, Wiesbaden 1989.

Schmidbauer, Wolfgang: Wie Gruppen uns verändern. Selbsterfahrung, Therapie und Supervision. Kösel Verlag, München 1992.
Dieses Handbuch für die Arbeit mit Gruppen beschreibt die geschichtlichen und gesellschaftlichen Hintergründe, die aktuellen Möglichkeiten und die psychologischen Gesetzmäßigkeiten von Gruppenprozessen, Trainings-, Selbsterfahrungs- und Supervisionsarbeit.

Schütz, Klaus-Volker: Gruppenforschung und Gruppenarbeit. Theoretische Grundlagen und Praxismodelle. Matthias-Grünewald-Verlag, Mainz 1989.
Ein kurzgefaßter Gesamtüberblick über die sozialpsychologische Diskussion zur Gruppenforschung und Gruppenarbeit.

Schreyögg, Astrid: Supervision − ein integratives Modell. Junfermann Verlag, 1991.

Schulz von Thun, Friedemann: Miteinander reden 1. Störungen und Klärungen. Rowohlt Taschenbuch Verlag, Hamburg 1991.
Analyse typischer Störungen und Anleitungen zur Selbstklärung, zur Sach- und Beziehungsklärung.

Schulz von Thun, Friedemann: Miteinander reden 2. Stile, Werte und Persönlichkeitsentwicklung. Rowohlt Taschenbuch Verlag, Hamburg 1991.
Systematische Darstellung der unterschiedlichen Kommunikationsstile samt den aus ihnen Folgenden Verwicklungen und darauf abgestimmte Möglichkeiten der Persönlichkeitsentwicklung.

Shaffer, John B. P. u. Galinsky, David: Handbuch der Gruppenmodelle. 2 Bände, Burckhardthaus-Verlag, Gelnhausen 1977.
Übersicht über diverse Gruppenmodelle, deren Wurzeln und Anwendungsbereiche. Das zweibändige Werk bietet einen Überblick über 10 Gruppenarbeitsmodelle, die konzeptgetreu dargestellt werden. Der Leser kann entscheiden, welche dieser Ansätze er für sich vertiefen und anwenden möchte.

Stewart, Ian und Joines, Vann: Die Transaktionsanalyse. Eine neue Einführung in die TA. Herder Verlag, Freiburg 1990.
Grundlagenwerk der Transaktionsanalyse, das die verschiedenen Ansätze zusammenführt zu einem in sich geschlossenen Gesamtkonzept.

Stollberg, Dietrich: Lernen, weil es Freude macht. Eine Einführung in die Themenzentrierte Interaktion. Kösel Verlag, München 1982.
Eine Einführung in die TZI mit Schwerpunkt auf die Balance-Faktoren, u. a. Ich − Wir − Sache, Prozeß − Struktur − Vertrauen, Interaktion − Kooperation − Kommunikation, Konflikt − Verständigung − Versöhnung.
Einschub von Freudenreich zum Problem „Macht" in Lern- und Arbeitsgruppen.

Thomann, Christoph und Schulz von Thun, Friedemann: Klärungshilfe. Handbuch für Therapeuten, Gesprächshelfer und Moderatoren in schwierigen Gesprächen. Rowohlt Taschenbuch Verlag, Hamburg 1988.
Leitlinien und praktische Ratschläge aus kommunikationspsychologischen Einsichten mit zahlreichen Beispielen.

Quellen für Übungen und Arbeitsmaterialien

Antons, Klaus: Praxis der Gruppendynamik. Übungen und Techniken. Verlag für Psychologie Dr. C. J. Hogrefe, Göttingen 1976.
  Spiele und Übungen, die als Interventionsmöglichkeit eingesetzt werden können, um gruppendynamische Prozesse anzuregen und um im Problemlösungsbereich Erfahrungen zu sammeln. Gut beschriebenes Handwerkszeug.
Pfeiffer, Jones: Arbeitsmaterial zur Gruppendynamik, Band 1 bis Band 4, Burckhardthaus-Verlag, Gelnhausen 1977.
  Sammlung von Übungen zur Gruppenentwicklung, zur Bearbeitung persönlichkeitsbezogener Themenstellungen in Gruppen und zur Verbesserung der Sozialkompetenz in Führungs- und Konfliktsituationen.
Stevens, John O.: Die Kunst der Wahrnehmung. Übungen der Gestalt-Therapie, Christian Kaiser Verlag.
Vopel, Klaus (Hrsg.): Anfangsphase. Experimente für Lern- und Arbeitsgruppen, Band 1 und 2, ISKO Press, Hamburg 1984.
  Zahlreiche Übungen für die Anfangsphase von Gruppen wie Kennenlernen, Klärung der Ziele und Erwartungen.
Vopel, Klaus (Hrsg.): Materialien für Gruppenleiter. (Div. Bände) Hamburg 1976 und später.
WILL-Bibliographie, erweiterte Neuauflage der 1.–4. Lieferung 1984, ca. 200 Titel verschiedener Autoren zur Themenzentrierten Interaktion. Theorie, Praxisberichte und kritische Auseinandersetzungen.
  Zu beziehen über: WILL-Sekretariat, c/o Thomas Becher AG, Zinnhagweg 8, CH-4144 Arlesheim.